美国教育体制的特征是
挖掘天才的潜力
中国教育主要是教孩子服从
不准叛逆
培养的是守业人才
结果失掉了达尔文和爱因斯坦

钱学森：我们不能人云亦云，这不是科学精神，科学精神最重要的就是创新。

作者简介

付美榕，经济学学士、美国学博士。北京外国语大学英语学院教授、美国研究中心主任。

主要从事英语语言与美国经济史两个方面的教学与研究。学术作品包括《现代商务英语写作》、《美国经济史话》、*Human Capital Formation of the Top Talents for American Economic Dominance* 及论文数篇。

为什么

美国盛产大师

20世纪美国顶尖人才启示录

付美榕　著

科学出版社

北京

图书在版编目(CIP)数据

为什么美国盛产大师：20世纪美国顶尖人才启示录/付美榕著．—修订本．—北京：科学出版社，2012.1

ISBN 978-7-03-033170-0

Ⅰ.①为… Ⅱ.①付… Ⅲ.①人才成长因素-研究-美国-20世纪 Ⅳ.①C964.712

中国版本图书馆CIP数据核字（2011）第275741号

责任编辑：付　艳　/责任校对：钟　洋

责任印制：徐晓晨　/封面设计：铭轩堂

科学出版社出版

北京东黄城根北街16号

邮政编码：100717

http://www.sciencep.com

北京虎彩文化传播有限公司印刷

科学出版社发行　各地新华书店经销

*

2012年1月第一版　开本：B5（720×1000）

2021年1月第五次印刷　印张：17 3/8

字数：278 000

定价：58.00元

（如有印装质量问题，我社负责调换）

FOREWORD

再版前言

《为什么美国盛产大师》于 2009 年 7 月初版（2010 年重印一次）以来，其读者反响好于先前揣测。这大概缘于钱学森先生逝世后社会各界对“钱学森之问”的深思与热议，尤其是关于中国教育与人才培养的话题。本书把“大师”纳入题名，貌似对潮流的迎合，实属与机缘的巧合。大学乃大师之学，无大师则无大学，这个主题贯穿于 2001 年以来我所倾心的美国顶尖人才研究。

本书承蒙科学出版社惠然再版，颇感欣慰与释然：当初留下的遗憾与读者指出的纰漏可一并解决了之。在此诚挚感谢科学出版社科学人文分社的付艳女士。作为本书修订版的策划与责编，她的热心、细致与魄力值得称道。在付艳女士的建议下，本书修订版保持了初版的内容框架、观点阐述及语言风格，尽可能地改正了事实、文字、排版等方面的错误与不当，适当压缩了章节篇幅以求言简意赅，也调整了注释方式以使行文更顺畅。需要说明的是，书中大部分脚注改用了文中夹注方式，而未一一注明版本，但书尾添加了参考书目，聊作补救。

本书初版时，既无“大师”作序，也无“名家”

寄语，任由她“裸奔”江湖，“暴走”红尘；再版时她依然如故：素面朝天，静心飞扬。相信这部“冷板凳”作品的生命力经得起时间与心智的考验。写作的快乐并不源于表达欲，而在于文字的冲击力。如果更多读者能够从书中感到一丝新意，获得某种感悟，这将激励我坦然静坐“冷板凳”……

付美榕

2011年隆冬于北京西郊寓所

PREFACE

前言：大师是一道风景

两个月前，在北京外国语大学英语学院教师节庆祝会上，众多杰出前辈如期而至，竞相绽放大师的光芒。耄耋之年的刘承沛教授依然精神矍铄、谈笑风生，诚如他一直为人领略的风采。我由衷地赞叹他老人家十几年容颜不改、硬朗如初，刘大师怡然自得、喜笑颜开。谈笑之间，英语学院客座教授，来自美国加利福尼亚州州立大学的刘海铭教授饶有兴趣地回忆起在北外英语系上学时的耳闻目睹。一位恃才傲物的同学课堂上出言轻狂，刘承沛教授便信手递上一本厚重的英英词典，任凭这位“可畏”的后生翻开“考”问。结果，刘教授赢了，学生们服了，北外英语教育大师的又一段精彩典故流传了下来。曾几何时，北外英语系（后改为学院）人才济济、大师云集、群星闪烁、轶事如歌，以王佐良、许国璋、周珏良为代表的一大批著名学者构筑了一道绚丽的风景。时至今朝，由于历史与现实的缘故，大师的风景在我的视野中逐渐模糊并趋于消失。阅世事变迁，望大江东流，一种苍凉感袭上心头。

从一所大学到一个国家，其繁荣昌盛离不开大师这道绚丽的风景。纵观历史，无数英雄豪杰、伟人奇才以不同的方式对社会发展产生了重要影响，发挥了领军作用。当今世界对名人的追捧催生了“名人潮”。而经得起时空考验的众多领域的顶尖人才，包括政治家、科学家、企业家、艺术家、思想家，等等，以其伟大的人格力量震撼世界。他们是真正的人中龙骥、万众翘楚，具有一种超越时代的精神张力。更重要的是，他们为大众提供了前进的动力、奋斗的方向以及种种对人生与世界的思考。大师级顶尖人才的存在及其营造的绚丽风景使我们有限的人生变得更加丰富多彩。

自懵懂年少之时，伟人奇才、领袖巨子的思想、智慧与人格魅力的光辉，如烟花般灿烂，一直令我格外着迷，而本书源于八年前我在北外美国研究中心的博士学业。导师梅仁毅教授的适时启迪，使我对美国顶尖人才的执著迷恋渐渐超越了欣赏一道风景的境界。

作为一个年轻的国家，美国文明的沉淀实在很浅。比如餐饮文化，美国既没有法国大餐的尊贵品位，也没有中国菜系的丰富多彩。然而，长久以来，美国都全方位地影响着整个世界，小到一杯咖啡大到航空母舰，几乎无处不在、无所不包。如此巨大的影响力，主要源于美国的顶尖人才优势。这一无与伦比的优势，成就了美国强大的科技实力、经济实力、军事实力及综合实力，为其称霸世界奠定了坚实的基础。这个盛产大师的国家，短短200多年的历史一路风景，异彩纷呈。以科技领域为例，自1901年诺贝尔奖设立以来，美国共获得诺贝尔自然科学类奖项236人次，遥遥领先于排在第二位和第三位的英国和德国。显然，强大的科技实力源于美国汇集了世界上最多的科技人才，这大大得益于美国优越的教育资源，民众的创新观念和参与意识，完善的专利制度等诸多要素。鉴于此，对美国顶尖人才成才过程及其人力资本生产制度的种种思考构成了本书的主题。

老子曰：知人者智，自知者明。从美国顶尖人才的成长故事中感悟人生、启发智慧，有益于我们实践自己的人生。探讨美国顶尖人才的成才机制，更能够为中华民族的伟大复兴提供借鉴。因此，本书着眼于美国，更关注中国。当我启动思维对美国顶尖人才进行专门研究之时，2001 年的日历刚刚翻开。那一年中国发生了前所未有的变化：加入世贸组织，申办奥运成功，新的机遇与挑战展现在国人面前。静听风起，笑看云飞，当串串思绪终于汇成本书时，人类的脚步已经走出 2008 年。2008 年中国经历了更多更重的考验："神舟七号"飞天梦圆，奥运盛会圆满成功等。中国让世界看到了一个理智、自信、充满活力的亚洲大国闪亮登场。

21 世纪的世界，如果有一件大事注定要发生，那就是中国的再度崛起。而说到大师级的顶尖人才，中国的现实却不容乐观。从绝对数字看，中国受过高等教育的人数为 5000 万，占成年人口总数的 5.7%，几乎是美国全部从业者总数的一半，多于英国、法国、意大利或德国任何一国的就业人口。然而，这一庞大的人力资源并未打造出足够的高经济增加值产业。2008 年诺贝尔奖已经揭晓：美国依然强势无比，日本四人榜上有名，而拥有 13 亿人口的中国一如既往地默默无闻。或许，令一些人聊以自慰的是，诺贝尔化学奖得主之一钱永健博士祖籍为中国浙江，但他生长于美国并仅代表美国登台领奖，正如他对不知趣的中国记者作出的斩钉截铁的回答：我是美国人。

难道真的是橘生淮南则为枳，中国本土科学家永远无缘诺贝尔奖？未来的三五十年是中国腾飞的重要阶段。如果中国巨大的智力资源能够得到更好的开发，同时加大力度吸引人才、留住人才并培养创新人才，中国的国际竞争力将大大增强，诺贝尔奖也会随之而来，中华龙将扶摇直上九万里，创造最辉煌的时代。而现实的中国迫切需要大师级顶尖人才营造出一道道绚丽的风景。

关于美国强盛不衰的奥秘，历来众说纷纭，莫衷一是。这本关于“大师”的书将向读者献上一把了解美国动力机制的“新钥匙”，即美国的顶尖人才优势。考察“顶尖人才”不可能面面俱到，因而本书聚焦于科技泰斗、商界巨子和政治领袖三个精英群体以点带面，探寻美国顶尖人才成才之道。进入21世纪，中国的国际地位已今非昔比，中国人可以更加自信地面向世界取长补短。对美国人才机制之所长，即使不能“拿来”，至少可以获得一些启示，“启示录”者，此之谓也。

付美榕

2008岁末于北外

CONTENTS

目 录

第一章

开篇絮语

人力资本对现代经济增长至关重要，因为现代社会的进步不是依赖于人的数量，而是依赖于技术的进步和知识的力量，依赖于人的知识水平，依赖于高度专业化的人才。不掌握大量的知识，难以富国兴邦。

——加里·贝克尔，美国经济学家

少数关键人士所创造的价值，是绝大多数平凡人的十六倍。他们只占总人口的百分之一，但足以对世界产生百分之九十九的冲击。这些 80/20 个人改变了既有成规和未来历史，他们并非通过群体发挥力量，而是以个人力量扭转大局。一个国家整体实力的强大，往往取决于一些杰出人才的贡献。

——里查德·科克，美国管理学大师

要想 21 世纪成为中国人的世纪，中国必须要有几十所世界级的大学。

——金耀基，香港中文大学教授

回望20世纪，美国的经济实力与综合国力一路上升，到世纪末成为世界唯一的超级大国，因而“美国世纪”的说法得到广泛认同。翻开20世纪世界名人辞典，扑面而来的是美国科学家、政治家、思想家、企业家、文学家、艺术家等各路英才的丰功伟绩及其震撼力。乔治·伊斯曼（George Eastman）的柯达胶卷让众多家庭享受到影像的快乐；亨利·福特（Henry Ford）的T型车重塑了人们的时空观念，使美国成为轮子上的国家；雷·克洛克（Ray Kroc）把麦当劳快餐理念带进厨房，改变了美国人的饮食习惯；富兰克林·罗斯福（Franklin Roosevelt）的“炉边谈话”激励了亿万同胞摆脱恐惧，走出低迷；罗伯特·奥本海默（Robert Oppenheimer）担纲的曼哈顿工程大获成功，使美国成为原子时代的霸主；亨利·基辛格（Henry Kissinger）以非凡的胆识与智慧在美国外交史上留下传奇；比尔·盖茨（Bill Gates）用软件产品打开了计算机应用的大门，微软帝国成为信息时代的标签。毫无疑问，众多伟人奇才为缔造“美国世纪”贡献了才智，创造了奇迹并赢得了赞誉，但更值得关注的不是这些人物本身，而是他们生长发育的土壤。在一个只有200多年历史的移民之国，伟人怎样铸就，奇才何以辈出，这是本书的主题。在聚焦20世纪美国顶尖人才之前，须把全书的来龙去脉呈现出来。

美国世纪回眸

当人类的脚步踏入19世纪的最后岁月时，美国经济迅猛发展、后来居上，令称霸世界几百年的大英帝国望尘莫及。1870年，美国工业生产占世界总量的23.3%；到了1880年，这个数字被改写为28.6%。1894年，这个年轻的国家竟跃居工业化国家之首。因而，威廉·麦金利（William McKinley）成为第一位宣告美国富甲天下、强盛无比之喜讯的美国总统。套用英国政治领袖威廉·格莱斯顿（William Gladstone）在《北美评论》中的语录，麦金利总统激情演说：“美利坚合众国已经成长起来；不论她是否如母国一般风采迷人，但具有比母国更强健的体魄。”（White，1996：20）美西战争的胜利，加快了美国在加勒比海和太平洋的海外扩张，进而昭示了美国的大国崛起与强势地位。

麦金利总统预言美国繁荣

第二次世界大战以后美国一跃成为世界最强盛之邦

随着20世纪的演进，美国经济在各个领域均获得了长足发展，呈现出无与伦比的国际竞争力。早在第一次世界大战之前的1913年，美国工业生产占世界35.8%的份额；到了兴旺的20世纪20年代，这一份额升至42.2%。虽然遭受了30年代大萧条的重创，但第二次世界大战带来的巨大商机使美国化解了危机，焕发了生机，发展蒸蒸日上，国力空前强盛。当盟国胜利已成定局，踌躇满志的富兰克林·罗斯福总统郑重预言：第二次世界大战结束后，美国将成为首富之邦，并以全新的面貌在国际大舞台闪亮登场。的确，第二次世界大战后的美国一枝独秀，以雄厚的经济实力确立了自己在资本主义世界的领导地位。1949年，美国人均年收入为1453美元；排在第二位的加拿大、新西兰和瑞士为800～900美元；其后的瑞典和英国为700～800美元。社会主义阵营的两个大国差距更大：苏联人均年收入为308美元，中国仅为27美元。进入50年代，美国按GDP衡量的经济总量占全世界一半之多，遥遥领先于其他国家，创造了史无前例的记录（White，1996：55，56）。

20世纪50～60年代是美国经济发展的黄金时期，巨大的财富积累与稳定的社会秩序巩固了美国强盛的基础，因而，美国的雄心壮志与重要影响大大扩展到世界各地。美国货轮与飞机把贸易物资运至海外，美元大钞成为国际金融的本位货币，美国银行信贷遍及全球商业。此后几十年间，美国完成了工业、服务业分别居主导地位的产业结构的变革。80年代，美国的钢铁工业和重工业呈现衰落局面，并遭遇日本和西欧的强劲挑战。但从90年代初开始，美国展现了高科技激发的经济活力，国内生产总值在世界总产值中的比例一路上升，并率先进入知识经济新时代。从高效富足的农业到技术先进的制造业，从叱咤风云的国际投资到创造神话的IT产业，美国新经济发展成就令人瞩目，充分显示了这一头号经济巨人的国际竞争力。1998年，美国GDP超过8.5万亿美元，占世界经济总量的1/4以上，而作为世界第二大经济体的日本创造的GDP仅为美国的一半。与此同时，美国不断加强全球经济扩张，在世界贸易和投资的份额稳步提高，90年代保持世界第一出口大国地位。在出口产品构成中，信息技术产品、生物技术产品、光学电子产品、飞机、高技术武器装备等技术含量高的产品占美国出口额的60%以上，仅民用飞机一项就占5%左右，而计算机软件及其服务业占世界市场份额的3/4。在生产和投资的全球化方面，美国的跨国公司在几乎每一个经济领域都显示出强大的竞争力，其中一些大跨国公司通过兼并和收购进一步扩大了经营规模。美国的金融业也迅速向全球扩展，美元在国际货币体系中占据优势地位。对于美国在全球化时代遥遥领先的国际地位，克林顿总统2000年1月在国情咨文中一语概括：在经历了有史以来最持久的繁荣之后，20世纪美国经济发展画上一个圆满的句号。

美国经济不仅规模最大、产值最高，而且最有活力、最能创新。事实表明，20世纪的每一项重大科技进展几乎都源于美国，或率先在美国进入产业化并投放消费品市场。科技领先地位使美国式的生活方式与行为理念成为时代潮流，也就是说，美国稳居世界霸主地位在很大程度上是依靠不断在科技和生产方式上的创新领导世界潮流。从牛仔裤到可口可乐，从摇滚音乐到好莱坞大片，从网上购物到网上聊天，世人身不由己地接受美国影响，美国文化元素纷

2000年1月克林顿总统发表国情咨文

2000年的华尔街一派欣欣向荣

纷从新大陆传播到全世界。美国的大国崛起与强盛无比，是对20世纪全球发展起决定作用的因素之一，其全方位的影响远远超过19世纪如日中天的大英帝国，因此，20世纪为“美国世纪”的说法流传了下来[1]。

美国强盛之源

一个国家能够在一个多世纪的时间里保持强劲的经济活力并独占世界鳌头必然有其特殊的条件和原因。经济学家们曾经试图从亚当·斯密（Adam Smith）的经典著作《国富论》（*The Wealth of Nations*）中寻求对美国生产优势的解释却未能得出有说服力的答案。就土地来说，自然禀赋固然是美国经济发展的有利因素，但美国的土地并非比其他国家蕴涵更多的资源。换言之，苏联虽然地大物博，却未能有效地开发利用其辽阔的土地与丰富的宝藏；英国虽然面积不大，却曾经在世界工业革命的浪潮中先声夺人，尽显泱泱大国的荣光与鼎盛。就劳动力来说，中国和印度人口众多，世界数一数二，但无一进入发达国家之列。再说到资本，一些中东国家可谓得天独厚、富得流“油”，但无论阿联酋（阿拉伯联合酋长国）还是沙特阿拉伯，以教育水平、综合实力、国际地位衡量实属小国寡民之辈。可以预言，这些财大气粗的丰裕之国坐吃山空指日可待，崛起强盛之路漫长。显然，传统经济学的生产要素分析不足以揭示20世纪美国经济实力超群且长盛不衰的原因。实际上，奥秘在于美国的劳动生产率优势，即通过对劳动力素质的培养与科学技术的资本投入提高国民教育水平与业务能力，加强科学研究与技术创新，优化现代管理方式，激发企业进取精神。当代经济学家们把这些不易量化的要素归于“人力资本”这个新概念，主张人力资本投入是现代社会经济迅速增长的关键因素；发达国家与发展中国家经济发展水平的差距主要在于人力资本的差异。

人力资本是指一个人具有的知识、技能、经验、创新能力、事业心与进取心等可以带来社会财富和经济价值的资源的总称。自西奥多·舒尔茨（Theodore Schultz）1960年正式提出人力资本概念之后，以加里·贝克尔（Gary Becker）、西奥多·舒尔茨、雅各布·明塞尔（Jacob Mincer）为代表的经济学家的潜心研究使人力资本理论不断完善。到了20世纪90年代，各国经济学家达成共识：人力资本投资是经济发展与社会进步最重要的动力之源；日趋发达的知识经济是人力资本经济；决定一个国家国际竞争力的核心因素是人力资本。对此，加里·贝克尔在获得1992年诺贝尔经济学奖之后有如下感言：

> 人力资本对现代经济增长至关重要，因为现代社会的发展依赖于科技的进步和知识的力量，而不是取决于人的数量。人们必须努力开发人力资本，成为高度专业化的人才。不掌握大量的知识，难以富国兴邦。

虽然存在着与生俱来的先天禀赋，但人力资本主要是通过后天的人力资本投资形成的。人力资本形成的主要途径包括正规教育、在职培训、干中学、迁移等。

美国作家保罗·霍夫曼（Paul Hoffman）曾经说过，堤坝、发电站、纺织工厂和钢铁工厂都可以在几年之内造好，但要培养建造它们的经理、工程师和管理者则需要10～15年的时间。“十年树木，百年树人”，也阐明了这个道理。人力资本的形成是具有特定运行规律和实现机制的系统工程。这一工程需要大量投资，包括国家投资、组织投资和个人投资，形成专门的制度系统。在人力资本生产制度体系中，正式的制度安排包括教育法律制度、教育管理制度、正规教育制度、继续教育制度和在职培训制度。非正式规则包括意识形态和价值观等（王建民，2001：54～69）。由于制度都是在特定的社会中建立的，所以人力资本的积累、提升与政治、经济、技术、文化等方面的环境因素大有关联。同样重要的还有“社会资本”（social capital），它包括一个村庄、社区、城镇、都市等群体中人们之间的相互关系与“民风”。简而言之，人力资本生产制度体系包括制度安排、环境因素和社会资本，它们在个人、组织和国家层面均对人力资本的形成具有深刻影响。

美国自19世纪后期就在人力资本投资方面领先于世界，并在20世纪逐步扩大了这一领先优势，这突出体现在国民教育水平。随着美国加速成为工业强国，农业机械化大体完成，经济建设急需科技人才。此外，当时中产阶级家庭收入增多，广大青年从劳动中解放出来，有条件接受更多的教育。这些因素促使美国中学教育飞速发展。第一次世界大战之后，由于美国工商业的大力发展，需要劳动者掌握先进的生产技术，中学教育民主化的口号响彻云霄，中学教育大众化是美国教育史的骄傲，也是当时别国望尘莫及的。第二次世界大战以后，伴随国际形势变化与现代科技进步，美国更加注重培养青年一代的工作技能与竞争力以适应现代工业化社会的需要，因而美国教育制度枝叶扶疏、华实并茂，更多青年有机会接受高等教育。迄今为止，美国以雄厚的物质力量为后盾的、能够普及教育信仰的、既实用又自由的高等教育制度，无疑是促成美国特色发展道路的巨大财富。进入知识经济时代，美国在众多领域均进一步体现了与其教育水平密切相关的人力资本创造的价值。关于人力资本对美国经济的决定性影响，美联储前主席阿兰·格林斯潘（Alan Greenspan）在 1996 年的一次讲话中的例证恰如其分：与 20 年前相比，美国的实际 GDP 增加了 10 倍，但生产的产品按重量计并未增加。的确，硅谷园区芯片制造商的收益远远大于占地千顷雇员上万的钢铁厂的利润。鉴于人力资本对美国经济发展的巨大推动作用，经济史学家们把美国的 20 世纪称为"人力资本世纪"。

聚焦美国顶尖人才

强大的经济实力与综合国力体现了美国的人力资本优势，而其核心因素是作为人力资本载体的人，即具有较强的管理能力、研究能力、创造能力和专门技术能力的劳动者。回顾 20 世纪，成千上万的劳动者为美国的繁荣兴旺贡献了人力资本，而他们中的顶尖人才在各自的领域发挥了重要作用并产生了巨大影响。例如，阿尔伯特·爱因斯坦（Albert Einstein）、恩里科·费米（Enrico Fermi）、保尔·伯格（Paul Berg）、托马斯·韦勒（Thomas Weller）等科技泰斗的研究成果提高了生产效率、推动了社会进步；乔治·伊斯曼、亨利·福特、比尔·盖茨、沃伦·巴菲特（Warren Buffet）等商界巨子创造财富、繁荣市场，引领产业发展；富兰克林·罗斯福、亨利·摩根索（Henry Morgenthau）、亨利·基辛格、阿兰·格林斯潘等政治领袖高瞻远瞩、英明决策，为经济发展保驾护航。美国经济如果没有这些才能非凡的精英人士主持，其进步绝不会这么快。也就是说，美国的强盛地位在很大程度上取决于顶尖人才所贡献的人力资本。支撑这一命题的是 80/20 法则（the 80/20 principle）。

80/20 法则

80/20 法则是由意大利经济学家维尔弗雷多·帕累托（Vilfredo Pareto）

在1897年发现的，因此也被称作帕累托定律（Pareto principle）。其基本原理是，在原因与结果、努力和收获之间普遍存在着不平衡关系：80%的收获来自20%的努力，其他80%的投入只带来20%的收获。典型的现象是：贸易公司20%的产品或客户，带来80%的收益；图书大厦20%（种类）的图书的销售量，占全部图书销售量的80%；一个学院不到20%的教师，领走80%以上的教学科研津贴；20%的企业所生产的价值，占一国全部企业生产价值的80%；一个球队20%的球星，赢得全队80%的得分。这个法则说明一个发人深省的道理：关键的少数，往往是决定整个组织的效率、产出、盈亏和成败的主要因素。也就是说，宇宙中存在的事物，包括人们的作为和其他一切力量、资源与构想，多半只具有无足轻重的价值，带来微不足道的结果，而少数人物或事物则发挥超强能力、产生惊人功效。80/20法则的核心价值在于主张80%的结果来自20%的成因。80和20这两个数字没有什么魔力和奥妙，只是个近似值而已。关键的认知在于世界并非对等平衡，努力和收获之间并非线性相关。1997年，美国管理学大师理查德·科克（Richard Koch）推出新作《80/20法则》，揭示了企业如何运用80/20法则追求商业成效，个人如何改善自己的生活。科克明确提出："在原因与结果、努力和收获之间，普遍存在着不平衡关系。一个组织的生产效率和未来发展，往往取决于少数关键性的人才。"（Koch，2003：4）80/20法则因而成为一切创造性行为的动力。借此东风，科克于2001年又推出一部力作《80/20个人革命》，把80/20法则的核心价值观提升到新的高度。科克认为，少数关键人士所创造的价值是绝大多数平凡人的16倍。他们只占总人口的1%，但足以对世界产生99%的冲击。这些80/20个人改变既有成规，以个人力量扭转大局。80/20人士的崛起，就是80/20个人革命。《80/20个人革命》的革命性意义在于激励人们在事业上与众不同、独树一帜、大胆创新、彰显个性，成为80/20人士（Koch，2003：5～15）。

实际上，80/20人士活跃在社会生活的方方面面，如学术领域、政坛官场、商务世界、媒体前沿、娱乐产业、体育战线、公益组织、慈善机构等。可谓三百六十行，行行出状元。纵观美国的崛起与强盛之路，关键少数人才对于众多组织机构、各个行业部门以及整个国家发挥巨大作用并带来根本性改变。阿尔伯特·爱因斯坦、亨利·福特、萨姆·沃尔顿（Sam Walton）、沃伦·巴菲特、拉里·埃利森（Larry Ellison）、比尔·盖茨、罗纳德·里根（Ronald

Reagan)、约翰·杜威（John Dewey)、汤姆·汉克斯（Tom Hanks)、奥佩拉·温弗瑞（Oprah Winfrey)、史蒂文·斯皮尔伯格（Steve Spielberg)、迈克尔·乔丹（Michael Jordan)，等等，都是才能出众、活力四射的时代精英。需要强调的是，80/20 人士并非个个名声显赫、财富巨大。真正的"关键少数"之所以关键并不是在于其隶属于关键的组织机构，而是因为他们具备关键的特质。作为异质性个体，80/20 人士是富于智慧、勇于创新、乐于奉献的领军人物和团队灵魂，是财富创造与经济增长的核心力量。太阳微系统公司（Sun Microsystems）创始人斯科特·迈克尼利（Scott McNealy）的如下豪言壮语便是一个生动的诠释。

> 我们与生俱来便承载着一种不可推卸的天赋使命，那就是，用我们的智慧、才能和运气去创造伟大的业绩，努力工作，永不松懈，为我们自己，也为他人乃至整个世界作出我们最大的贡献……我笃信 80/20 法则或 95/5 法则。如果你有幸受到了良好的教育，并拥有聪慧的头脑和强健的体魄，那么你就不应该浪费它们。你应当刻苦努力地工作，并将你的才能发挥到极致。(马隆，2004：173)

80/20 法则的重要意义在于强调关键的少数决定整个组织的效率、产出、价值与成果，从而激励人们充分拓展自己的才能，培养个性与创造性，成为顶尖人才。曾几何时，集体与机构是财富与福祉的来源；之后，集体主义日渐淡漠，个性意识代之兴起，社会环境也随之转型。在 21 世纪新形势下，团队式个人主义将大行其道，并以其特有的方式改变世界。新个人主义认可个人发挥作用的社会、经济与知识环境，以及个人所依托的小团队的重要性。80/20 法则能让任何一个有决心、有智慧、有能力的人，都有机会在这世上留下印记并成为 80/20 人物，创造崭新而受欢迎的事物并体会成就感（Koch，2003：17～20）。卓越的企业莫不以关键少数人士为核心，每个机构的成功都离不开个人或团队的支撑，正如比尔·盖茨所坦言，如果拿走我们最重要的 20 位成员，微软将变成一个无足轻重的公司（Koch，2003：21）。

总之，80/20 效率法则表明，顶尖人才对促进经济发展与推动社会进步的作用非常重大。鉴于此，关注美国顶尖人才的成长轨迹，探寻他们的成才奥秘，显然具有理直气壮的动机。

谁是美国世纪的关键少数人才

纵观美国强盛之路，无数英雄豪杰、伟人奇才在各自的领域创造了奇迹，但无论拿出怎样的名人录都难免包含主观因素。基于众多文献的启迪，本书把缔造美国世纪的关键少数人才锁定为科技泰斗、商界巨子与政治领袖三个精英群体。因为科学家的研究成果提高生产效率、推动社会进步，企业家创造财富、提供就业、繁荣市场，政治家高瞻远瞩、英明决策为经济发展保驾护航。

科学技术对美国经济发展的推动作用是巨大的，从这个意义上说，科学家个个拥有崇高地位，人人都是社会精英，那些世界一流科学家的卓越贡献使美国的科技实力超群绝伦、领先世界。自 1901 年诺贝尔奖设立以来的 100 年间，共有来自 28 个国家的 475 位科学家获得诺贝尔自然科学奖，其中近一半属于美国。半个多世纪以前，阿尔伯特·爱因斯坦、恩里科·费米等许多来自欧洲的杰出科学家以其创造性的研究工作为当今美国的科技领先地位奠定了坚实的基础。第二次世界大战之后的几十年间，美国的顶尖科技人才取得了一系列惊天动地的成就：原子裂变、基因分解、月球探索、芯片发明、激光应用、网络通信等。这些重大研究成果带来了新技术，创造了新产业，减少了污染，提高了能源利用率，提供了安全可靠、快捷便利的交通，并改善了医疗卫生条件。此外，成千上万待遇丰厚的工作岗位应运而生，各行各业的劳动生产率也得以大幅度提高，这突出表现在制造业人力、物力与财力的节省。总之，以诺贝尔奖得主为代表的美国科技泰斗以科学研究与技术创新扩展了人们的眼界、提升了生活质量、促进了经济腾飞，因而成为缔造美国强盛的关键的少数。

在激励成功、推崇精英的美国社会，诺贝尔奖作为科学研究最高成就的奖项不仅给获奖科学家带来至高荣耀、至尊地位，也使他们受到学术界乃至普通百姓的瞩目与赞誉。然而，由于诺贝尔奖评审委员会规定每年每个奖项的获奖者不能超过三人，所以总有一些具备获奖资格与实力的科学家无奈落选。例如，为现代分子生物学的突破性研究打下重要基础的细菌学家奥斯瓦德·艾弗里（Oswald Avery），发现了维生素 E 的赫伯特·埃文斯（Herbert Evans），以及与杨振宁（Chen Ning Yang）、李政道（TsungDao Lee）合作完成宇宙不守恒定律的女中豪杰吴健雄（Chien Shiung Wu），等等。这意味着总会有一些科学家成为“准”诺贝尔奖获得者：除了未能戴上桂冠、披上光环，他们与诺贝尔奖得主同样成就卓著、令人敬佩。“准”诺贝尔奖获得者还包括世界一流的数学家、天文学家、陆地与海洋学家，因为他们的研究领域不在诺贝尔奖的考虑范围之内。值得欣慰的是，诺贝尔奖得主与那些同样出色但不同样出彩的科学家，都享有美国科学界的至高荣誉。如果荣获诺贝尔奖桂冠的科学家是坐在美国科学界头把交椅上的泰斗，那么，美国科学院院士以及众多功勋卓著的科学家，以及托马斯·爱迪生（Thomas Edison）与莱特兄弟等发明家，也称得上泰斗级人物。他们值得关注不仅因为他们的科技成就、影响与荣耀，更因为他们的杰出贡献带给美国领先优势并推动世界不断向前[2]。

经济学大师约瑟夫·熊彼特（Joseph Schumpeter）曾经说过，企业家是经济发展的引擎，社会进步的源泉。的确，20 世纪美国经济的繁荣兴旺与充满生机的商业活动密切相关。大大小小的企业不断推出对路的产品与服务来满足大众需要并创造就业机会。而领导这些企业的精英人士激发企业竞争，带动

1961 年 1 月美国《时代》周刊封面 15 位美国诺贝尔奖获得者的特写

在 2000 年《财富》全球 500 强企业中，美国公司占 1/3

产业革命，从而促进美国日益强盛。钢铁大王安德鲁·卡内基（Andrew Carnegie）通过改进管理方式与革新生产技术，帮助美国成为当时世界最大的钢铁生产国。亨利·福特的汽车生产线为大众的出行提供了便捷的交通工具，并促使美国成为车轮上的国家。任何人只要拿得出几百美元，就可以拥有自己的轿车，自由驰骋于北美大陆的广阔天地。目前世界上最大的零售连锁店沃尔玛的创始人萨姆·沃尔顿对信息技术与物流供应链的推崇使成千上万的消费者在买到物美价廉商品的同时能够享受购物的乐趣，从而改善了人民生活质量。通用电气公司（GE）前董事长兼首席执行官杰克·韦尔奇（Jack Welch）掌门20年，在风雨飘摇之中把这家百年老店改造成一个活力四射的现代企业之王。毫无疑问，一大批精明强干、积极进取的杰出企业家与职业经理人为美国经济发展作出了巨大贡献，并产生了深远影响。正如哈罗德·利弗塞（Harold Livesay）在其1979年的专著《美国制造：美国经济辉煌的缔造者》（*American Made：Men Who Shaped the American Economy*）中所言，在为美国经济发展付出聪明才智的各行各业的英才中，最活跃、最强有力的莫过于那些敢于冒险、勇于创新的企业家们。这一观点得到美国经济史学家乔纳森·休斯（Jonathan Hughes）的认同。他在1986年的专著《关键的少数：企业家与美国经济成就》（*The Vital Few：The Entrepreneur and American Economic Progress*）中指出，美国经济体制的运转自始至终都是个人基于自身利益与动力有所作为，从而带动产业发展。的确，约翰·D. 洛克菲勒（John D. Rockefeller）、李·艾柯卡（Lee Iacocca）、玫琳凯·艾施（Mary Kay Ash）、比尔·盖茨等如雷贯耳的名字不仅是财富与成功的代名词，也是各自产业的标志。

美国历来有崇拜英雄的传统，传记作者、专栏作家以及学者的大量著述告诉人们，美国政治领袖凭借个人的才干与气魄达到权力巅峰，他们为社会进步尽心尽力，并领导美国走向团结和胜利。20世纪的美国经历了从西奥多·罗斯福到比尔·克林顿总统执政，政府的职能与作用不断扩展，为美国政治领袖大展宏图、尽显个人魅力提供了广阔的空间。从世纪之初的反托拉斯法案与政治改革运动、第二次世界大战之后的马歇尔计划、伟大社会工程、放松管制措施，到新经济时代的信息高速公路与教育改革战略。特别值得一提的是，在旷日持久的大萧条期间，美国经济陷入困境、灾难深重，富兰克林·罗斯福总统指挥若定、力挽狂澜，引导美国经济步入正轨、重现生机，并一跃成为世界首富之邦。的确，一大批才能卓越的政治家在战争与和平、衰退与繁荣、动荡与稳定等不同时期都肩负重大的历史使命，以其领导力与影响力为20世纪美国经济发展保驾护航。无论是将军总统德怀特·艾森豪威尔（Dwight Eisenhower）、外交家亨利·基辛格还是掌管美联储近20年的阿兰·格林斯潘，都凭借个人的独到见解、不凡才智与超强能力尽显领袖风范，在美国历史下留下闪光的足迹[3]。虽然由于这些核心人物在才能、魅力、政绩等方面存在差异，把他们不加甄别地统统当作顶尖人才似乎有失公允，但是，无论是通过竞选、继任或是任命而成为“领袖”，登上权力巅峰本身便证明他们具有一定的政治头脑与才干。

20世纪美国经济发展的惊人成就向世人昭示：顶尖人才是重要的，而顶尖人才的成才机制更重要。的确，美国科技泰斗、商界巨子和政治领袖的知识、能力与特质的形成与美国社会环境密切相关。虽然许多著述从不同角度展现了美国社会精英、伟人奇才的成长道路，但大都缺乏理论支持与系统考察而削弱了学术研究的厚重价值。本书基于人力资本理论全面系统地考察20世纪美国科技、企业与政坛顶尖人才的成才经历，最终回答三个核心问题：20世纪美国顶尖人才人力资本形成的主要途径有哪些？铸就美国顶尖人才的人力资

在美国南达科他州的拉什莫尔，有一个著名的“总统山”，山上雕刻着美国四位著名总统的巨大头像，他们是乔治·华盛顿、托马斯·杰弗逊、亚伯拉罕·林肯和西奥多·罗斯福

本生产制度有何鲜明特征？美国顶尖人才的成才机制何以形成？

美国强势与中国软肋

本书热切关注“关键的少数”人才，不是为了宣扬“英雄创造历史”的观点，也不是为了推崇伟人奇才的风范。毕竟，爱因斯坦的智慧与个性，比尔·盖茨的才能与机遇，富兰克林·罗斯福的胆识与魅力是不可复制的。从科技泰斗、商业巨子与政治领袖的成才经历找出“偶然”与“必然”的关联，可以揭示美国顶尖人才成才的制度因素。在知识经济时代，人才资源以其高存量的人力资本价值成为当代社会发展的第一要素和战略性资源。获取和拥有人才，是所有国家和民族共同的迫切需要。毫无疑问，关注美国顶尖人才的成长经历与成才机制，对于中国改善人力资本生产制度与创造优秀人才成长环境具有非凡的意义。

那么，美国顶尖人才的成才机制何以值得中国借鉴？不妨从诺贝尔奖说起。自1901年诺贝尔奖设立之后的100多年间，共有30多个国家的528名科学家获得了诺贝尔自然科学奖——物理学奖、化学奖、生理学或医学奖。但遗憾的是，在这份获奖成果和获奖科学家的榜单中，无一属于中国。这显然与中国人口占世界人口1/5的比例、与中国的大国地位极不相称。是因为中国人不够聪明么？显然不是，已有7位华人获得诺贝尔自然科学奖；是中国的研发设备不够好么？恐怕也不是；是诺贝尔评奖委员会以及西方社会普遍歧视黄种人么？那么为何同样是黑头发黄皮肤的日本人近年来屡次获得这一科学界的最高荣耀？

在迄今为止获得诺贝尔自然科学奖的7位美籍华人中，有5位出生于中国，4位在中国完成大学本科学业，5位在美国获得博士学位并留在美国从事科学研究。尽管成才经历各有不同，但他们能够成为科技泰斗并贡献于美国的经济发展与科技进步，主要归功于美国的优秀人才机制。美国的人才机制之所以成功，最重要的原因在于美国拥有世界上最成功的高等教育制度。全世界最好的大学70%～80%在美国。这一数字充分体现了美国在教育领域的领先地位。美国的大学是精英汇聚的地方，是思想开放的社区和社会发展的引擎，也是经济发展的催化剂。哈佛大学、哥伦比亚大学、芝加哥大学、斯坦福大学、麻省理工学院、约翰·霍普金斯大学、加州大学（加利福尼亚大学）伯克利分校等诞生了100多位诺贝尔科学奖获得者。这些著名院校的共同特点是：富有远见的学术带头人、宽松民主的学术气氛、激励创新的科研环境、鼓励人才脱颖而出的机制。

与欧洲发达国家相比，美国的基础教育弱而高等教育强，在质量上呈倒金字塔形。这种情况对于任何其他国家来说都难以为继，但美国居然创造了奇迹。其原因在于美国通过一系列引才措施广泛延揽世界各国优秀人才为己所用，从而对美国的综合国力，特别是科技、经济和军事等领域产生了深远的影响。尤其值得一提的是，美国凭借世界最优的高等教育环境，不断吸引着世界各地的优秀人才来美国学习和工作，从而为美国的科技和产业发展提供了坚实的人才基础。显然，外国培养了有潜能的人才，美国把他们争取过来，进行“后道工序”的“深加工”，为美国的经济发展与科技现代化不断输入新鲜血液，以保持其旺盛的活力与巨大的人才优势。大批国外优秀人才的流入也提升了美国高等教育的质量，从而形成美国教育与人力资源的良性循环。

美国对世界各地人才有巨大而持久的吸引力，一个主要原因是美国雄厚的资金力量能够为外来人才提供更丰厚的资助与薪酬福利，更好的学习、科研与工作条件。这在很大程度上归功于美国的公益捐赠事业。美国公益捐赠事业的规模和作用是任何国家都无法比拟的。对此，美国研究学者资中筠女士观察到：以基金会为代表的私人捐赠公益事业是美国制度的支柱之一。卡内基出资建造了几千个图书馆，洛克菲勒资助了美国的医学研究体系，他们就是要让那些勤奋、有才能的人有机会像自己一样成功。致富以后为社会公益事业有所捐赠的文化传统已经成为美国社会公认的价值标准，并且有成熟的法律和机制（资中筠，2007：157～159）。

美国在人才引进方面的成功，也反映了美国作为移民国家对不同文化广泛吸纳，对外来人才来者不拒的传统。美国社会精英中犹太裔人士占很大比例便是这种包容性之益处的极好诠释。本书对美国顶尖人才成长机制的探究，更注重的是美国社会文化环境的可取之处，包括精神、思想、传统、价值观、信仰与习俗等内在而抽象的因素。

20世纪美国的世界霸主地位大大得益于以人才为中心的良性循环机制，

而且美国的人才优势是全方位的。进入21世纪，美国仍然领先，仍然具有超强经济体与软实力；欧洲各国前所未有地联合起来，集团优势日渐彰显；保有全球第二经济大国地位的日本，一直在谋求政治大国地位；一度落后的俄罗斯，已重新吹响复兴的号角并显露峥嵘；印度、巴西正竭力向前，试图改写当下的世界大国格局。那么，中国呢？实际上，中国从来就是一个大国，中国人从来不乏大国心态：铁骨铮铮而又雍容大度的大汉气质，浪漫开放而又胸襟豪迈的盛唐气象，纵横七海却“厚往薄来”的大明舰队，已在中华民族的血脉里酝酿出了山高水长的大国之风。这样的大国情怀，让中国人在近代饱受屈辱后重新奋发。经过160多年的追赶，中国让世界看到了一个古老而生机盎然的国度，一条豪情不灭的巨龙，一列用速度吸引眼球的经济快车。改革开放以来经济的快速发展与巨大增长，使中国的GDP在2007年跃居世界第三位。经济学家纷纷预言：中国将在21世纪20年代超过日本，成为世界第二大经济体；到40年代超过美国，登上全球经济霸主的宝座。这样的现实与远景，唤醒了中国人的大国意识。然而，拥有大量农村人口与廉价劳动力、GDP中制造业的比例大大高于服务业的事实表明，中国距矗立于发达国家之林的目标还十分遥远。

目前中国经济的迅速发展面临着人才市场人才难觅的尴尬，尤其是愈来愈多跨国公司在中国内地遭遇了顶尖人才不足的问题。虽然中国求职者的素质逐渐提升，训练有素的人才愈来愈多，但是有发展潜力、工作能力强、语言技能高的人士可谓百里挑一。呜呼，一边是大学毕业生大量增加，一边是大的跨国公司招不到合乎要求的人才。

中国的人才成长机制的确存在问题，而最严重的是教育问题。这不仅在于教育投资与教育资源严重不足，更表现在教育体制，即教育制度、教育理念与教育方法存在弊端。其问题的症结之一在于应试教育。长久以来，中国的应试教育制度把考分等同于素质、把知识等同于智慧，把一次性的考试当作测试人才、选拔人才的唯一手段。可悲的是，包括官员、记者、教师、家长在内的众多国人居然自鸣得意地认为“中国学生的基础知识扎实，中国的基础教育优于美国”，殊不知这样的教育体制埋没了多少人才。来自教科书的可怜的“基础知识”，竟然是中国学生扎实的“基础知识”的全部。提倡多年的“减负令”并未真正减轻小学生的课内外作业负担。初中生的普遍情况是，白天在校上课

10 小时，晚上回家做功课至深夜。高中三年的生活更是触目惊心：学生入校不久便“文理分明”，提前进入高考状态；体育、音乐、美术等课程统统取消；炎炎酷暑中全国各地的高二学生挥汗补习应试课程；高三阶段是最重要也是最黑暗的时期，中国学生要承受生理和心理高负荷运转的考验。从小学到中学，中国亿万儿童、少年、青年的天性与快乐被剥夺！尽管中国学生在基础教育阶段练就了扎实的知识功底，但这种刻板的、填鸭式的教学方式使大批学生丧失了学习积极性和追求知识的兴趣。十年寒窗之后，众多学生的自主意识被消磨，因而在进入大学之后往往不知所措，懒散、浮躁、功利、享乐成为大学新生普遍的思想状态。更严重的是，应试教育体制严重影响中国学生独立研究与创新能力的发挥与拓展。对此，美国华裔物理学家、1997 年诺贝尔物理学奖得主朱棣文（Steven Chu）曾有感而发：

> 创新精神是最重要的，创新精神强而天资差一点的学生往往比天资强而创新精神不足的学生能够取得更大成绩。好的教育应该是让你自由寻找那些对你有意义的事情，而不是把人脑当成一个容器，往里填东西；好的教育还在于让人批判性地思考，敢于质疑前人，我发现中国学生在这方面表现不足。

从长远看，只有一个国家具备强大的创新能力，即强大的人力资本，它的发展才能是可持续的。显然，中国崛起与强盛的关键是全面提升人力资本与劳动生产率，打造顶尖人才与核心竞争力，从而把人口问题转化为人才优势、让“中国创造”取代“中国制造”。一流的教育培养一流的人才，一流的人才创造一流的科技，而一流的科技是经济发展与社会进步的引擎。今时今日，国家的强大，社会的发展以及人民的进步，靠的是“人才强国”战略真正有效的实施。他山之石，可以攻玉，20 世纪美国顶尖人才的成才机制为中国提供了可以借鉴而不可照搬的模式。

第二章

历史的天空

我们是一个耕者民族，散居在一片巨大的领土上，通过通畅的道路和可通航的河流相互交流，由温和政府的丝带把我们连在一起，大家都尊重法律而不畏惧其权力，因为法律是公平的。我们生气勃勃，充满实业精神，这种精神已被除去镣铐，不受任何约束，因为我们每个人都是为自己工作的。

——《一个美国农场主的来信》

一百多年的时间里，这个国家的千百万人，不约而同的朝着同一个方向前进、再前进，向西、再向西。仿佛是一个着了魔的大移民运动。在美国西部开发之前，从未有过如此规模的国内人口迁徙。这是一场史诗性的迁徙。那个时代，在那片土地上，人们共同坚持的信念是理想，是自由，是永不放弃，是勇往直前，是创新进取……“西部拓荒”的精神，后来成为美利坚民族精神最重要的内容。

——《大国崛起——美国》

美国历史是最浪漫的历史。它起源于神话，其发展离不开几个世纪的神话故事……美国的历史是作为梦想开始的，并且作为梦想一直延续下来……关于我们的梦想，最要紧的有两点：一是只有狂迷者才能怀有这些梦想或者才敢做这样的梦；二是我们在实现这些梦想方面已经显示出巨大的才能。

——伯尔纳德·沃托，美国历史学家

300多年前，当一队勇于探索的盎格鲁·撒克逊人漂洋过海在北美新大陆开辟第一个英属殖民地时，他们做梦也没有想到这会是人类历史上空前繁荣富强的美利坚合众国的奠基礼。几多沧桑，几多欣喜，在此后的岁月中，这个由移民建设起来的国家发生了从数量到质量的惊人变化。纵观美国强盛之路，丰富的人力资源赋予这个年轻的巨人无穷的能量，无数英雄豪杰、大师奇才在各自的领域创造了奇迹。能量何以产生，奇迹何以创造？诺贝尔经济学奖得主道格拉斯·诺思（Douglas North）有句名言：历史在起作用。不妨展开美国历史这部异彩纷呈的画卷，从而以宽广的视角领略20世纪美国科技泰斗、商界巨子和政治领袖三个精英群体的成才经历，并透过时代的断面洞悉美国生生不息、循环上升的动力机制。

美国科技纵览

从殖民地时期的相对落后到20世纪的遥遥领先，美国科学技术发展图景奇特，耐人寻味。在开荒拓土建设家园的艰苦岁月里，美国移民先驱只能忙里偷闲以娱乐的心情观察天空星云、气候万象，记录珍禽异兽、奇花异草。当时殖民地主要依靠效仿欧洲带动科学技术进步，但民间的努力和政府的作用也可圈可点。17世纪的后半期，科学团体在整个欧洲遍地开花。在殖民者中有许多出色的博物学家、收藏家、天文爱好者以及园艺师。例如，被选进英国皇家学会的第一位殖民地人士小约翰·温斯罗普（John Winthrop，Jr.）积极倡导天文学的研究；当时颇有影响力的新教牧师R.科顿·马瑟（R.Cotton Mather）大胆推广疫苗接种来预防天花，并把自己对美洲独特的自然现象的记述写成《美洲志异》。这些科学先驱和欧洲科学团体保持着密切联系，从而大大激发了大洋两岸的人们探求科学知识的热情。然而，北美大陆地广人稀、经济落后，大多数行业还只依靠一成不变的简单工艺缓慢发展，科学技术难以充分发挥作用。实际上，科学成了受过良好教育的贵族阶层的专利，技术则属于产业工人与手工劳动者。当时产业技术的任何进步都会令人惊诧不已，在科学理论方面的重大贡献根本无从谈起（van Tassel，Hall，1966：20～37），因而难以产生杰出的科学家。

教育是科技传播与发展的基础。北美殖民地的新教徒们由于处在与英国全然不同的根本没有正规教育体制的新环境里，就更加迫切地希望普及学校教育，从而促使18世纪新英格兰识字者的比例迅速上升。在发展普通教育的同时，殖民地人也积极兴办高等教育，从而为美国的科技发展创造了条件。伴随着教育的发展，旨在传播科技文化的印刷业日益发挥重要作用。遍布殖民地的印刷所承印宗教、法律、历史、科学等方面的读物，有利于活跃社会生活与普及科技知识。早期的科技文化传播造就了一批集科学家、发明家、企业家、政治家于一身的杰出人物，他们为美国科技进步作出了开创性的贡献，其中最突出的是本杰明·富兰克林（Benjamin Franklin）。1743年，富兰克林创立了美国哲学学会（American Philosophical Society），这是殖民地第一个重要的科学组织，该学会的宗旨是促进“有用知识”在新大陆的研究与传播，其中包括宇宙的起源、人类的产生等“纯科学”。

早期科技传播者本杰明·富兰克林

独立战争使美国的科技发展遭受挫折。战争期间殖民地与英国的科学交流几乎完全断绝，仪器也难以获得，而与法国及其他欧洲国家的交往也很有限。实际上，美国当时严重缺乏科技人才的主要原因在于人口稀少，大学生更是寥若晨星。1802年，耶鲁学院决定设立一个化学和博物学教授席位时，只好把一位没有什么科学素养的23岁的律师本杰明·西利曼（Benjamin Silliman）“赶鸭子上架”。在走马上任之前，西利曼花了两年时间在费城攻读科学，从此开始科技生涯（卡尔金斯，1984：192，193）。

独立后的美国对科学、技术和教育的发展给予了极大关注，这充分体现在1787年的美国宪法中。制宪者们认为教育和科学事业应当独立发展，不受政府的限制与控制。而弗吉尼亚大学的创建在很大程度上象征着美国科学研究实用化的开始。美国于1790年通过了专利法并建立联邦专利局，以激励工匠、农场主、医生等积极投身于发明创造。与此同时，纯粹科学和应用科学之间的区别受到特别关注，实用主义盛行开来。1790年《哥伦比亚杂志》发文告诫即将毕业的大学生：“你不会住在太阳上，也不会住在月亮上，更不会驰驱在彗星尾巴上……某个时代，有少数几个天文学家就够了。”不过，纯粹科学的种子仍在美国破土发芽。例如，约翰·奥杜伯恩（John Audubon）对鸟类研究情有独钟，路易斯·阿加西斯（Louis Agassiz）对动物分类热情不减，约翰·德雷珀（John Drapper）把摄影术用于天文学。他们的工作有助于激发人们对自然科学的兴趣，但未能令大多数美国人赏识其重大意义。物理学家约瑟夫·亨利（Joseph Henry）曾代表科学家强烈要求社会各界支持抽象研究，但美国企业界还是认准了集中资助技术开发，国会也常常不同意对那些看不到实际价值的项目予以联邦支持（卡尔金斯，1984：193～197）。

回想起来，强调应用科学不无道理。立国之初，百业待兴，富于豪情壮志的美国人急于解决实际问题。自然哲学家们本以为能够兼顾天文和农业研究，但后来发现自己分身乏术。因此，19 世纪和 20 世纪早期，致力于专门技术如改进耕作方法和制造方法之类的组织遍布各州。着眼于实际目标的科学研究机构和学会蓬勃发展，这是美国科学技术日益兴盛的重要标志。法国人亚历克西·德·托克维尔（Alexis de Tocqueville）1831～1832 年走遍美国之后有感而发：“民主的国家今后一定会习惯于把有用看得重于美观，而且他们也会要求美观之物应该有用。”（卡尔金斯，1984：193）

标志美国对科学感兴趣的一项重要事业是 1846 年建立的史密森尼学会（Smithsonian Institution），它是唯一由美国政府资助的半官方性质的博物馆机构。1829 年，英国化学家詹姆斯·史密森（James Smithson）向美国慷慨捐赠 50 万美元，建议在华盛顿创办一个普及和提高知识的学术机构，以推动科学和技术的发展。美国国会特许使用这项巨款建立以史密森命名的国家博物研究馆。史密森尼学会逐渐发展成为既从事科学研究又进行科学普及活动的重要学术机构。此外，1848 年，一个最重要的全国性学术团体——美国科学促进会（American Association for the Advancement of Science）也在华盛顿特区成立。

轰轰烈烈的西进运动大大促进了美国科学技术的发展。科学家们在地质学、生物学、动物学、古生物学、化学等诸多方面都取得了可喜的进步。此外，交通运输革命带动了铁路及蒸汽动力、土木与机械工程、钢铁等相关产业的发展。南北战争使科学在美国的作用迅速升级。科学家卷入与战争相关的各项事业，包括带人气球空中观察、抵制疾病的措施和新炸药的制造等。美国政府越发重视科学技术的作用，通过了一系列立法积极支持科学活动的拓展。

1862年林肯总统签署了《莫里尔法》(Morrill Act),美国开始创办农业专业院校,注重农业研究,从而为科学家提供了工作机会。1863年国会立法创建美国科学院(National Academy of Sciences),使各地科学协会形成一个全国性共同体,同时担负起指导国家科技政策并为政府提供科学技术咨询的任务。美国从此进入科技引进与独立研发并举的阶段。到1880年,美国有450所高等院校致力于工程学研究,并培养了大批科学技术人才(杨会军,2007:468)。

南北战争之后,美国虽然在科学研究方面仍然落后于英国、德国等欧洲国家,但其工业发展却奇迹般地处于领先地位。其主要原因在于美国在实用科学上占得先机,大企业建立的工业实验室推出了一系列重大科学技术发明。1860～1890年,美国专利发明达6.76万项之多。特别值得一提的是大发明家托马斯·爱迪生,他所处的时代是美国技术发展的一个重要标志。在爱迪生的2000多项发明中,电灯的影响最为深远,美国因而进入了电气时代,并以闪电般的速度直上云霄。实际上,整个19世纪,美国依靠应用科学走在世界前列,正如托克维尔所言:"是那些并没有发现任何一条物理学一般定律的美国人,把改变世界的蒸汽机应用于航海事业。"(卡尔金斯,1984:196)

20世纪初,美国的科学研究高歌猛进。一个可喜的局面是,美国私人基金会开始慷慨资助科学研究。例如,1902年,设在华盛顿特区的卡内基基金会(Carnegie Foundation)广泛资助生物学和物理学的研究、调查和出版。另一个喜人的事件是,任教于美国海军学院的阿尔伯特·迈克尔逊(Albert Michelson)以其设计的一种测量光速的方法获得1907年诺贝尔物理学奖——这是美国人首次登上诺贝尔领奖台。第一次世界大战加速了美国应用科学的成长,尤其是化学工业开始生产原来从欧洲进口的药品、染料和硝酸盐。第一次世界大战后许多大企业纷纷建立工业实验室,鼓励科学家为知识而追求知识,不必担心工作是否有实际用途。而在物理学之类的高深科学领域,大多数进展由孜孜以求的学者在象牙塔中取得。

20世纪20年代以后,美国的科技事业开始腾飞,一改此前只有技术发明没有理论科学的"落后"局面。至第二次世界大战之前,具有重大影响的科学研究成果层出不穷,例如,罗伯特·米立根(Robert Millikan)对普朗克常量和电荷基本单位的测量、阿瑟·康普顿(Arthur Compton)的自由电子散射光子的量子理论、欧文·兰米尔（Irving Langmuir）发现的电子反常散射现象、卡尔·鲍林（Carl Pauling）的化学共振论、欧内斯特·劳伦斯（Ernest Lawrence）的回旋加速器、托马斯·摩根（Thomas Morgan）的基因遗传学说，以及大量有关恒星、太阳、行星的天文学成就。物理学的新发展激发了科学家研究原子能的兴趣。

曼哈顿工程标志着第二次世界大战时期科学研究的最大成就。1942 年 6 月，新墨西哥州人迹罕至的一片沙漠——橡树岭突然热闹起来，美国原子弹研制的心脏机构——洛斯阿拉莫斯实验室就建在了这里。到 1945 年，实验室发展到拥有 2000 多名文职研究人员和 3000 多名军事人员，其中，包括 1000 多名科学家（含诺贝尔奖得主），如丹麦科学家尼尔斯·玻尔（Niels Bohr）、意大利裔物理学家恩里科·费米和华裔女科学家吴健雄。1945 年 7 月 16 日，原子弹在新墨西哥州阿拉莫戈多最后试爆时，整个国家都受到与太阳直射同样强烈的亮光照耀……宏伟、美丽、令人惊奇、令人恐惧。这项耗资 20 亿美元的庞大工程奠定了美国物理学的世界领先地位，美国从此成为当代世界的科学技术中心。

第二次世界大战之后不但有了原子能，而且还有计算机、喷气式飞机、雷达以及其他许多成就。1950 年，美国国会设立了国家科学基金会（National Science Foundation），专门资助基础研究。1958 年，美国建立起国家航空航天局（NASA）以应对苏联的挑战，因而资助空间科学研究的经费扶摇直上。在众多科学领域，联邦政府投入的研究与开发经费不断增加，到 1967 年已达 171 亿美元，这标志着美国科技发展的新时代（杨会军，2007：470）。1969 年，“阿波罗登月”计划的实现，再次把科学家送上众望所归的崇高地位。到了 20 世纪 70 年代中期，由于美国陷于经济危机，联邦预算上的压力日增，科学与政府之间的“蜜月”结束。科学研究事业再次被注重实用价值的老毛病搞乱。一位主管国家科学基金会款项分配的议员直言不讳地评论道：“……美国人民无力出钱把科学当爱马来养，即为乐趣而科学。他们把实用科学当作是为人民干活的马，即能够提高生活质量的研究工作……国会需要的是有结果的科学研究。”（卡尔金斯，1984：211）

20 世纪 80 年代的激烈竞争改变了世界科技格局：美国一枝独秀的霸主地位被美国、欧洲、日本三足鼎立之势取代。面对高科技发展带来的挑战，联邦

1945 年 7 月 16 日，美国成功进行了核爆炸，从此进入核时代

1969 年 4 月，三位美国宇航员在接受“阿波罗登月”训练

政府出台新政策，鼓励美国企业把政府资助的研发项目更快捷、更充分地应用于生产部门。因此，以国家实验室和大学的研究人员为主体的科学家与企业建立了良好的合作关系，极大地推动了新技术的开发和应用。1985～1990 年，联邦政府在高等院校设立了 25 个工程研究中心，以保持美国在重要科技领域的世界领先地位（杨会军，2007：471）。

20 世纪 90 年代，由于高科技彻底改变了许多产业的生产方式，美国进入了一个持续健康发展的新经济时代。1990 年颁布的移民法案使美国高科技企业得以利用 H1B 签证大量雇用外国科学家和工程师，从而加快了个人计算机、通信以及医疗器械等产业的发展。由于政府对研发的巨大投入，美国的信息技术、生物技术等核心产业均保持着世界领先水平。20 世纪末，美国通过计算机、半导体、软件、飞机、医药、生物技术、在线服务、电信以及精密仪器等高科技产品的出口扩大了自己在世界市场的份额。与此同时，美国继续促进企业、学术界和政府之间的密切合作，以加强这个强盛之邦在科学技术与经济实力方面的领先优势。

经过区区 200 多年的发展，美国已成为最具研究能力与创新活力的国家，而且拥有最多、最优异的科技成就。1901～2000 年，全世界共有 465 位科学家获得了诺贝尔自然科学奖，其中 199 位出自美国，约占 43%，这足以表明美国的科技实力超群绝伦。在技术发明方面，美国一直保持着绝对优势。在第二次世界大战后产生的重大创新成果中，美国完成的项目相当于英国、联邦德国、法国和日本成果总数的两倍。而按照从业人数平均的创新成果数量排序，美国也居世界首位。

美国商业史话

自逐利荒原开始，美国人以商业为主业的信念从未动摇，但美国社会、经济与文化不断变迁，因而在不同历史阶段个性鲜明、风格迥异的商界风云人物应运而生。

美国的工商业源于中世纪的欧洲，以英国人为主的移民先驱带着欧洲的传统、习惯和技术来到新大陆。丰富的资源以及摆脱阶级和等级制度束缚之后的自由，使纷至沓来的寻梦者获得了无限的创业机会。新大陆的兴起从港口城市开始，最初的商业活动围绕着贸易和土地进行，活跃于港口城市的万能商人在殖民地经济建设中发挥了领军作用。

1787 年颁布的《宪法》为美国的工商业发展提供了制度保障。从 18 世纪末到 19 世纪初，美国西部开发使贸易商和土地投机者的活动天地大大扩展。他们的冒险行为创造了大量财富，商业金融机构应运而生，传统型企业由此进入发展的“黄金时期”，而最初占据优势的万能商人让位给专业企业家。

19 世纪的最初 25 年，美国的制造业，尤其是纺织业，大大小小的工厂遍地开花，产品通过内河、运河、铁路销往全国市场。随着市场的扩大，城市对建筑材料、食品和原材料的大量需求推动了小企业成长壮大。到了 30 年代，美国经济发展获得了强劲的动力支持，以铁路为基础的交通运输系统把日益兴旺的城市连成网络，从而引发了 19 世纪中后期美国交通业与通信业的革命。与此同时，新技术促进了产品开发，并改进了生产工艺与流通方式。美国的工商业不断获得规模效应的益处，分工和专业化进一步深化，企业面临着规模扩大提出的挑战。作为 19 世纪美国大企业的“标本”，铁路公司首当其冲，因为其发展涉及“资本、银行、矿山、高炉、工厂、电站、技术知识、机械设备以及为适应新的规模和条件，对社会和政治习俗、观念、组织的逐步改造”。南北战争之后，美国的铁路建设达到高潮。当时的企业大亨主要是铁路公司的投资者、策划者和管理者，如安德鲁·卡内基、约翰·洛克菲勒、詹姆斯·菲斯克（James Fisk）、杰伊·古尔德（Jay Gould）和安德鲁·梅隆（Andrew Mellon）。这些被称为“强盗贵族”（robber baron）的大亨们像移动的旋风，在大约25年的“镀金时代”（gilded age），推动了现代工业国家腾飞的所有支柱产业——钢铁、石油、铁路、煤炭和电报的发展。19世纪末，企业通过纵向联合实现大规模生产与分配一体化，之后大力推崇横向联合模式以求稳定价格与有效经营。一批金融资本家和投资银行家因此涌现出来——J. P. 摩根（J. P. Morgan）便是最具影响力的巨头——他们能够满足由众多小企业整合而成的大公司的资本需求。美国西部的工业体系日趋完善，与东部金融市场的发展珠联璧合，美国逐渐从一个农场分散的“发展中国家”转变为世界领先的工业大国。

随着大型工商企业和跨国公司的兴起，美国商业发展进入成熟阶段。铁路、钢铁等支柱产业逐渐衰落，大批工商企业起而代之。许多大企业不是由银行家或家族控制，而是由支薪经理人（salaried manager）或职业经理人（professional manager）专门管理，因而所有权变得极为分散。支薪经理人对企业资源分配的共同作用支配美国经济运转，一改从前完全由市场决定的方式。这一转换过程被小艾尔弗雷德·钱德勒（Alfred Chandler，Jr）称作“美国企业界的管理革命”。至此，美国工商业进入经理资本主义时代。从20世纪20年代开始，支薪经理人执掌美国大型企业的高层管理大权。按照美国布鲁金斯学会（Brookings Institution）的研究数据，1880～1920年，美国商界职业经理人的数量从161 000增至100万（Useem，1999：159～174）。这一时代，美

20世纪初“强盗贵族”聚集在纽约

国的企业取得了伟大的成就，企业家们更是群星璀璨。与此同时，美国人对企业的认识也发生了深刻的变化，如利润最大化和企业发展，相关利益者关系以及社会责任等，都是企业家需要秉承的商业理念。

随着企业规模的扩大，其发展动向越来越多引起政府，尤其是联邦政府的注意。改革与进步运动，大萧条以及新政使美国的商业环境发生了显著改变。长期以来，政府一直扮演着工商企业与产业利益庇护者的角色。到了西奥多·罗斯福和伍德罗·威尔逊（Woodrow Wilson）执政时期，政府毅然决然地给企业戴上紧箍咒，通过各种条令限制商业行为，但这种限制，尤其在20世纪20年代，倾向于为企业利益着想。而经历了大萧条之后，企业精英的地位和财富优势被一扫而光。在“新政”过程中，政府通过新的税收和支出政策进一步加强了对企业的干预。

由于军备供应带来了大笔红利，第二次世界大战后美国企业的财大气粗之势为世界空前，由职业经理人掌管的企业在美国商界获得压倒性优势。整个20世纪50年代，充裕和富足是流行于美国广袤土地上的关键词。经济发展总体稳定，时而蔚为壮观。新产品层出不穷，市场欣欣向荣。1959年，美国企业携手步入辉煌：汽车和钢铁业主导世界市场，动感电影制作与彩色电视播放技术为娱乐业带来勃勃生机。到了60年代，职业经理人的重要作用得到美国公众的普遍认可。因此，现代工商企业雇用各种层次的中、高级支薪经理来管理并协调其控制下的各部门的工作，这些中、高层经理形成了一个全新的企业家阶层。在经济实力各方面都占绝对优势的时候，美国对别国的工业技术和先进管理经验是不屑一顾的。美国企业管理中的任何偏颇，如传统管理思想和方法中偏重理性主义、忽视人的因素和文化因素等一些弊端并未引起美国人的关注。

到了20世纪六七十年代，一些业内人士尚未觉察，美国商业环境已经风云突变，50年代的“快乐时光”一去不复返了。随着西欧，特别是日本经济的迅速起飞，美国的经济优势逐渐丧失。战后美国经济迅速增长的持久动力出现故障。从六七十年代中期，美国的劳动生产率远低于其他主要资本主义国家，更低于日本。劳动生产率落后，产品在市场上就不会有竞争能力。美国的录像机、手表、摩托车就是这样败在日本手下的。加之外贸逆差迅速增加、以美元为中心的国际货币体系的崩溃，这一切导致美国综合国力相对下降，世界霸主地位呈现衰落和动摇之势。人们普遍感到混乱、挫败与迷失，因此企业家

从罗斯福新政到里根经济学，美国政府对企业的态度大大改变

的形象发生扭曲。他们在六七十年代还是大众心中的美国梦楷模，到了七八十年代则被当成制造自私自利、贪图享乐氛围的恶人。

面对美国经济实力的衰落和日本旋风的猛烈袭击，美国朝野一片惊慌，尼克松甚至哀叹："美国遇到了我们甚至连做梦也想不到的那种挑战。"这时美国人开始冷静下来进行深刻反思：为什么第二次世界大战后经济上处于崩溃边缘、技术上属于三四流的一个弹丸岛国，能在短短的 20 多年内实现经济起飞？日本成功的奥妙何在？有些美国企业界人士千方百计地挖掘日本企业管理的妙诀，最终得出一个结论：美国经济落后不仅在于技术问题，更在于缺乏日本那样独特的企业文化。

1980 年罗纳德·里根当选总统为美国企业带来了福音：企业发展得到重视与激励，企业家的英雄形象也重新树立。恰逢其时的是，以个人计算机和软件业的兴起为标志的科技成就为企业家大显身手提供了广阔天地。整个 20 世纪 80 年代，美国企业效益与效率的飞跃大都源自管理者的战略决策，而成千上万的自主创业者和小企业加速了这一进程。其中最具活力的信息技术产业，是由施乐和 IBM 等为数不多的大公司支撑的。正是那些自主创业者通过技术创新推动了该产业的发展。新兴企业由于没有大公司的复杂管理与决策机制而大大有利于产业的发展。与此同时，传统的大型工商企业也开始精兵简政，轻装上阵。

20 世纪 90 年代，当日本和欧盟各国经济陷于增长减速、委靡不振的困境时，美国却风景这边独好，进入健康运行、突飞猛进的经济发展阶段，创造了低通胀、低失业、高增长率的"新经济"神话，率先从工业时代进入信息与知识经济的新纪元。一方面，80 年代以来政府大力促进高新技术产业的发展，为美国经济和社会等诸多方面带来重大而深刻的变化。科技发展带来森罗万象的新型电子产品，电信与计算机网络方面的创新造就出规模庞大的计算机硬件与软件产业，并改进了许多产业的经营方式。企业家获得了更多拓展市场的机会。另一方面，克林顿总统八年任职期间的经济政策功不可没。从削减赤字措施到国家出口战略，从信息高速公路计划到教育目标法案，这一切大刀阔斧的新自由主义改革行动卓有成效，带来了美国经济的长久繁荣，也为“美国世纪”画上了一个圆满的句号。

美国企业的发展历程表明，人是社会变革的源泉，而社会变革是成千上万企业家的思想观念与经营活动的产物。“时势造就英雄，英雄推动时势。”英雄，是具有企业家才能的人，尤其是熊彼特所称的“企业家”，他们推动美国成为世界经济霸主。时势是什么？天时、地利、人和，其中最重要的莫过于制度。就美国企业发展的制度环境来说：自由市场是自然法则，其作用是政府不应该也无法替代的，但某些市场失灵需要政府及时纠正。

美国政治大观

作为世界上第一个资产阶级共和国，美国的政治制度是由 17、18 世纪的英国衍生而来，其开端体现了英国的自由权利宪章与地方自治传统。200 多年来，美国政治制度的基本框架存续下来，而实际内容却随着美国社会的发展不断变化。

在北美大陆的早期岁月，移民先驱面对广袤而荒凉的土地必须通力合作才能开垦农田、生产食物、营造家园，从而树立了人人平等的坚定信念。《五月花号公约》开创了新英格兰各殖民地制定公约以保障自由的先例，而弗吉尼亚议会使代议制成为北美殖民地的一项基本制度。1776 年 7 月 4 日，第一届大陆会议通过了《独立宣言》，宣布北美 13 个州脱离英国成为“自由和独立的国家”。1777 年，第二届大陆会议批准了《邦联条例》，新生的美国据此确立了邦联制，最高权力机关为邦联国会，集立法、司法和行政权力于一身。但由于各州维持着实质性的独立地位，邦联制完全无法适应当时国内外形势的需要。

1787年7月2日，制宪会议经过旷日持久的激烈争论通过了《美利坚合众国宪法》，美国联邦制就此诞生。

按照各州代表共同绘制的治国蓝图或称《宪法》，中央政府由三部分或三个部门组成：立法部门（国会）、行政部门（由总统领导）、司法部门（联邦法院），这就是所谓的“分权”。它赋予每个部门某些职责，而又使其与其他部门保持相当的独立性。美国政权组织形式采用总统制。作为国家元首和政府首脑，总统不对国会负责，而直接对选民负责。美国总统主管联邦政府的行政部门，而且在立法和司法事务方面也有很大权力。按照宪法对联邦制度的界定，美国政府分为联邦和州两级。这种中央政府和地方政府的权力划分，通常称为权力的纵向分立。联邦、州、县、市在不违背宪法的大前提下，可以制定法律，并且不构成逐级对上负责的关系。这一制度给选民留下了广阔的参与空间，体现着公民“自己管理自己”的自治精神。其出发点很简单：对国家的官员们来说，权力带给他们种种特权。美国人民宁可把权力切割得支离破碎、自相矛盾，也不要权力的全面统一、高度集中。

美国立国之时，开国元勋力主摈弃政党歧见，因而当时并无政党之争。建国不久出现了两个资产阶级政党：一个是以汉密尔顿为首的联邦党，另一个是以杰弗逊为首的反联邦党。这两个派别几经分化、改组，至南北战争前正式建立为民主党和共和党，他们轮流执政，从而形成了今天的两党制度。两党在意识形态上并没有区别，都是代表垄断资产阶级利益的政党，只是在具体政策的实施上有所不同。

美国总统是全世界最有权力的职位之一，宪法赋予他“保卫美国联邦宪法

1776年7月4日，《独立宣言》被大陆会议通过，这一天因而成为美国国庆日

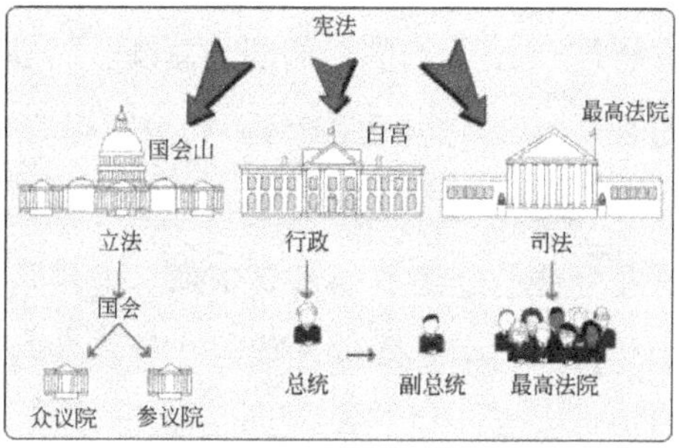

美国的政治制度是“三权分立”

及执行国会制定的法律”的权力。美国联邦行政机构，是由总统领导的行政部门，其基本职能是执行法律和实施政策。在实际运作中，这些机构大都是相对独立的政治角色，拥有重要的政治地位。美国建立之初，联邦行政部分只有国务院、财政部，以及战争部几个行政部门。加上司法部长和邮政总长，联邦机构成员一共不到1000人。联邦政府的主要作用是充当各州的仆人，因为当时美国州权思想盛行，州权派不愿各州主权被联邦主义取代。南北战争期间，联邦制遭遇了严重的挑战，但北方的胜利使联邦政府的权威得到极大的加强，从而为后来在公民权利方面进行干预奠定了基础。随着西进运动的深入，美国疆域的扩张和市场经济的迅速发展，联邦政府大张旗鼓地介入国内政治、经济和社会生活。南北战争结束后，工业化浪潮席卷美国，联邦政府职能扩大，其行政部门的人员、机构、开支均相应增加。

19世纪末至20世纪初，在进步主义运动的推动下，美国总统逐渐由一个执行立法部门命令的高级执行官变成真正的国家领导人和国家权力的象征，总统和行政部门日益成为国会立法的指引者。在罗斯福新政时期，总统获得了经济、金融和银行等多方面的行政权。此后，美国总统在行政、立法、经济、军事、外交方面的权力和影响进一步扩大，成为所谓的“帝王般总统”(imperial president)。

总统行政权力的扩大突出表现为联邦官僚机构的扩大。1939年联邦政府行政部门文职雇员只有93.6万人，第二次世界大战以后一直保持在200万人以上，1970年超过294万人，比1939年增长两倍以上（李存训，1988）。乔治·华盛顿开创了总统与国务卿、财政部部长、陆军部部长以及司法部部长开会的惯例，听取他们对国内和对外政策的建议。以后的一些总统习惯和他们的首席行政官员商议国家大事，而内阁在大多数时候是总统的临时顾问。现在，美国政府共有15个内阁级的部。总统、副总统和15个行政部的部长组成了内阁，定期召开会议。其他的官员，如美国行政管理和预算局的局长，也会受邀参加。

行政部门是联邦政府的主要执行部门，而各种各样独立的机构则承担使政府和经济稳定发展的重要责任。建国后的近100年里，美国总统并无专门办事机构，而是主要依靠各部部长推动行政工作和提供意见。为了应付日益庞杂的国内事务和国际危机，1939年经国会同意，正式设立总统办事机构，以协助总统履行义务。第二次世界大战以后总统办事机构不断扩大，现在已经有行政管理和预算局、白宫办公厅、国家安全委员会、经济顾问委员会、国内事务委员会、紧急战备局、国家航空和空间委员会等十多个机构。总统办事机构的建立和扩大，给总统提供了一个阵容强大的高级的参谋集团（李存训，1988）。

总统行政权力扩大的另一种表现，是联邦政府对经济生活的直接干预。第二次世界大战之后的美国历届政府，不仅继承了罗斯福新政的改革措施，而且扩大了国家干预经济生活的规模和内容。一个突出表现是国会立法权发生了变化。首先，由于权力和责任日益集中到总统身上，国会的重要议事日程基本上由总统决定，总统向国会提出的“国情咨文”、“预算咨文”、“经济报告”和各种专门咨文成为国会立法活动的指南。到20世纪70年代末，每年根据总统的建议提出的法案，占国会通过的全部法案的80%。其次，总统管辖下的行政部门和机构所通过的规章条例，也具有法律效力和作用。最后，第二次世界大战后总统使用否决权的范围和总统享有的国会委托立法权，都有所扩大。

同其他国家的政体一样，美国政治权力集中在少数人手中。由美国总统享有的权利，政府行政机构的职能以及内阁的地位，不难确定美国政治精英中谁是经济政策的主要制定者。矗立在白宫东面的是美国财政部大厦，西面是管理与预算办公室和经济顾问委员会所在的老行政办公大楼（Old Executive Office Building，OEOB）。因此，白宫被财政部、管理与预算局以及总统经济顾问委员会三家主要的经济智囊团包围着。西南方向几个楼区之外是联邦储备系统（简称“联储”）大楼，它作为美国的中央银行，以独立地位在美国经济政策制定中扮演重要角色。这四个机构被授权各自独当一面，但不能对美国经济进行全面决策。约翰·肯尼迪（John Kennedy）当年推出被称为“三驾马车”的相互协作的共同体，包括总统的三个主要经济决策顾问，即财政部部长、管理和预算主任、总统经济顾问委员会主席。虽然联邦储备的独立性不可动摇，但确保美国经济成功运行的大政方针必须由联储与其他财政金融机构共同制定，从而出现三驾马车与联储主席的“四元体”（Kessel，2001：126～140）。由于他们在各自机构内外的职责，四元机构成员成为美国经济政策的主要制定者。随着美国在第二次世界大战后的世界领导地位的不断提升，国务卿作为与外国政府磋商经济议题的核心人物，成为总统内阁成员中的第一人。此外，农业部、商务部和劳工部的部长们作为总统内阁成员也是制定经济政策的重要参与者。

在行政部门高级官员的任命上，200多年来美国基本上是“一朝天子一朝臣”，“一人得道，鸡犬升天”。内阁部级别官员通常为“空降兵团”，他们的产

华盛顿总统与四位先父组成的内阁

1993年克林顿总统第一任期的内阁全体人员

生由总统提名、参议院批准后立即走马上任。立国之初，华盛顿总统重视官员的才能和威望，多从受过良好教育的名门望族和绅士阶层选用政府文官，因而其政府被称为“绅士政府”。1829年安德鲁·杰克逊（Andrew Jackson）入主白宫后实行“政党分赃制”（spoils system），扩大了政府的社会基础，但也带来很多问题，如结党营私、用人唯亲、腐化盛行、政治动荡等。在不断高涨的改革呼声中，国会于1883年通过了《彭德尔顿法》（Pendelton Act），美国现代文官制度得以建立。公务员向全体公民开放，通过考试择优录用，但行政部门高官仍由总统任命。现代文官制度有助于提高政府工作的质量和效率，但也助长了官僚主义、文牍主义和本位主义，同时削弱了总统的行政控制能力（金灿荣，1988：27～38）。卡特政府于1978年推出了《文官制度改革法》。国会建立了高级行政官员管理中心（简称SES），旨在提供一批可灵活调配的高级管理人才，以备派遣到各个机构。

早在1776年，英国政治理论家托马斯·潘恩（Thomas Penn）观察道：“政府，即使在其最好的状态，也不过是一个无可避免的恶魔；在它最坏的状态，就是一个无法忍受的恶魔。”如其他政体一样，美国也面临着庞大的政府机构造成的官僚政治问题，如堆积如山的纸上作业扼杀了效率。对某些美国人来说，政府是一个以随意征税、干预自由为乐的“事儿妈”。对其他人来说，政府是仗义慈爱的山姆大叔，他关心穷人困苦并捍卫公众利益。不管美国人如何评价美国政府，他们都不愿用地球上任何一个政府来替换它。民有、民治、民享，这是亚伯拉罕·林肯（Abraham Lincoln）在盖底茨堡演说（Gettysburg address）中描绘的美国政府，简短的几个字道出了美国民主的真谛。的确，美国的政治体制适合美国的国情，对美国的迅速发展并赶超世界列强发挥了重要作用。

第三章

科技泰斗的成长轨迹

我对科学的兴趣有许多起源，首先是来自我的母亲……当我刚刚懂事时，我经常坐在母亲的膝盖上，通过母子间几百个小时的交谈，我头一次知道了阿基米得、达·芬奇、伽利略、开普勒、牛顿和达尔文。

——理查德·斯莫利，1996 年诺贝尔化学奖获得者

当我回望我的青少年时期，我意识到自己去发现问题的答案不一定是学习未知最容易的方法，但却是最有意义的方法。教育对人一生最大的贡献是帮助你发展好奇心和培养你寻找有创造性答案的直觉。随着时间的流逝，我们了解的许多事实都会被遗忘，但我们发现问题和解答问题的能力却永远不会失去。

——保罗·伯格，1980 年诺贝尔化学奖获得者

在我们的彼岸有一个巨大的世界，它离开人类独立存在着，它像是一个永恒而猜不透的谜，但至少能部分地进入我们的事业和思想。这个世界向我们招着手，正谋求着解放……通向这座乐园的道路并不像通向宗教乐园那样坦荡和诱人；但是，它已经证明自己是可靠的，因此，我永不遗憾地选择了这条不平坦的道路。

——阿尔伯特·爱因斯坦，1921 年诺贝尔物理学奖获得者

20世纪美国科学技术的领先优势，在很大程度上归功于一大批泰斗级科学家的探索与发现。原子裂变、基因分离、月球探测、卫星定位、激光治疗、网络通信等众多智慧之果已转化为巨大的生产力，推动了美国经济蓬勃发展，使美国国力日益强盛。因此，阿尔伯特·爱因斯坦、约翰·巴丁、罗伯特·奥本海默等科学奇才的贡献可谓惊天动地。值得深思的是，奇才何以成为奇才并创造奇迹？探寻美国科技泰斗的成长经历与事业轨迹可以揭示其中的奥秘。

身世与机缘

人们倾向于相信：在推崇民主、自由、平等的美国社会，芸芸众生命运百态、贫富贵贱乃个人造化，成长过程须“自负盈亏”。对于社会学家来说，这种想法严重忽略了社会背景（social background）因素，如家庭出身、经济状况、文化根基等对个人特质差异、才能与动机的影响。透过美国科技泰斗或一帆风顺或沧桑坎坷的人生历程，可以领略身世与机缘的力量。

父亲母亲

谈及父亲母亲，便触及了家庭出身的话题。对于经历了那些非常年代的中国人来说，家庭出身是一个敏感的字眼：它是有产者与无产者的分水岭，也是衡量政治态度的硬指标，且与后代的前途命运息息相关。品评美国科技泰斗的家庭出身，绝非宣扬阶级论和血统论，而是研究由父母职业决定的家庭条件与环境对子女的智能发展、成就动机、自尊自信等方面的影响。

美国没有延续欧洲的贵族制度与世袭传统，但长期以来形成了巨大的贫富差距与分明的社会阶层等级秩序，这与我们探讨的家庭出身密切相关。一个人所处的社会阶层（social class）是由职业、收入、财富、教育和价值观等多种变量决定的。按照不同层级所占的比例，目前美国社会阶层结构为中间大两头小，呈橄榄形。追溯到20世纪中叶，美国社会阶层结构六个层级的比例有所不同，大致呈金字塔状。再回首50年，美国社会的贫困阶层比例更高。总的来说，上中层以上的家庭在美国社会阶层结构中一直只占很小的比例。

那么，不同家庭出身的美国人的生活状况会有怎样的差别？不妨按照父母的职业、收入、身份与地位等因素概括如下。上上层美国人财富充裕，生活奢华，靠继承家产、证券投资、出租地产、董事兼职、拥有企业、商业经营、专门职业等体面的方式获得收入。上上层与下上层均属于“有钱有势”的权贵阶层，他们的主要区别在于前者的财富、名望与影响更为稳定长久。上中层美国人即使不是应有尽有，也算丰衣足食。他们从事社会地位较高的职业，如地产、商务、专业或艺术。即使尚未积聚大笔财富，也拥有像样的住宅、漂亮的穿着与物件，并可尽享休闲之愉悦。下中层比上中层美国人在财富与收入方面稍逊一筹，在身份与影响上则相去甚远。小店铺业主、办事员、中层白领、工长和技术工人以及拥有土地房产及一定收入的小农场主均属此列。总之，下中层美国人处于“饿不着也撑不着”的生活状况。下层美国人均为“无产阶级”，“房无一间，地无一垄”，更无身份地位可言。具体说来，上下层家庭的户主多为耕种他人土地的佃农或雇农，下下层美国人包括南部黑奴、无技能者、廉价短工以及长期失业的劳动者。

在20世纪美国顶尖人才与父母共同生活的成长年代里，绝大部分美国家庭靠男人“养家糊口”，因此，父亲的职业[1]被视为家庭出身的主要指标。毋庸置疑，天下父母大都对子女寄予厚望，并通过言传身教引导他们长大成人。正如贝克尔所言：探讨人力资本的形成不可抛开家庭对一个人的知识、能力、价值观与行为习惯的影响；早期教育方面甚至微小的差别都会对孩子的未来发展产生放大效应（Becker，1993：21）。

尽管难以量化父母的言传身教，但家庭影响的方式与程度可首先从父亲的职业与社会地位略见一斑。诺贝尔奖获得者的父亲从事的职业多种多样，其中，专业人士与商务人士比例高达78%，这表明出身于上中层以上家庭的为绝大多数。需要强调的是，父亲为专业人士的科技泰斗占56.3%，这与普通科学家以及劳动大众形成鲜明对照（表3-1），科学院院士的情况也大体相当。仔细查看诺贝尔奖得主的父亲所从事的专门职业，从医生、律师、外交官到中学教师、大学教授、作家、艺术家、神职人员，虽然大都体面高雅，但并非个个收入丰厚。值得一提的是，他们的母亲中从事相应职业的也大有人在。实际上，对于这些家境良好的大科学家来说，优越的家庭条件不在于财富带来的奢华与富足，而在于事业稳定、知书达理的父母营造的良好家庭环境。那么，这些父母是如何担当起家庭教育的责任，帮助孩子走上科学探索之路并登上世界巅峰？大量的传记资料提供了生动而翔实的记录。

表 3-1　父亲的职业：诺贝尔奖得主、普通科学家与美国大众比较

父亲的职业	诺贝尔奖得主	普通科学家[a]	美国大众[b]	
			1910 年	2000 年
专业人士	56.3%	29.1%	3.5%	16.6%
公司主管与企业经理	21.1%	18.7%	7.7%	14.7%
推销员，服务人员与办事员	7.5%	13.1%	12.8%	30.0%
技术与非技术型工人	10.1%	18.0%	41.3%	37.6%
务农者	4.5%	19.5%	34.7%	1.1%
其他	0.5%	1.6%	—	—

a. 资料来源：Harriet，Zuckerman. Scientific Elite in the United States. New York：Free Press，1977. 66

b. 此栏数据来自美国统计局，1910 年与 2000 年男性从业者总数分别为 29 847 000 和 69 091 443

首先，父母的科学启蒙为科技泰斗的研究生涯打下重要基础。现代心理学证明，大脑的发育具有不可逆性。也就是说，童年是人生中极为宝贵而又十分短暂的一段不可倒转的时光。在儿童近乎荒唐的幼稚中常常蕴藏着真理。儿童对周围的一切都充满了好奇，喜欢刨根问底，并且极富想象力，而这正是一个科学家从事科学研究的动机和必备的素质。正如爱因斯坦所言，想象力比知识更重要，因为知识是有限的，而想象力概括着世界上的一切，推动着进步，并且是知识进化的源泉。传记资料充分表明，出身专业人士家庭的科技泰斗童年时期大都得到父母不失时机的悉心培养与良好熏陶。尽管总体上妇女的职业状况与社会地位不及男性，但调查发现一些科技泰斗的母亲也是知识分子，其言传身教使子女受益匪浅，并以自己的方式训练孩子的思维能力。被誉为实验物理之父的伊西多·拉比（Isidor Rabi）对母亲有如下深刻记忆：

> 当我们放学时，所有的母亲都会问她们的孩子，那天在学校学了什么。我母亲不同。她会问，你今天在班上问了什么问题。（Rabi）

童年之可贵不仅在于儿童时期不可或缺的快乐，更在于其可以为一生的幸福奠定坚实的基础。因此，1980 年诺贝尔化学奖得主沃尔特·吉尔伯特（Walter Gilbert）在回忆自己的母亲时心存感激：

我的母亲爱玛·科恩是一位儿童心理学家。她对我和我的妹妹进行智力测验方面的实验。最初的几年，她在家里教我们学习，使我和妹妹很快乐。我们都很爱读书并很快开始尝试阅读公共图书馆里的大人们的书籍。①

1996年诺贝尔化学奖获得者理查德·斯莫利（Richard Smalley）对自己的启蒙教育有如下生动描述：

我对科学的兴趣有许多起源，首先是来自我的母亲……当我刚刚懂事时，我经常坐在母亲的膝盖上，通过母子间几百个小时的交谈，我头一次知道了阿基米得、达·芬奇、伽利略、开普勒、牛顿和达尔文。（王渝生，2002：11）

来自母亲口中关于著名科学家的故事和有趣的科学知识犹如一把钥匙引导斯莫利步入科学殿堂的大门。父亲也以自己的方式培养小斯莫利。他在自家地下室专门建造了一个木制品车间，教会小斯莫利如何制造东西，如何拆卸和修理一般的机械和电子设备。在父亲的指导下，小斯莫利获得了动手和创造的无穷乐趣，为其日后奋斗在化学和物理学前沿打下了扎实的基础（王渝生，2002：3～11）。1948年出生于美国的华裔物理学家朱棣文也同样得益于父母[2]的言传身教。儿时的朱棣文喜欢积木、组装塑料飞机或军舰模型。小学四年级时，他成天捣鼓那些用途不明的设备，常常在起居室的地毯上堆满半成品的金属支架、细小的螺帽和螺钉，把客厅堆得乱七八糟，但母亲从来不说“你得把那些垃圾扔掉”。的确，身为专业人士的父母对家庭教育重要性的强烈意识促使科技泰斗的科学启蒙“从父母的膝盖上开始”，这种经历的意义与影响是深远的。

其次，父母的言传身教与正确引导使孩子从小具备独立思考能力与科学价值观，这对于从事科学研究非常重要。在家庭教育中，启发孩子对知识的兴趣，教会他们科学的思想方法，比传授知识本身更重要。被称为“科学顽童”的犹太裔物理学家理查德·费曼（Richard Feynman）的成长便大大得益于父亲的引导。身为服装制造商的父亲在费曼很小的时候就给他买了《大不列颠百

① 本章中凡未标注文献来源的引文均来自诺贝尔奖官方网站（http：//nobelprize.org）

科全书》，并且经常带他参观美国自然博物馆，那里陈列着各种各样栩栩如生的动植物标本，还有高大而神秘的恐龙骨架模型。更重要的是，他从父亲身上深切体会到犹太人尊重知识和做事认真的态度（亚伯拉，2007：140，141）。

1989 年诺贝尔化学奖获得者托马斯·切赫（Thomas Cech）就是一个生动的例子。他在回忆父亲时有如下真切表白：

> 我的父亲酷爱物理学与医学。他把自己的科学研究方法与观点融入每一次家庭讨论中。因此，我在小学四年级时便对科学产生了浓厚兴趣，到处采集岩石与矿物标本并希望了解其构造与成因。上中学时，我居然经常造访艾奥瓦大学地质学教授的办公室，询问有关晶体构造模型的知识并与他们讨论陨石和化石的成因。（王渝生，2002：92）

在父亲的影响和引导下，切赫选择科学研究作为自己的终生事业，并把“用自己的手去寻找，用自己的眼睛去发现”，作为其人生信条。同样，华人物理学家杨振宁的成长大大得益于身为数学家的父亲杨武之的影响。作为现代数论和代数学教学与研究的学者，杨武之传授的近代数学的精神给少年时期的杨振宁留下了不可磨灭的印象。回顾其科学生涯时，杨振宁对父亲的感激之情溢于言表：

> 小时候在清华园住了 8 年，能在一个学术环境浓厚的氛围中成长是一生中一个极大的幸运。父亲书架上有许多英文和德文的数学书籍，我常常翻看。1938 年到 1939 年这一年父亲介绍我接触了近代数学的精神。他借

1929 年杨振宁与父母亲在厦门

杨振宁的父亲杨武之 1935 年在芝加哥大学

了GHH的*PM*与ETB的*MM*给我看。他和我讨论不同的无限大等观念。这些都给了我不可磨灭的印象…… 我的物理学界同事们大多对数学采取功利主义的态度，也许因为受我父亲的影响，我较为欣赏数学。我欣赏数学家的价值观，我赞美数学的优美和力量：它有战术上的机巧与灵活，又有战略上的雄才远虑。而且，奇迹的奇迹，它的一些美妙概念竟是支配物理世界的基本结构。（杨振宁，2007：67～74）

许多顶尖科学家儿时的兴趣爱好与读书学习、思考钻研交织在一起，这在很大程度上归因于父母的正确引导，阿尔伯特·爱因斯坦就是这样一个幸运儿。他1879年3月14日生于德国小城乌尔姆一个犹太人家庭，父亲是个电工设备店店主，爱好文学和数学，母亲是一位出色的钢琴家。父母的良好影响和家庭教育使爱因斯坦成长在自由和祥和的氛围中。爱因斯坦童年时智力发展比常人慢，直到3岁才开始说话，而且总爱独自一人宁静地活动。在四五岁时，父亲送给爱因斯坦一个罗盘，他着迷了很久，还纠缠着父亲问了一连串问题。直到成年，爱因斯坦还记得这件事。不爱说话的小爱因斯坦非常喜爱音乐，6岁时在母亲指导下开始学习小提琴，因而他一生中最好的消遣方式便是演奏莫扎特和贝多芬的奏鸣曲。上小学时，爱因斯坦在教师眼里平庸迟钝，实际上，爱因斯坦只是对教师的呆板教学方法感到不满。了解到学校教育的弊端，父母把爱因斯坦领回家"因材施教"，想方设法为儿子创造有意义且愉悦的学习机会。父亲曾请医科大学学生塔尔穆德每周末到家里做客，塔尔穆德常常给小阿尔伯特带一些科学和哲学的书籍。12岁时，爱因斯坦便读完了《欧几里得几何》，并自己证明了毕达哥拉斯定理；13岁时，他读了康德的哲学名著《纯粹理性批判》，不时与塔尔穆德讨论其中的问题；15岁时，他读完了伯恩斯坦的《自然科学通俗读本》，这本书中汇集了有关动物学、植物学、天文学、地理学等方面的科学知识。母亲的诱导，加上《自然科学通俗读本》的催化作用，使爱因斯坦明白了自然现象有其固有规律，从而中止了自己的宗教信仰，科学事业在心中开始萌芽（手岛佑郎，2004：147）。显然，父母明智行动对于塑造出爱因斯坦这样的天才人物非常重要。

最后，父母在教育资源、信息渠道与社会关系方面为科技泰斗的成长提供了有利条件，从而"近水楼台"使"子承父业"的情况明显存在。1954年诺贝尔生理学或医学奖获得者、病原微生物学家托马斯·韦勒（Thomas Weller）

爱因斯坦小的时候很少说话，这令父母非常担心。某次吃晚饭时，爱因斯坦打破了沉默，他说："这汤太烫了。"父母问他为什么之前不说话，爱因斯坦答道："因为到现在为止一切都很正常。"

爱因斯坦的母亲保丽娜是一位聪明、活泼、勤奋的妇女，也是一位钢琴家。爱因斯坦是通过聆听母亲弹奏钢琴开始喜爱音乐的

便是一个典型的例子。韦勒小时候与父母生活在紧邻密歇根大学的安阿伯镇，镇上居住着许多从事生物学、医学教学研究的专家学者。韦勒的父亲是密歇根大学医学院病理学系主任。由于从小耳濡目染，小韦勒对医学和生物学非常感兴趣。父亲为儿子提供条件并鼓励他从事自己的爱好，从而引导他走上科学探索之路（王渝生，2002：194）。同样，生物学家艾尔弗雷德·吉尔曼（Alfred Gilman）的诺贝尔之路与身为生物学家的父亲密切相关。他在接受《北京青年报》记者的访谈时回忆道：

> 我小的时候经常去我父亲的实验室。我父亲在实验室是做生理方面的实验，有许多直观的东西。我在父亲的实验室可以看到解剖动物的心脏在跳、血在飞溅的场面，那种过程很有意思。父亲的实验室使我对生物化学产生了兴趣。（王文章，丁亚平，2002：220）

吉尔曼耶鲁大学本科毕业后，父亲的一位老朋友在凯斯西储大学（Case West Reserve University）创立了一个新的研究项目，需要感兴趣的年轻有为的人加入。年轻的吉尔曼被推荐到那里从事循环 AMP（单磷酸腺苷）的研究。

显然，对于吉尔曼来说，由于出身优越，便有了较高的起点。从小的耳濡目染、良好的教育、父亲的人脉资源，都为其日后的事业成功奠定了基础。

总之，20 世纪的美国顶尖科学家大部分出身于中高产阶级，这为他们的成长提供了财力保障与资源优势。更重要的是，家庭背景决定了家庭教育的质量：父母的表率作用与悉心培养为顶尖科学家的事业生涯打下坚实基础。显然，即使在美国科技界这样一个靠自己本事吃饭、看重实力与个人奋斗的领域，顶尖科学家在很大程度上也得益于家庭背景带来的起步准备与机会。

他乡追梦

作为一个移民之邦，美国汇集了来自世界各地的人才。在美国科技泰斗中，出生在国外的诺贝尔奖获得者和科学院院士的比例分别为将近 30%和 35%，均远远高于美国人口中“外来者”的比例[3]。这些移民科学家的原籍国遍及五大洲，但集中于欧洲、亚洲。具体地说，59 位在国外出生的诺贝尔奖得主来自 23 个国家，其中，欧洲人占 2/3，主要来自德国；亚洲人占 13.6%，主要来自中国。这表明美国总体上对外来移民科学家严重依赖，同时对不同国家的移民政策有厚此薄彼的倾向。各个时期移居美国的科学家所经历的酸甜苦辣不尽相同，但都令他们终生难忘。

第一批移民科学家

科技泰斗中的第一批外来者是在 19 世纪末与 20 世纪一二十年代移民美国的。当时美国对欧洲移民，尤其是西北欧移民大体上持欢迎态度，不论在原籍国的社会背景如何，这些新移民在新大陆均享有平等的教育机会与友善的社会环境。不妨以美国第一位诺贝尔奖获得者阿尔伯特·迈克尔逊为例。迈克尔逊 1854 年出生于普鲁士一个犹太裔家庭，他两岁时随父母移居美国，先在内华达州落脚，之后迁居旧金山并在那里的公立学校接受正规教育。1869 年高中毕业后，迈克尔逊被格兰特总统委派到美国海军学院学习。1873 年，他以海军少尉军衔毕业后被桑普森上将领导的海军学院聘为物理学与化学教官，从此步入科学研究生涯，并于 1907 年获诺贝尔物理学奖。

更具传奇色彩的是 1944 年诺贝尔物理学奖获得者伊西多·拉比的寻梦之旅。拉比于 1899 年随家人移居美国，在纽约市区完成了中小学教育，此后获得康奈尔大学化学学士学位，并于 1927 年获得哥伦比亚大学博士学位。1929 年，拉比被聘为哥伦比亚大学理论物理学教员，1937 年升为教授。这批移民科学家还包括来自德国的物理学家波利卡普·库什（Polykarp Kusch）、来自英国的化学家赫伯特·布朗（Herbert Brown）、来自俄罗斯的生理学家塞尔曼·瓦克斯曼（Selman Waksman）以及来自加拿大的查尔斯·哈金斯（Charles Huggins）。他们都在幼年时期以自由移民的身份移居美国，因此其人力资本主要是在美国的教育机构与学术环境中形成的。

第二批移民科学家

第二批移民科学家主要是 20 世纪三四十年代初移居美国的一批欧洲犹太裔精英，他们被称为“希特勒赠与美国科学界的厚礼”（Hitler's gifts to American science）。这批流亡者包括来美之前就已经获得诺贝尔奖的 8 位科学家：物理学家尼尔斯·玻尔、阿尔伯特·爱因斯坦、恩里科·费米、詹姆斯·弗朗克（James Franck）、维克托·赫斯（Viktor Hess），化学家彼得·德拜（Peter Debye），药理学家奥托·勒维（Otto Leowi）及生物化学家奥托·梅耶霍夫（Otto Meyerhof）。在这些饱受磨难的杰出科学家中，最引人注目的显然是当代物理学之父阿尔伯特·爱因斯坦。爱因斯坦 1879 年出生于德国南部城市乌尔姆，在慕尼黑度过中小学时光，1905 年在苏黎世大学完成博士学业。此后爱因斯坦发表了三篇最优秀的论文，其中一篇因其对光电效应的解释获得 1921 年诺贝尔物理学奖。1933 年 10 月 7 日，为逃避希特勒与纳粹势力的迫害，爱因斯坦被迫告别欧洲，登上开往美国的轮船，从而带来世界科学中心的转移。此后这位当代物理学之父在刚刚成立的普林斯顿高等研究院继续自己的事业生涯，并于 1940 年加入美国国籍。

第二次世界大战即将结束时，美国派出数千名军事专家前往德国物色人才，动用了 100 多架飞机，紧急迎接了 2000 多名科学家到美国。这批欧洲知识分子不乏年轻才俊，如物理学家奥托斯·斯特恩（Otto Stern）、菲利克斯·布洛赫（Felix Bloch）、埃米利奥·塞格雷（Emilio Segrè）、尤金·维格纳（Eugene Wigner）、汉斯·贝特（Hans Bethe）；生理学家格蒂·科里（Gerty Cori）、塞尔曼·瓦克斯曼（Selman Waksman）、弗里兹·李普曼（Fritz Lipmann）、康拉德·布洛赫（Konrad Bloch）以及萨尔瓦多·鲁瑞亚

1933 年爱因斯坦在伦敦宣告将移居美国

(Salvador Luria)，这些科学家在 20 世纪 40～60 年代在美国荣获诺贝尔奖。不妨以 1963 年诺贝尔物理学奖获得者尤金·维格纳为例。维格纳 1902 年出生于匈牙利，在欧洲接受了高等教育，1937 年定居美国，次年成为普林斯顿大学的托马斯·琼斯（Thomas Joues）数理物理学教授，并与自己的研究组进行了后来获得诺贝尔奖的课题研究。第二次世界大战期间维格纳曾在芝加哥大学从事曼哈顿工程相关课题研究，1946 年成为克林顿实验室研究与开发主任。

除诺贝尔奖获得者外，这批流亡科学家还出了许多科学院院士，如匈牙利人列奥·西拉德（Leo Szilard）、爱德华·泰勒（Edward Teller）和约翰·冯·诺伊曼（John von Neumann）；德国人海因茨·康拉特（Heinz Conrat）以及科特·斯特恩（Curt Stern）；奥地利人欧文·查加夫（Erwin Chargaff）、柯特·哥德尔（Kurt Godel）、莫里斯·戈德哈伯（Maurice Goldhaber）、维克多·威斯科夫（Victor Weisskopt）和保罗·韦斯（Paul Weiss）；波兰人理查德·柯朗（Richard Corant）、塞缪尔·艾伦伯格（Samuel Eilenberg）、斯坦尼斯劳·乌拉姆（Stanislaw Ulam）以及马克·卡茨（Mark Kac）；英国人弗里曼·戴森（Freeman Dyson）。这些来自欧洲的优秀科技人才为盟军赢得第二次世界大战的胜利以及战后美国科学技术的强盛作出了卓越贡献。

在移居美国寻求事业发展之前，这批优秀科学家大都在自己的祖国经历了激励年轻学者奋发图强的学术环境的熏陶与磨砺。毋庸置疑，德国以及其他欧洲国家的研究氛围对高水平科技型人力资本的形成至关重要。难怪阿尔伯特·爱因斯坦移居美国之后依然念念不忘在德国从事科学研究的美妙经历。1934

年，初到美国的爱因斯坦曾经致函一位德国老友时充满感伤，“当年志同道合的人们聚在一起相互协作的学术氛围令人陶醉，只可惜那种特别的情景难以重现”（Stern，2001）。的确，要不是纳粹迫害，爱因斯坦宁愿呆在柏林，而不是普林斯顿“这个不伦不类，古怪而又死板的乡村”（亚伯拉，2007：148）。耐人寻味的是，当美国依靠来自德国的世界一流科学家赢得科技领先地位之时，日耳曼帝国长久以来的科技强势已成明日黄花。沧海桑田，时过境迁，美国世纪的开始即宣告德国鼎盛时代的终结。第二次世界大战之后的几十年间，美国对移民科学家与工程师的依赖程度大大加强，源源涌入的外来优秀人才激情澎湃地投身于美国科技领域。那么，对于外来科学家来说，移居美国对其事业生涯有何益处？或许最重要的是美国宽松的学术环境和适宜的生活条件激励着这些外来科学家努力工作并创造更大科技成就。也就是说，他们获得了追求事业成功的动力性人力资本，正如费米夫人所描述：

> 他们青春洋溢、精力旺盛。来美国时除乔治·伽莫夫（George Gamow）刚满三十外，其他人都只有二十多岁。他们庆幸自己逃脱了欧洲险恶的政治环境，因而格外珍惜美国的自由空气并打定主意要迅速融入美国社会。（Fermi，1968：177）

这些“杰出移民”把移居美国带来的机会当作是科学生涯中最重要的因素。对此，1988年诺贝尔物理学获得者杰克·斯坦伯格（Jack Steiberger）有如下真情表白：

> 我是个非常有运气的人，从中获益最深。第二次世界大战时期的种族政策使我在少年时不得不离开我的国家，前往美国，从而获得了更多更好的发展机会……（王文章，丁亚平，2002：29）

第三批移民科学家

第三批外来移民科学家是由奖学金与研究基金资助以留学生和访问学者的身份来到美国的。第二次世界大战以后，美国的学术研究与产业科技由于政府的大力支持而蓬勃发展，因而对外国科技人才及有潜力的学生敞开大门。此外，冷战的开始促使美国加强了在科技领域对抗共产主义阵营的战略，发展中国家因而成为美国科技人才的最重要来源。美国陆续出台了大力引进科技人才的法律法规，如《移民与国籍法》、《共同教育和文化交流》及《国际教育法》，并建立了美国国际开发署、福特基金会以及洛克菲勒基金会为外国学生提供各类奖学金。1945～1970 年，留在美国的科学与工程专业博士毕业生比例不断上升，其中包括数以千计的中国留学生，年轻学子杨振宁和李政道便是他们的杰出代表。

尽管六位获得诺贝尔奖的华裔科学家——杨振宁、李政道、丁肇中、李远哲、朱棣文和崔琦——家庭背景不同，但他们的共同之处在于通过美国的高等教育获得了人力资本的巨大提升，尤其是崔琦的成才经历树立了又一个华裔从“卑微到显赫”的典范。崔琦 1939 年出生于河南省宝丰县一个贫苦农民家庭，12 岁时随大姐到香港，1957 年开始在香港培正中学就读，并大大得益于该校的双语教学方式。1958 年，19 岁的崔琦获得美国全额资助进入伊利诺伊州奥古斯塔纳学院学习。当时，杨振宁、李政道获得诺贝尔奖对华裔学生影响很大。因此，崔琦选择了芝加哥大学研究生院继续深造，并开始对物理学研究投入更多精力。1967 年在美国芝加哥大学获物理学博士学位后，崔琦进入被称为“诺贝尔奖获得者的摇篮”的贝尔实验室投身于物理学的研究与探索，从而发现分数量子霍尔效应并获得 1998 年诺贝尔物理学奖。

顶尖科学家他乡追梦的经历表明，尽管 20 世纪美国一直采取移民限制措施，但对科技人才，尤其是欧洲与亚洲的优秀学子和科学家来者不拒。作为人力资本积累的一种途径，迁移产生“人往高处走”的效应。大批外来科学家在美国获得了知识与能力的极大提升，从而在较高的起点上把科学研究推向新的高度。

杨振宁与李政道于普林斯顿

1998 年诺贝尔物理学奖获得者崔琦

犹太之魂

美国历史也是一部可歌可泣的移民奋斗史。在移民迁居他乡、颠沛流离的过程中，宗教通常是精神慰藉力与民族凝聚力的源泉。在推崇宗教自由的美国文化环境中，人们的信仰千奇百怪、五花八门，但美国科技泰斗的宗教背景[4]大都比较"正统"。这首先体现在新教徒在移民中的比例高于他们在美国人口中的比例。具体地说，在199位诺贝尔奖得主和504位科学院院士中，新教信奉者分别占63.4%和65.1%，而美国总人口中具有新教家庭背景的人大约占60%。美利坚民族的历史文化起源决定了绝大多数美国人传承了基督教文化传统，美国科技泰斗中新教徒的人数比例实属正常。奇怪的是，这些杰出人士中天主教信奉者的比例居然不到3%，而天主教徒占美国总人口的25%，这或许与美国历史上天主教徒屡遭迫害与排挤的事实存在关联。相比之下，犹太人的表现格外优异。美国总人口中犹太人仅占3%，然而，在199位诺贝尔奖得主和504位科学院院士中，犹太人的比例分别高达31.4%和33.2%[5]。同在一片蓝天下，犹太人何以如此出类拔萃，超群绝伦？回答这个问题需要探寻犹太裔科学家逆境求索的心路历程，从而揭示犹太民族的特质与文化传统对他们的动力性人力资本的深远影响。

重学识的教育观

犹太裔科学家的非凡表现首先源于犹太民族高度重视学识与教育的文化传统。犹太人始终十分珍惜并充分利用美国优异的教育资源，并把接受正规教育看做是提高生活质量与社会地位的重要途径。在希伯来语中，教育是"hinukh"，有服务、奉献的意思。就是说，教育不是知识的传授，而是培养能为上帝和社会作贡献的人才。中世纪以来，欧洲地区流传着这样的说法，除了在非犹太人养育下长大的犹太人外，没有发现未受教育的犹太人。犹太人崇尚学问，拉比的社会地位最受人们尊敬。犹太童话故事里的英雄，既非勇士，也非王子，而是贤人。对于犹太人来说，学习与教育才是最重要的事。犹太教造就犹太人。如果不学习的话，就无法成为一个真正的犹太人。犹太人一心追求知识，以不同方式运用知识来谋生和改变境遇的特点世代相传。犹太民族流传着这样一个寓言式的母子对话：

母亲：假如有一天我们的房子被烧毁，财产被抢光，你将带什么东西逃命呢？

孩子：钱和钻石。

母亲：还有一种没有形状、没有颜色、没有气味、比钱和钻石更宝贵的东西是什么？

孩子：呃……

母亲：是智慧和知识。只要你活着，智慧和知识就永远跟着你。

对于犹太人来说，金钱有用完的一天，珠宝也有可能被抢走，只有知识和智慧是用不完、抢不走的，并且它会帮助自己摆脱困境、重新崛起。犹太民族这种教育子女的方法是一个优秀传统，它不仅传递了追求知识与智慧的意识，而且强化了面对困难与挫折时的进取精神与人生态度。犹太文化尤其重视高等教育及学术成就，因此犹太人热衷于追求高深的学问，他们坚信可以通过象牙塔的洗礼改变移民身份造成的贫困与压抑，并获得尊敬、权势与荣耀，从而在激烈竞争的社会中安身立命、出人头地、实现梦想。也就是说，犹太人倾心于上大学不仅为了更多收入，而且希望借此增强自身文化底蕴与社会地位。20世纪美国犹太裔最初从事轻工业、零售业与贸易，样样做得出色，但他们不希望后代步其后尘。到第二次世界大战结束时，犹太人已浩浩荡荡地跻身于中产阶级，主要从事专业技术工作。1979年诺贝尔物理学奖获得者谢尔登·格拉肖（Sheldon Glashow）的经历就很有代表性，正如他在传记中所述：

我的父母20世纪初移居美国纽约。经过几年的艰辛磨炼，父亲成为一位出色的管道工，因而家人能够过上中产阶级的舒适生活。虽然父母迫于生计放弃了上大学的机会，但执意要求子女接受高等教育。因此，我们兄弟姐妹从小在父母关爱与鼓励下受到热爱知识与努力学习的价值观熏陶。

从1906年到犹太人移居美国达到高潮的1916年，美国各大学接纳的犹太裔学生数量增加了3倍，其中许多人就读于教育最开放的纽约城市学院（1906年该校学生75%为犹太裔）。随着20世纪50年代高等教育机会的进一步开放，更多犹太人对高等教育的渴望得以满足。到了1955年，美国犹太裔适龄人群的大学入学率达到62%。尽管犹太裔占美国总人口的比例不足3%，但大学在校生中犹太人的比例高达7.5%。70年代初，80%的犹太裔适龄人群进入大学学习，而美国总人口中适龄人群的大学入学率为40%（Zuckerman，1996：71）。到了1990年，在25～44岁的美国犹太裔人口中，大学学士以上学位获得者占75%（另有15.6%大学肄业）；相比之下，同年龄组美国白人中具有大学学士以上学位的占25%（Heilman，1995：39）。显然，在人生选择过程的最初阶段，重视高等教育的犹太文化理念使犹太裔年轻人对美国大学校园心驰神往并趋之若鹜。更重要的是，越来越多本科毕业于美国名校的犹太裔年轻人获得在名校继续深造的机会。值得深思的是，美国名牌大学的毕业生比比皆是、人才济济，为何犹太人就能够在科技领域的高水平竞争中占尽优势？

逆境志更坚

付出他人一倍的努力的信念是犹太人克服社会歧视的最大的智慧，也是犹太裔科学家取得非凡成就的秘密。虽然美国一贯推崇民主、自由、平等的理念，但对犹太人的歧视与排斥由来已久，至今阴魂不散。犹太裔科技泰斗的传记资料也充分表明他们在社会选择与向上流动的过程中普遍经历了人为的障碍与磨难，尤其是在美国反犹风潮最猖獗的时期。对此，1944年诺贝尔物理学奖获得者伊西多·拉比年轻时深有体会。拉比幼年时随家人从匈牙利移居美国，以优异的成绩从康奈尔大学毕业，可是由于犹太人的身份，他费尽千辛万苦找到的一份工作却是在纽约市立大学做临时助手（手岛佑郎，2004：188）。

第二次世界大战后的10年对美国犹太人来说是糟糕的10年，对共产主义的恐惧使整个国家做了一场噩梦。共产主义者被投入监狱，反犹主义者摆出爱国主义的姿态质疑犹太人的忠诚，并攻击他们是共产主义者。1950年在迈卡锡主义的妖风中，犹太人朱利尤斯·罗森堡（Julius Rosenberg）和艾瑟尔·罗森堡（Ethel Rosenberg）夫妇被控在第二次世界大战期间把原子弹的秘密泄露给苏联人，之后被判处死刑。学术界的反犹妖风也盛行一时。许多高等院校一度对犹太人实行入学限制。少数犹太人被聘为大学讲师是因为他们非常优秀或非常有利用价值。总体上，美国大学教研人员与美国科技人才中均有很多犹太人，所占比例不相上下，但在获得诺贝尔物理学、化学、生理学或医学奖三个奖项的美国科技泰斗中，犹太人的比例显然并不均衡。具体地说，获物理学和医学奖的犹太裔科学家的比例分别为34.3%和38.3%，而在化学奖得主中犹太人仅占22.9%（表3-2）。这些数字反映了美国大学在新生录取和师资聘用方面曾经遵循一定的潜规则，一些专业对犹太人采取名额限制。诺贝尔医学奖得主中犹太人比例偏高，在很大程度上是由于美国一流大学医学专业对犹太人相对开放的政策，到了20世纪70年代，哈佛大学医学院大约1/3的教研人员为犹太人。

表3-2　美国犹太裔诺贝尔奖获得者人数与比例

	物理学奖	化学奖	医学或生理学奖	总计
美国人	70	48	81	199
犹太裔美国人	24(34.3%)	11(22.9%)	31(38.3%)	66(33.2%)

获得诺贝尔化学奖的犹太裔科学家比例明显偏低，尤其是20世纪70年代以前，这表明长期以来美国大学化学专业在新生录取和师资聘用方面对犹太人的歧视与排斥态度。哈佛大学化学家阿尔伯特·柯立芝曾向马萨诸塞州一个立法委员会披露："我们非常清楚评审委员会在筛选化学专业奖学金申请者时往往跳过'伯格'或'斯坦'结尾的名字，这是因为各家高校达成了'不能让犹太人搞化学'的共识。"（Zuckerman，1996：76）在11位犹太裔诺贝尔化学奖得主中，只有梅尔温·卡尔文（Melvin Calvin）在70年代以前获奖。当然，梅尔温·卡尔文1937年求职时被伯克利接收是因为他在面试时的机智提问与出色展示。于是，这位幸运的犹太裔青年成为近30年来加州大学伯克利分校化学系录用的第一位外校毕业生（Ovos，et al）。

由来已久的逆境与劫难磨炼了犹太人的意志、增强了他们与命运抗争的信心，并造就了他们乐观向上的精神动力。因此，在美国遭遇的歧视使犹太裔科

梅尔温·卡尔文（1911～1997年）

阿诺·彭齐亚斯（1933年～）

学家加倍努力、表现优异、所向披靡。1959 年诺贝尔生理学或医学奖得主阿瑟·科恩伯格（Arthur Kornberg）与 1978 年诺贝尔物理学奖得主阿诺·彭齐亚斯（Arno Penzias）的奋斗历程也许是最好的诠释。

1918 年 3 月 3 日，阿瑟·科恩伯格出生于美国纽约布鲁克林。早在 1900 年，阿瑟的父母为了逃避东欧小镇对犹太人的迫害而移居美国。经过多年奋斗，全家人才开了一家小五金店和家具店。大约九岁时，阿瑟就帮着父母照顾生意，但全家人一直挣扎在贫穷边缘。尽管如此，阿瑟从小就有强烈的求知欲望。在小学和中学时，他跳了几级并提前三年毕业。在一次纽约州的考试中阿瑟得了满分，他的化学老师骄傲地笑了：这是在她 20 多年教学生涯中前所未有的。1933 年，15 岁的阿瑟进入纽约城市大学，阿瑟学习非常努力，成绩名列前茅。每年有 100 美元的奖学金，加上自己半工半读的收入，他很早就自立了。

大学四年级时，阿瑟打算进入医学院继续深造，以实现当医生的梦想。然而，当时美国学术界到处弥漫着反犹主义，因此，他申请的大学都予以拒绝。可笑的是，紧靠纽约城市大学的哥伦比亚大学内科和外科学院的一项奖学金由于候选人空缺而闲置了 9 年。到了 1941 年，阿瑟最终进入罗切斯特大学（Rochester University）医学院，成为全班 44 人当中被限额录取的两位犹太裔学生之一。在罗切斯特大学，反犹主义的言论令阿瑟大为震惊。更糟糕的是，学校竟然剥夺了所有犹太裔学生的科研机会，尽管他们个个成绩优异（亚伯拉，2007：255）。

耐人寻味的是，在阿瑟获得 1959 年诺贝尔奖之后，罗切斯特大学的校长曾经邀请这位杰出校友回来担任医学院的院长，他默默无语，之后婉言谢绝

阿瑟·科恩伯格
（1918～2007 年）

1959 年诺贝尔奖颁奖典礼当天，阿瑟·科恩伯格与妻子及三个儿子在斯德哥尔摩。左一为阿瑟的长子、2006 年诺贝尔化学奖得主罗杰·科恩伯格

了。的确，那段不堪回首的辛酸往事阻隔了阿瑟以及他的犹太裔同行对母校的感恩之情。多年以后，阿瑟在其自传性文集《酶的情人——一位生物化学家的奥德赛》有感而发：

> 一些病毒是可以消灭的……然而，在人类历史上，更具摧毁性的"反犹主义病毒"却一直消灭不了……我的3个儿子和我的学生或许没有这种感受。但我不能确信，大肆流行了许多世纪，最近再次盛行并刚刚平息的这种疾病将不会再次暴发。（亚伯拉，2007：256）

可喜的是，阿瑟的长子罗杰·科恩伯格（Roger Kornberg）获得了2006年诺贝尔化学奖，这对于当时已病入膏肓的阿瑟来说无疑是一个莫大的慰藉。

与阿瑟·科恩伯格相比，物理学家阿诺·彭齐亚斯的人生经历了更加严酷的心灵历练。阿诺·彭齐亚斯1933年出生于一个德国犹太人家庭，父亲是一名工厂主。彭齐亚斯在5岁那年，希特勒纳粹政权掀起了迫害犹太人的恶浪。父亲千方百计使全家人逃脱了魔爪，辗转来到美国纽约，但全部财产已被洗劫一空。父亲从企业家变成了公寓的看门人，母亲也从阔太太变成了洗衣工，但他们一直保持乐观向上的生活态度。父母的言传身教使彭齐亚斯坚定了人生信念：不向命运低头，不放过一切机会，加倍刻苦学习改变命运，最终一定会拥有光明的前途（王渝生，2002：271）。关于自己从卑微到荣耀的心路历程，彭齐亚斯曾经如此表露：

> 当初逃离德国来到美国，我希望自己被人接受，希望和别的孩子一起踢球。但情况不是这样。作为异类，你就会产生离群索居、另辟天地的强烈愿望。当然，也有人意志消沉、自甘暴弃。我没有垮掉是因为我能够忍受痛苦、战胜困难。有些痛苦与磨难，例如犹太人所遭遇的歧视，其实并不算什么。直到今天，我仍能感到身为犹太人的不同在心中隐隐作痛。或许这就是我努力工作以获得认可的原因。我坚信美国梦依然是可以实现的。少数族裔做得更好是因为他们能够更有动力。他们能够成为幸运儿是因为他们早已下定决心并努力奋斗。成功者利用机会，并善于把握机遇。这也是他们与众不同的表现。（Penzias A）

不放过任何机会，向命运挑战。正是凭着这种人生态度，彭齐亚斯十分珍惜得来不易的学习机会，在成长过程中坚韧不拔、表现出众。从迈进校门到最后完成博士学业，他一直是同学中的佼佼者。他 21 岁毕业于纽约市立大学，25 岁获哥伦比亚大学硕士学位。1961 年到贝尔电话实验室工作，翌年获哥伦比亚大学物理学博士学位。在贝尔实验室他师从 1964 年诺贝尔物理学奖获得者查尔斯·汤斯（Charles Townes）先生。1965 年和罗伯特·威尔逊（Robert Wilson）共同发现 3K 微波背景辐射，因而获 1978 年诺贝尔物理学奖。

障碍与磨难成为犹太裔科学家激励自己加倍努力勇往直前的动力，因而提升了自己在科技领域追求卓越的动力性人力资本。正如 19 世纪美国犹太教的一位领导者所言，“我们必须成为完美无缺的美国人”。也就是说，即使作为犹太人有缺点，但是作为市民不能有缺点。所谓完完全全的美国人的理想，就是要忠于犹太民族，更要忠于美国，而且在工作方面也要完美无缺，要以成为周围基督教徒的榜样的标准严格要求自己（手岛佑郎，2004：188）。

1957 年，苏联发射人造地球卫星，这时美国发现利用犹太人才华的时候到了，许多大门遂为之大开。1964 年平等权利的立法禁止因种族、肤色、宗教或民族出身而歧视任何个人，犹太人自然沾了黑人的光，得到公平教育法的保护。20 世纪 70 年代以来，美国大部分高校科学与工程专业逐渐取消了新生录取与教师招聘时对不同宗教背景申请者的名额及其他限制。因此，越来越多本科毕业于美国名校的犹太裔年轻人获得在名校继续深造的机会并以出色的表现受聘于各家名校。常青藤盟校的犹太人大增，占美国大学教师总数的 12%，4 倍于犹太人占美国总人口比例（Dawson C）。犹太裔科学家曾经面临一个个严酷的选择，走过一段段布满荆棘的征途。难能可贵的是，在文化良知缺失的不利条件下，他们也迸发出奇妙的智慧与精神成果。这是因为犹太民族始终对自己的文化坚定信念，依循适者生存的法则来接受环境考验，从而练就了战胜千难万险的自信与潜力。如同在其他国家的经历一样，犹太人把在美国遭遇的偏见、歧视与不公化作动力性人力资本，这是激励他们不断超越自己并追求卓越的关键特质。随着时间的推移，更多的犹太人能够进入高学历精英群体，他们中有一大批是具有世界一流科学家潜质的顶尖人才。

如今，犹太人在美国科技界以及其他诸多领域已经牢牢站稳了脚跟。抚今追昔，在美国科技泰斗的科学生涯中，命运与机缘的因素不可小视。或许 1988 年诺贝尔物理学奖得主杰克·斯坦伯格的如下感言是最好的人生总结：

机会和运气在我的生命里扮演着最重要的角色，我是个非常有运气的人，从中获益最深。我可以告诉你几个原因，其一，我有幸生在一个教育良好的家庭；其二，第二次世界大战时期的种族政策使我在少年时不得不离开我的国家，前往美国，在那里我获得了更多更好的发展机会；其三，第二次世界大战把我从一个化学家变成一个物理学家，这是一个正确的方向；其四，由于偶然的机会我前往芝加哥大学深造，本来我想去加州理工，那里有奥本海默实验室，但是在芝加哥我碰见了费米，他给我提供了持续研究的方向。你可以看到，我的一生中最重要的决定都是由命运赐予的，我只是被动接受，我是个幸运的人，命运总是给我指引正确的方向。（王文章，丁亚平，2002：30）

回望科技泰斗们的成长经历，社会背景因素，即家庭出身、移民经历和宗教信仰，产生了深刻影响。诺贝尔奖得主与科学院院士大部分来自中上层或上层家庭，从而在人生道路的开始便站在较高的起点上。其重要的影响在于优越的经济状况与社会地位为大部分科技泰斗的成长提供了财力保障，同时父母的言传身教与悉心培养为他们的事业生涯做好了先期准备。对于出生在国外的一大批科技泰斗来说，尽管来到美国的时机不同，但移民经历中使他们获得了人力资本的巨大提升，同时美国的适宜环境与科研条件激发了他们追求事业的动力性人力资本。犹太裔在科技泰斗中比例偏高，这与犹太宗教信仰和民族特质密切相关。犹太人重视教育，勤奋好学，善于理论思考并有强烈的探索自然科学奥秘的渴望，从而在事业生涯不断进取，创造奇迹。对于饱受精神摧残与不公正待遇的犹太民族来说，美国的社会环境大体上是宽容、友善的，这是犹太裔美国科技泰斗努力提升人力资本并取得卓越成就的重要因素。遗憾的是，美国大学曾经实行的歧视性招生政策剥夺了一大批犹太血统的优秀人才进入科技领域大展宏图并最终获得最高荣誉的机会。不管怎样，犹太人在广受瞩目的诺贝尔奖的角逐中表现出色并令人震撼，同时他们为其他族裔追求梦想树立了典范。

大学与大师

科学研究不同于许多其他行业的一大特征是，良好的正规教育背景是进入该领域的必备条件，因此，美国科技泰斗几乎人人具有博士学历，个个都是饱学之士。那么，伊甸园的时光磨砺是如何大大提升他们的学识积累与研究能力，从而为科学生涯打下重要基础的呢？

走进象牙塔

美国的高等教育堪称世界之最，但这并非表明美国的大学整齐划一个个优秀。实际上，提供本科教育的3000多所美国高等院校在教学条件、学生来源、师资力量、学术水准等方面差异很大。从大学学历看，199位诺贝尔奖得主的本科毕业院校为115所（含33所国外大学），其中，84人（占总数的57.3%）毕业于31所院校，包括哥伦比亚（Columbia）、康奈尔（Cornell）、哈佛（Harvard）、宾夕法尼亚（Pennsylvania）和耶鲁（Yale）5所美国常青藤名校，麻省理工学院（MIT）、芝加哥（Chicago）、伊利诺伊（Illinois）大学等另外10所美国名校以及德国哥廷根大学（The University of Goettingen）、加拿大麦吉尔大学（McGill University）等世界著名高等学府。可见，在高等教育选择过程的最初阶段，未来的科技泰斗就读的大学档次不一，但他们在顶尖大学"扎堆儿"的趋势已经呈现。这也意味着名牌大学在培养顶尖科技人才方面贡献巨大，优势卓然。

本科教育：在名校"扎堆儿"

既然美国科技泰斗都上了大学，为什么并非人人青睐名校？这大大取决于家庭经济条件，即父亲的职业与社会地位，而不是他们自身的素质与能力。长期以来，美国的教育制度实行小学、中学一贯制义务教育，但大学阶段情况就不同了。上私立大学，特别是私立名校，费用之高远非普通美国家庭能够承受。因此，出身于社会中下层，如工匠与体力劳动者家庭的高中毕业生不大可能和商人或专业人士家庭的子女一样进入名校接受教育。对此，1993年诺贝尔奖获物理学奖的罗素·霍斯（Russel Hulse）曾在传记中写道：

> 学费对父母的沉重负担使我的大学志愿受到限制。幸运的是，我被纽约免收学费的库珀联合（Cooper Union）大学录取。1966～1970年，我和父母一起住在布朗克斯的家，每天乘地铁走读上学。

在美国完成大学本科学业的诺贝尔奖得主共有154位，其中，117位出身于专业人士、管理人员与商人家庭，他们中毕业于常青藤盟校或其他名校的占57.3%；另外37位来自中低收入家庭，其中，毕业于常青藤盟校或其他名校的占40.5%。从诺贝尔奖得主总体来说，名校毕业生比例偏高，表明他们大部分家境优越，而毕业院校档次不一，则反映了家庭条件对大学选择有决定性的影响。

令人惊奇的是，在诺贝尔奖得主就读的前31所大学中，并非传统名校的纽约城市学院（City College of New York，CCNY）竟然排在第三位——有7位获得诺贝尔奖的科学家毕业于该校。这7位杰出校友[6]居然都是犹太人，且均来自普通家庭。这再次引出犹太文化传统与美国犹太人为什么优秀的话题。曾几何时，美国的大学，尤其是名牌大学对少数族裔采取名额限制；然而，这些逆境中的犹太裔科学家仍以优异的表现"脱颖而出"，从而能够在美国公共教育制度下接受一流大学的优质教育。建于1847年的纽约城市大学从一开始就致力于为贫困人群与新移民的子女提供上大学的机会，从而使他们以更高的起点追求美国梦想。建校150多年来，纽约城市大学已成为处于社会不利地位的一代又一代纽约人向上流动的一个主要路径。可以说，有7位科技泰斗毕业于纽约城市大学，这与当初该校犹太学生比例偏高大有关系。值得欣慰的是，校友们多年来在诸多领域的非凡成就使纽约城市大学名声大振，在公立大学排行榜上名列前茅。毫无疑问，纽约城市大学为一批又一批天资聪颖并志向远大

纽约城市学院位于纽约曼哈顿135街，是纽约城市大学（CUNY）的前身，成立于1847年。它也是目前CUNY系统的旗舰学院之一

的学生提供了努力进取的优越环境与广阔空间。1985 年诺贝尔化学奖获得者杰罗姆·卡利（Jerome Karle）对当时的学习生活如此描述：

> 我于 1933 年进入纽约城市学院，从一开始就感到学业有点儿吃力。这里的学术水准很高，并且汇集了一大批纽约最优秀的学生。在本科阶段，所有的学生必须选修大量的基础课程，从数学、物理学到社会科学与文学，甚至包括两年的公共演说必修课程。我比必修要求多学了一些数学、物理课程，还上了很多化学和生物课。

还有一些一流大学因免费招收优秀学生而赢得赞誉。例如，拥有 100 多年历史的赖斯大学（Rice University）出了两位诺贝尔奖得主，即 1982 年诺贝尔物理学奖获得者肯尼思·威尔逊（Kenneth Wilson）与 1996 年诺贝尔化学奖获得者罗伯特·柯尔（Robert Curl）。这所至今才只有 3000 人的“稻米大学”以资金雄厚、风格古朴著称。对于当年的学习劲头，两位杰出校友至今仍津津乐道，正如柯尔在自传中所述，

> 我的父母喜欢我的选择，因为赖斯大学免收学费，而当时他们实在没有财力供我上收费学校。虽然我的父亲在西南得克萨斯州宗教联合会担任的职务仅次于主教，但收入并不高。当时在赖斯学院考试不及格和拿不到学位的学生比例很高，因此，免学费制度意味着在读生必须非常努力以证明自己的能力，否则就得把机会让给别人。我愿意接受赖斯学院的这种挑战，并且保持学业成绩优异。在学业上同学们乐于和我较量，而在社会活动能力方面他们对我影响很大。

纽约城市大学与赖斯大学展示了美国顶尖大学的一些共同特征，如优秀的生源、高强度的课程、有益的师生互动等，因而这些学校能够培养出能力强、素质好、水平高的毕业生。此外，美国式的民主通过公立高等教育制度得到了成功体现，其重要意义在于处于不利地位的社会群体能够获得人力资本的提升并最终实现梦想。

总之，在高等教育的最初阶段，科技泰斗就读的院校分布于美国各州与世界各地，档次参差不齐，但多数人毕业于少数顶尖大学。这一社会选择与自我选择过程是精英制度与资源配置共同作用的结果。一方面，美国高等教育制度是由家庭财力制约的精英教育制度。另一方面，美国教育资源分配制度使普通

家庭出身的优秀学子也能得到最佳的教育机会。这一特点在研究生阶段更为突出。

继续深造：人往高处走

1876 年约翰·霍普金斯大学（Johns Hopkins University）成立，标志着美国研究生教育正式开始。20 世纪最初 25 年，随着美国科学技术日益制度化与专业化，研究生学历成为进入科学研究领域的垫脚石。在 199 位诺贝尔奖得主中，194 位获得了博士学位，其余 5 人具有硕士学位。至 50 年代后期，美国大学授予的博士学位每十年翻一番，1957 年苏联发射人造地球卫星后，博士学位又增加了 2 倍，1973 年达到 33 755 的峰值，并一直保持该水平，1986 年后出现稳步增长至今。然而，在美国，招研究生的大学远远少于本科院校。按照美国国家自然科学院 1995 年的数据，授予科学与工程学学位的美国高等院校共有 1500 所左右，其中大约 300 所院校具有博士学位授予权①。

美国现代科技泰斗的博士学业大都在 1970 年之前完成，当时招收科学与

约翰·霍普金斯大学

1876 年在巴尔的摩市中心正式创立的约翰·霍普金斯大学自始至终把研究生教育作为重点，注重学术自由，对各种学术思想兼收并蓄，树立了较高的学术标准，从而一直在美国大学中享有盛誉

① Committee on Science, Engineering, and Public Policy. Reshaping the graduate education of scientists and engineers. http://www.aau.edu/reports/GradEdRpt.html. 2005-03-06

工程学研究生的美国大学数量不多。194 位具有博士学位的诺贝尔奖得主毕业于 36 所美国大学和 24 所国外大学。不管是出于选择还是偶然因素，在 57 位非美国出生的诺贝尔奖得主中，获得美国大学博士学位的有 24 人；在美国本土出生的诺贝尔奖得主中，获得国外大学博士学位的只有 6 人，其中 2 人为美国大学与国外大学双料博士。显然，在为研究生涯奠定基础的关键阶段，未来的科技泰斗主要是在美国教育制度下获得人力资本的积累。当然，不能否认国外大学，尤其是哥廷根、剑桥、麦吉尔等著名学府对美国科技的贡献。

在美国研究生教育刚刚兴起的岁月，有志于理论物理学研究的学子们大都倾向于到欧洲深造。大名鼎鼎的美国科学院院士，原子物理学家尤·罗伯特·奥本海默便是一个很好的例证。1925～1929 年，奥本海默曾师从一些杰出的物理学家：最初在剑桥大学凯文迪什实验室与欧内斯特·卢瑟福（Ernest Rutherford）、维尔纳·海森堡（Werner Heisenberg）、保罗·狄拉克（Paul Dirac）一起做研究；然后在德国哥廷根大学得到马克斯·玻恩（Max Born）的指导并于 1927 年获得博士学位。他还在荷兰的莱顿与保罗·厄伦费斯特（Paul Ehrenfest）、在瑞士的苏黎世与沃尔夫冈·泡利（Wolfgang Pauli）搞过课题。与大师们亲密接触的难得经历使奥本海默迅速步入刚刚兴起的量子物理学的前沿，从而担纲设计制造世界第一颗原子弹（曼哈顿工程），并在量子物理学方面取得辉煌成就。

奥本海默与参加曼哈顿工程的科学家在探讨原子弹爆炸效果

类似于大学本科阶段，美国科技泰斗大都在名牌大学完成博士学业。具体地说，在177位具有美国大学博士学位的诺贝尔奖得主中，136位（占76.8%）毕业于16所美国大学：哈佛、哥伦比亚、加州、芝加哥、加州理工、约翰·霍普金斯、普林斯顿、麻省理工学院、耶鲁、康奈尔、伊利诺伊、威斯康星、密歇根、宾夕法尼亚、纽约和明尼苏达，其中毕业于前8所大学的人士占总数的61%。美国科学院院士的情况也大抵如此：他们中博士毕业于上述8所一流大学的占50%以上，而这些大学授予的科学与工程学博士学位占美国大学授予的科学与工程学博士学位总数的28%。可见，在高等教育的最后阶段，未来的美国科技泰斗趋于集中在最优秀的大学进行能力与素质的培养，从而为科学研究事业的成功奠定了坚实基础。

值得注意的是，科技泰斗本科与研究生毕业院校的档次大有关联。在199位诺贝尔奖得主中，本科毕业于名校并选择在名校读研的占93.4%；本科毕业于其他院校而选择在名校读研的占71.7%。这不仅反映了“人往高处走”的普遍心理与名校情结，也说明一流大学的本科教育为这些未来的科技泰斗在一流大学继续深造打下了重要基础。此外，在研究生毕业于美国一流大学的诺贝尔奖得主中，“富家子弟”与家境贫寒者的比例大体相当，其主要原因在于，美国的研究生教育为更多成绩优秀的贫困学生提供奖学金。

显然，本科毕业于一流大学的科技泰斗几乎都能够进入一流大学继续深造，因此，研究生教育环节减弱了家庭背景对未来事业的影响。这一变化当然与美国的高等院校对优秀学生，尤其是出身卑微的优秀学生优先录取的政策密切相关。这一重要举措体现在美国对研究生教育尤其是博士培养方面的长期资助机制上。按照美国科学院的统计，美国博士学位的90%来自150所大学。1992年美国联邦学术研发资金的90%投给了这些大学。1993年，美国授予的科学与工程学博士学位中，大约5%得到联邦政府研究与培训资助，而获得资助的生命医学博士达14%。另有61%的博士学位获得者获得了其他资助，主要是助研与助教奖学金①。

对于未来的科技泰斗来说，暂缓就业继续深造是为了更好地实现自身价值以便为国家作出更大贡献，因此，经济资助是他们完成博士学业的重要保障。

---

① Committee on Science, Engineering, and Public Policy. Reshaping the Graduate Education of Scientists and Engineers. http://www.aau.edu/reports/GradEdRpt.html. 2005-03-06

美国天文学家、科普作家、科幻作家卡尔·萨根（1934～1996年）

1992年美国科学院奖获得者卡尔·萨根（Carl Sagan）便是一个经典例证。萨根一生倾心于外空生物学，即研究地球外有无生物存在的学科。在对这一冷门学科的孤独求索中，萨根由于得到了几位德高望重的科学家的热心资助而修成正果，1960年获得芝加哥大学天文学和天体物理学博士学位（Oakes，2002：263～265）。

财力资助也吸引了世界各地的优秀人才纷至沓来，其中很多人成为美国一流大学研究生院的拔尖学生。例如，当年美国密歇根大学每年学费1000美元，华裔物理学家丁肇中因表现出色一直受到校方资助，成为该校百年间从学士到博士完成时间最短的学生。关于当初只带几美元到美国求学的经历，丁肇中在回忆录中十分欣慰地坦诚相告：

> 因为靠奖学金完成学业，我必须非常努力。我竟然莫名其妙地在三年内获得了数学和物理学两个学位，并于1962年在琼斯博士和泊尔教授的指导下完成了博士课题。

在艰辛漫长的博士学业之后选择进行博士后研究的科技泰斗自始至终大有人在。这些风华正茂的年轻学者通常在学术界、政府部门、大公司或私立研究机构跟着导师工作几年，以获得对未来职业生涯有益的科技型人力资本。在美国科学院院士中，有一半以上的人曾一次或多次从事博士后研究，病毒发病机理研究的领军人物伯纳德·菲尔兹（Bernard Fields）的游学经历便很有代表性。基于在波士顿贝丝以色列医院两年的实习与实地培训，伯纳德·菲尔兹获得了马塞诸塞总医院的博士后项目资助，在莫特·施瓦兹（Mort Schwartz）的指导下进行传染病学研究。这是他后来从事被他称作“分子生物学的新学科”的专门研究的良好开端。他也曾在纽约阿尔伯特·爱因斯坦医学院师从比尔·乔里克（Bill Joklik）进行博士后研究。一些科技泰斗曾经选择到国外做博士后，算是“镀金”之旅。大约占1/4的科学院院士曾经在英国、德国、法国、苏联（俄罗斯）等从事博士后研究，其中大部分人是在第二次世界大战以前走出国门的。杰出生物学家詹姆士·邦纳（James Bonner）便是他们中的一位。邦纳于1934年获得一年的研究资助来到欧洲，在当时最著名的胶质化学家克鲁特的指导下进行博士后研究。博士后研究作为从正规教育过渡到事业生涯的必要环节，使未来的科技泰斗能够与世界著名的科学家亲密接触，从而为其科学研究打开了又一扇门。显然，这种提升大大得益于美国高等教育制度下充裕的研究与开发资金的支持。

象牙塔中的风景

关于高等教育，至少有两个观点被普遍认同：科学研究领域比任何其他领域更注重这一心智历练过程对于提升人力资本的作用；美国的大学在科技人才培养方面的优势举世无双。对于未来的美国科技泰斗来说，大学时光是在知识的海洋里尽情徜徉的许多美好记忆。

■ 名校的特色

名校情结使美国科技泰斗自大学本科阶段便在名校“扎堆儿”，也就是说，与普通科学家相比，毕业于一流大学的顶尖科学家人数比例很高。在这些名校中，哈佛、哥伦比亚、普林斯顿、耶鲁、达特茅斯、宾夕法尼亚等是较早拥有科技学院的私立大学；后来一大批全部或部分由州政府或联邦政府拨款的大学也成立了科技院系；到了1899年，康奈尔大学、密歇根大学、普度大学、加州大学、伊利诺伊大学、威斯康星大学、俄亥俄州立大学和明尼苏达大学等院校的科技院系日渐兴盛（van Tassel and Hall，1966：54）。这些院校培养了一批又一批理学学士，同时展现了美国名牌大学的共同特征，成为美国高等教育的一道独特风景。

首先，美国顶尖大学拥有“人才济济、个个优秀”的学生群体与校园氛围。这些大学把SAT高分作为录取新生的必要条件，但更看重学生其他方面的能力与潜力。其原因很简单，正如耶鲁大学校长所言，学生的潜力决定其将来的作为。在评价学生的潜力时，耶鲁大学的作法是利用所有可能的依据，而并不只看学业成绩与考试分数，从而激励学生通过各个方面展示自我并脱颖而出。严格而合理的录取标准为哈佛、耶鲁、哥伦比亚、康奈尔等名牌大学提供了非常优秀的生源保证，而这些优秀学生大大得益于他们所营造的智慧之火熊熊燃烧的良好氛围。一位西方教育家曾经说过，大学的本质在于把一群优异的年轻人聚在一起，让他们的创造力被互相激励，产生使他们终身受益的智慧（黄坤锦，2006：75，76）。1979年诺贝尔物理学奖得主谢尔登·格拉肖曾如此回忆那段美妙的青葱岁月：

> 在康奈尔大学，我再次幸运地和一批天才成为同学。他们中有后来成为我姐夫的数学家丹尼尔·克莱特曼（Daniel Kleitman），我高中时的同学史蒂文·温伯格（Steven Weinberg）[7]以及许多后来成为著名科学家的才子们。上大学的整个过程中，我从同学们身上学到的东西并不少于从老师那里获得的……

其次，美国的大学在基础阶段普遍开设包罗万象的通识教育课程。美国大学四年本科学业分为两个阶段，即前两年的通识教育和后两年的专业课学习。学生进入大学后便开始博览群书，因为他们必须从上百门人文、社会科学与自然科学课程中选修一些，而不需具备相应的知识基础。大量的阅读任务使学生专心遨游知识的海洋，无须过早考虑专业方向，从而为高年级阶段的专业课学习打下坚实的基础。这一特色鲜明的美国式本科教育模式可以追溯到19世纪中期，当然那时可供选修的课程不多。耶鲁大学校长耶利米·戴（Jeremiah Day）1828年在一份报告中对博览群书式的通识教育做了最好诠释："所谓通才教育，就是在文科和理科之间，利用最有效的方法，制订出一套共同学习的方式，让学生能够因此而加强和扩展思考能力。"（孙康宜，2007：53）耶鲁大学和许多其他美国一流大学都一直坚信，大学教育必须培养学生具备独立性思维与批判性思维能力，并且能够灵活应对新事物，从而改变对世界固有的看法。经过如此训练，未来的科技泰斗具备了渊博的知识与宽广的视野并开始确立事业目标。诺贝尔物理学奖得主大卫·李（David Lee）对当年在哈佛大学的学习生活有如下记忆：

> 大学本科期间我曾考虑过以后选择从事医学，于是在物理学主业之外修了几门医学入门课程。我特别喜欢有机化学，但发现生命科学并非像以前那么有意思，因此我放弃学医的念头而继续专于物理学。

再次，美国大学采用小型研讨班教学法，鼓励学生在"参与式讨论"（participatory seminar）中各抒己见，从而创造一种互相激发智慧和创造力的环境。自20世纪初，以哈佛、耶鲁、普林斯顿为代表的顶尖大学陆续采用这种方法，这大大有利于培养学生的分析能力，也大大推进了美国的民主制度。以耶鲁大学为例，所有的大班课程都附带有小班的讨论小组，学生的成绩也与讨论课的表现有着密切的关联。这种讨论式教学的成功之处在于，它是建立在个人的思考过程之上的，对学生的人格塑造大有帮助（孙康宜，2007：54）。在这样的环境下，每个学生的角色已经不仅仅是受教育者，而同时是教育者。学生不仅有学的义务，更有为他人、为课堂讨论贡献智慧、交流所得的压力。更重要的是，不同背景的学生将不同阶层、种族、文化的经验带进课堂，使他们接触到多元化的信息和知识，培养了他们多角度的思辨能力，使他们毕业后很快融入社会，为国家贡献智慧与才干，也为社会的融合和稳定尽自己的一份力量。

最后，美国大学的资深教授把自己的高端研究融于本科教学。常青藤盟校及其他名校的一个优良传统是，总有大名鼎鼎的教授为本科生授课。教授们通过这样的形式鼓励和激发学生发表自己的想法并努力捍卫自己的观点，而且随时欢迎学生在课堂上对自己提出问题和质疑。这种做法使学生受益匪浅：这些教授既对某一专业领域全面了解，又有主动学习、终生教育的深刻感悟与使命感，因此他们最适合与学生进行课堂互动。对此，华裔物理学家朱棣文深有体会。进入大学，朱棣文的求知欲爆发，而理查德·费曼[8]的《物理学讲义》开始向他施展魔法。费曼有一种特殊能力，就是能把复杂的观点，用简单的语言表述出来，而且幽默生动、不拘一格，这种讲课风格深受学生欢迎。因此，这位被称为“1000年才出一个的科学鬼才”费曼先生成为影响了朱棣文一生的重要人物之一。多年之后，朱棣文充满感激地回忆道：

> 我在罗切斯特大学度过了一段非常美好的时光，因为上了理查德·费曼为本科生开设的一门拿手课程。那是我大学时代极为重要的两年。费曼让物理看起来如此美丽，他对物理的爱贯穿在书上的每一页。如果不是他的演讲，我肯定会放弃物理。尽管当时我不能完全领会课程内容，但这一过程大大有助于培养我的物理感知能力。

对于教授们来说，学生们提出的具有挑战性的问题会促使他们扩展思考深度与研究兴趣。通过与名师的亲密接触，未来的科技泰斗普遍增强了探求知识的好奇心与献身科学事业的热情。或许以下两位诺贝尔奖得主[9]的深情回忆可

“科学鬼才”理查德·费曼

在获得的诸多奖项中，费曼特别感到自豪的，是1972年获得的奥尔斯特教育奖章。最初出版于1962年的《费曼物理学讲义》被《科学美国人》这样赞誉：“尽管这套教材深奥难懂，但是它的内容丰富而且富有启发性。”费曼在前言中写道：“我讲授的主要目的，不是帮助你们应付考试，也不是帮你们为工业或国防服务。我最希望做到的是，让你们欣赏这奇妙的世界以及物理学观察它的方法。”

带给我们身临其境之感。

塔夫脱（高中）毕业后，我进入耶鲁大学上本科，学业相对轻松也很开心。我学的是化学专业，当时开设的一系列课程都很有意义，我受益匪浅。其中有一门是亨利·哈贝瑞（Henry Harbury）和别人合讲的，教室里总是座无虚席，部分原因是他对蛋白质化学和热力学的生动讲授把医学专业实习生和住院医生也引来旁听。我发誓说的是事实。此外，我第一次有机会在梅尔文·辛普森（Melvin Simpson）的实验室独立操作。我的课题狂得有点儿离谱，是验证弗朗西斯·克里克[10]（Francis Crick）的转接器假说。

我在麻省理工学院最初学了一些基础科学类课程，包括数学、物理和化学，每门课程都非常精彩。还未等到学习工程学课程，我就下定决心选择化学专业，因为教授们造诣精深又热情洋溢，还因为化学在自然科学中占据核心地位，并且能够带来通过实验解决问题的快乐。

此外，寄宿制教育一度成为美国大学塑造未来精英人才的重要理念。20世纪初，针对校内贫富学生隔离居住的状态，哈佛大学校长艾博特·洛厄尔借鉴英国牛津、剑桥的寄宿学院模式，建立起哈佛住校系统（Harvard's residential house system），以住校的学院为大学的基本组织单位。他深信，大学培养的精英必须在知识和社会层面都有凝聚力，因此，这样的宿舍系统把来自不同阶层、地区的学生融合在一起，从而培养了他们“全面的人格”（well-rounded manhood），即在身体、灵魂和思想上达到完美的境地。20 年代，耶鲁大学、加州大学波莫纳学院（Pomona College）也建立了本科生学院制。在耶鲁大学，所有本科生被分配在 12 个学院中，每个学院形成了几百个学生同吃、同住、同学的小世界，有利于同学之间的互动。大学本科的头两年都要在寄宿学院就读，部分学生整个四年都在学院住宿。另外，各学院有若干住学院的教授把办公室设在学院中，加强与学生的交流。各学院还安排专门的“学院讨论班”，在下午和晚上进行师生之间的学术讨论。60 年代，美国共有 44 所本科生学院，最大规模的是加州大学圣克鲁兹分校（University of California, Santa Cruz）。到了 1964 年，婴儿潮的前锋正值上大学的年龄，有 530 万大学生在校就读。美国大学的学院为学生的知识、能力与人格的发展提供一个适宜的环境，因而他们毕业后对母校充满感激之情与回报之意（薛涌，2006：48～50）。例如，1976 年诺贝尔物理学奖获得者伯顿·里克特（Burton Richter）对麻省理工学院的大学时光有刻骨铭心的感受：

> 大学三年级时，我在麻省理工学院陷入一种迷茫状态，太多的知识集中地灌输给我们，我有时觉得很难理解。有一位名叫弗里德曼的老师就及时地安慰我，让我重新思考读书的目的，并且解答我的难题。在他的帮助下，我脱离了那种迷茫的境况。三年级暑假时，比特教授给了我研究的机会。所以，我觉得一名优秀的教师应该肯在学生身上花时间。而在课堂上，一名优秀教师应该告诉学生他是怎样看世界的，要教会他们必要的知识，点燃他们求知的火花，还要和他们并肩战斗。（王文章，丁亚平，2002：19）

一流大学的理念和做法是相似的。200 多年来，一批批才华横溢、踌躇满志的毕业生证明了美国高等院校本科教育的显著特征及其旺盛的生命力，美国的科技泰斗的出色表现便是最好的诠释。

与大师为伍

对于有志于继续深造的学子们来说，博士学位不仅是学位的简单升级，更意味着他们博士毕业后须具备进行独创性研究并在相应的领域不断贡献才智的能力。科技泰斗们在博士学业的最初几年大都必须修完若干高深课程，之后开始确定研究兴趣，但他们普遍感到跟导师做研究需要比上课投入更多精力，付出更多努力。这一刻骨铭心的严酷历练成为他们走向科学殿堂的坚实起步与攀登事业顶峰的重要阶梯。

■ 名师出高徒

就学业背景来说，美国科技泰斗大都得到大师级前辈的指导。他们的导师几乎个个如雷贯耳，俨然世界科技名人录的一部分。这种“名师出高徒”现象在诺贝尔奖得主中尤为突出：89 人的研究生或博士后导师也获得过诺贝尔奖。

伊西多·拉比（1898～1988 年）

确切地说，这 199 位诺贝尔奖获得者曾得到 150 多位诺贝尔奖得主大师的指导，其中 16 人[11]当年师从两位诺贝尔奖获得者，11 人[12]有曾经与三位诺贝尔大师亲密接触的经历，另有三位——布洛克、温伯格、罗兰——居然各自得到四位大师的教诲。而身为诺贝尔奖得主弟子的诺贝尔奖得主也努力培养自己的弟子成为诺贝尔奖得主，其中，最极致的是物理学泰斗伊西多·拉比：以他为中心的诺贝尔奖得主构成了一串师徒关系链。

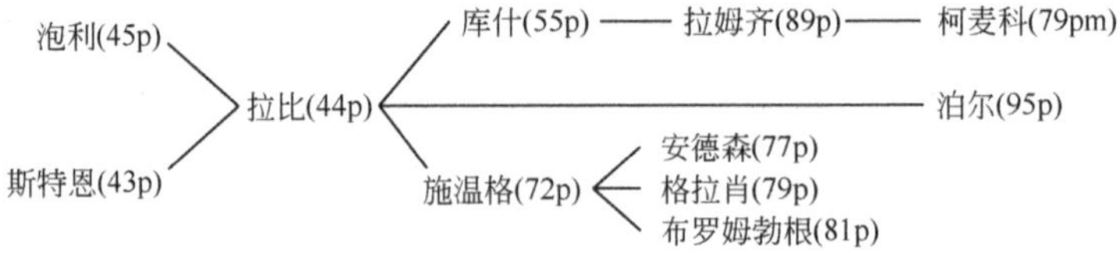

以伊西多·拉比为中心的诺贝尔奖得主师徒关系链

括号中的数字表明获奖年份，如 1945 年、1972 年，字母表示不同奖项：p 为物理学奖，pm 为生理学或医学奖。泡利的两位导师丹麦人玻尔和德国人博恩分别于 1922 年与 1954 年获得诺贝尔奖

如果把诺贝尔奖得主和科学院院士合在一起，“名师出高徒”的科技泰斗队伍则更为壮观。在 20 世纪最后 30 年间，共有 115 位美国科学家获得诺贝尔奖，其中“名师的高徒”占 2/3，这个神奇的事实充分展现了美国科技泰斗对培养新一代泰斗的关键作用。而这一“青出于蓝而胜于蓝”的喜人局面首先源

于导师与弟子之间的双向选择并彼此倾心的过程。

我们已经注意到，未来的科技泰斗在大学本科阶段多半与一流院校结缘，上研究生时在名校扎根成为普遍归宿，而博士后阶段，高徒拜名师更加蔚然成风。1939 年诺贝尔物理学奖得主欧内斯特・劳伦斯的求学经历便是很好的例证。1922 年，劳伦斯本科毕业于南达科他大学后成为明尼苏达大学的研究生，师从斯旺（W. F. G. Swann）教授，并以《用实验证实在磁场中转动的椭圆球的感应理论》论文获得硕士学位。之后，他跟随斯旺教授到芝加哥大学开始了博士学业，从而接触到迈克尔逊、威尔逊、佩奇（L. Page）、康普顿和玻尔等世界级物理学家。1924 年，他又随斯旺教授来到耶鲁大学，在那里完成了博士学位论文《在钾蒸气中光电效应的研究》。可以说，未来的科技泰斗们很少追随研究成就不够出色的科学家，在研究生和博士后期间尤其如此，实际上，他们从迈进大学校门便开始主动接触导师。尤其值得一提的是，这些风华正茂的莘莘学子具有强烈的进取意识，希望结识自己仰慕的学者并希望拜他们为师。华裔物理学家杨振宁当年辗转求师的故事便表明了他本人对大师的敬佩，而并非盲目“追星”或只注重研究生院和大学本身的名气。

1945 年，23 岁的中国西南联合大学学生杨振宁只身前往美国，决心师从科技泰斗恩里科・费米和尤金・维格纳进行物理学博士研究。年底到达纽约后，杨振宁马不停蹄来到哥伦比亚大学寻找费米，但当时大师奉命在芝加哥大学和拉莫斯实验室研究原子弹。由于无从知晓费米的研究进展甚至其行踪，杨振宁便来到普林斯顿大学，这才听说费米将要在芝加哥大学组建一个学院。杨

泰勒和费米 1951 年在芝加哥大学校园交谈

振宁继续苦苦寻觅，终于在 1946 年新学期伊始成为费米课堂上的一名学生，从此可以饱览大师的风采并有更多机会与其亲密接触。由于当时肩负“国家机密研究”重任，费米把杨振宁引见给芝加哥大学顶尖物理学家爱德华·泰勒。在泰勒的引导下，杨振宁的研究领域从实验物理学转向他后来最得心应手的理论物理学（Zuckerman，1996：108）。

这段往事展示了美国科技泰斗与名师互动过程中的一个重要环节。或许是通过身为数学家的父亲学到了学术界的交往规则，杨振宁十分了解费米对物理学研究的杰出贡献，也清楚自己的目标，因而迫切希望得到这样一位大师的指导便顺理成章了。杨振宁的拜师经历体现了“近水楼台先得月”的中国之道在美国的成功实践。这一社会交往模式得到了朱克曼女士的认同，正如她在《科学界的精英》中所言：获得诺贝尔奖的科技泰斗们在步入事业生涯之前大都能够结识大师级前辈，从而了解各自领域的最新进展，包括重大前沿课题与相关研究机构（Zuckerman，1996：108）。

有趣的是，一些诺贝尔奖得主的诺贝尔奖得主导师当初选择弟子的积极态度也是一个相关因素。珀西·布里奇曼（Percy Bridgman）只有一位弟子[13]成为诺贝尔奖得主与其天马行空、独来独往的研究方式不无关系。而费米有九位弟子获得了诺贝尔奖显然得益于他的亲和力和广纳贤才的个人特质与工作风格，正如埃米利奥·塞格雷（Emilio Segrè）的如下贴切描述：

> 费米对年轻人求贤若渴并爱才如子。当然费米始终坚持一条原则，弟子们必须对物理学具有浓厚的兴趣与良好的悟性，以便自己的心血不致枉费。学生的素质有了保证，才会保证带好他们（Zuckerman，1996：110）。

恩里科·费米（1901～1954 年）

1945 年 5 月 8 日费米和赛格雷在阿莫斯

未来的科技泰斗在意导师的水平与造诣，导师也注重弟子的能力与潜力。对于激情洋溢的导师来说，优秀的学生就像一团火，只需一根火柴就能点燃，而导师需提供的是可以燃烧并照亮一切的火花。伊西多·拉比把朱利安·施温格（Julian Schwinger）收为弟子的“意外”经历进一步说明了这一点。1936年，当时18岁的纽约城市学院本科生施温格陪同一位朋友到哥伦比亚大学联系转入该校物理系事宜。与两位年轻人交谈时，拉比很快把注意力集中到施温格身上。大师发现施温格对物理学的了解远远超出其年龄限制，同时感到这个学生在数学思维能力与数学公式陈述灵活性方面与众不同。由于拉比慧眼识珠，施温格不久之后成为哥伦比亚大学本科学院的学生，并留在哥伦比亚大学攻读博士学位。至此，施温格的天赋与能力得以展现（Zuckerman，1996：111）。在大师拉比的指导下，1939年，21岁的施温格获得了博士学位。

尽管一个人不能选择出身，但在科学研究领域，人们可以作出最初的选择。有抱负的学生可以选择导师，导师也可以对找上门来的学生进行选择。这一双向选择模式在美国科技泰斗提升人力资本的重要阶段大行其道，从而带来“名师出高徒”的良性循环与积极效应。这反映了在美国科学研究领域有志向、有能力的年轻人受到器重，成就卓著的老一辈科学家受到尊重与关注的和谐氛围。

■ 大师之道

科技泰斗之所以声名显赫，不仅因为他们努力进取而成就非凡，也因为他们得益于大师的真传。因此，他们在传记中都不吝笔墨地表达了对硕果累累、德高望重的导师的感激之情。例如，1990年诺贝尔物理学奖得主杰罗姆·弗里德曼（Jerome Friedman）曾写下这样一段肺腑之言：

> 我非常幸运，在事业生涯的初始阶段就能够亲临物理学研究的最高境界。我也非常荣幸能够得到费米教授的指导，而且依然能够感到自己对于与大师共事的喜悦之情。这是一个非常难得的经历，它影响了我对物理学的认知方式。

耐人寻味的是，科技泰斗们异口同声地表明导师传授的具体知识不是最重要的——重要的是其他方面，正如一位杰出化学家对他的导师、诺贝尔奖得主欧内斯特·劳伦斯的如下评价：

> 重要的是实际接触：看他们如何操作，如何思考问题，如何解决问题。而决不是记住具体的知识与概念。我想，这是学习一种思维方式的过程。当然，重要的不是具体的知识，至少欧内斯特·劳伦斯这里不是。身边总有人比他知道得多。重要的是掌握解决问题的方法。（Zuckerman，1996：122）

科技泰斗们普遍感到，跟导师做研究的主要收获是学术水平和思维方式的更新与升华，从而自己的视野更开阔，眼光更高远。也就是说，他们通过这一互动过程获得规范与标准、观念与态度、知识、技能与行为方式的提升。因此，科技泰斗中"名师出高徒"现象屡见不鲜就不足为怪了，那么，高人到底有何过人之处？名师培养高徒的秘诀是什么？

首先，大师们恪守严格的学术标准，并始终身体力行，从而为弟子们树立了典范。虽然在结识导师之前，未来的科技泰斗对科学研究的严格标准已经形成，但他们深切地感到，与导师的互动使自己对学术研究的评价标准更精准、更严谨。1995 年诺贝尔物理学奖得主马丁·泊尔（Martin Perl）在回忆恩师拉比时有如下绘声绘色的讲述：

> 我从拉比身上学会了提供准确结果与认真验证的重要性。完成四极矩测定课题后，我急于发表研究成果以便安排毕业后的生活。但拉比了解到法国有人通过光谐振方法做了类似的测算，于是打算向法国物理学家询问情况是否属实。他未打电话也未发电报，而是平心静气地写了封信，我只好惴惴不安地等候消息。六个星期或八个星期之后，拉比收到回信说他们得到了类似的测算结果。就这样，我才获准发表论文。这种推迟非常值得，因为抢先发表错误结果不如不发表任何结果。

在研究生期间，科技泰斗们获得学术标准提升的互动方式有三种：导师通过独自研究为学生提供示范；导师通过合作研究激发学生的出色表现；导师通过品评优劣增强学生的批判意识。

导师通常是学生的榜样。他们通过言传身教恪守学术标准，从而心怀坦荡地对水平欠佳的研究工作提出批评。诺贝尔化学奖得主 F. 薛伍德·罗兰（Frank Sherwood Rowland）对自己的导师——1960 年诺贝尔化学奖得主威廉·利比（William Libby）有如下生动描述：

利比是一个魅力超凡、个性直率、精力充沛的人。由于他头脑中有关于科学研究的各种成熟想法，我很自然也很快乐地就融入了他的研究小组，专门从事放射性原子化学研究。通过聆听和观察利比，我对如何成为研究型科学家有了更好的认识与更多感悟。

在芝加哥大学这所物理学界最负盛名的机构，恩里科·费米曾经是最受欢迎的教员之一。谈到名师的风采与成就，费米的弟子们会异口同声地评价费米是一位精力极度旺盛、工作十分专注、成果非常丰硕的超级大师。而回旋加速器的发明者和科研团队领袖欧内斯特·劳伦斯令合作者感受至深的是他“善于解决问题的工作作风难能可贵”。此外，一些未来的诺贝尔奖得主提到，虽然他们谙熟学术研究的“抄近路”技巧，但导师通常告诫他们靠投机取巧进行“半生不熟”的学术研究后果很严重（Zuckerman，1996：126）。

导师们以身作则的表率行为赢得的威望使他们成为“卓越表现的激励者”，并产生了巨大的影响力。作为年轻科学家的楷模，这些大师有时会引导学生达到超乎估量的高度。1981 年诺贝尔物理奖获得者阿瑟·肖洛（Arthur Schawlow）曾这样描述自己在哥伦比亚大学师从查尔斯·汤斯进行博士后研究的经历：

和查尔斯·汤斯一起工作使我倍感振奋并深受启发。他不仅是微波波谱学研究的领军人物，还特别善于引导学生或同事出成果。他会仔细听取一个想法的混沌开端，并和大家探讨这些想法中值得进行的部分，而不是把持讨论。（Zuckerman，1996：125）

科技泰斗的导师们也会通过自己的表率作用传递从事科学研究的成就感和创造卓越的重要性。他们以这种方式强化科学研究的使命意识从而激励弟子们自强上进，以出色的工作表现得到导师的赏识，同时证明自己不愧为优秀团队的一员。导师也经常以间接的方式，如对其他学生或褒或贬的评价，强调对学术研究的严格要求。

作为严格的监督者和严厉的批评者，导师们不大乐意让那些不思进取的学生继续呆在实验室，更不能容忍弟子们“敷衍、偷懒或愚蠢”的表现，以此强调对学术标准的执著，因而常常令弟子们吃苦受累但心存感激。曾经在哥伦比亚大学师从厄尔文·卡巴特（Elvin Kabat）教授进行博士后研究的巴鲁赫·

贝纳塞拉夫（Baruj Benacerraf）对此深有体会。这位杰出的生理学家后来在自传中写道：

> 和厄尔文·卡巴特一起做研究是我的科学生涯中最有意义的经历之一。卡巴特是一位严厉的“监工”，要求极为苛刻并极力主张定量研究方法。他认为如果一个现象不能被量化，就不值得研究。他不仅向我传授免疫化学和免疫学，更重要的是，使我懂得了实验性证明的意义，即学术诚信和科学尊严的必要性。

1965年诺贝尔化学奖获得者、美国化学家罗伯特·伍德沃德（Robert Woodward）教授在哈佛大学的办公室的留言簿上有这样一句话：“当我走进这间屋子时，就不想来第二次。”这是他的学生和助手罗尔德·霍夫曼（Roald Hoffman）写的。当人们感到惊异和不解时，伍德沃德教授却笑而不答。原来伍德沃德教授是一个非常严厉的导师，每当霍夫曼来交论文或实验报告时，教授总是在上面写满批语。这种近乎“鸡蛋里挑骨头”的要求经常令霍夫曼下不来台，以至于他每次都决心不再跨进导师的办公室。而正是伍德沃德教授的严格要求，不仅使霍夫曼打下了扎实的学术基础，而且养成了踏实认真的工作作风和严谨求是的科学态度。他们在合作研究期间共同发现并提出“分子轨道堆成守恒原理”。由于此项成果，霍夫曼1981年荣获诺贝尔化学奖，但伍德沃德教授已在两年前因病去世。在颁奖仪式上，霍夫曼悲喜交加、饱含深情地说，“假如伍德沃德教授在世的话，他一定会和我一起来这里再次领取诺贝尔奖的”（王渝生，2002：82，83）。

显然，在与泰斗级导师的亲密接触中，弟子们的想象力得以自由地翱翔，同时被科学研究的精准与严谨潜移默化。未来的诺贝尔奖得主模仿了导师的工作风格与学术标准，从而使研究水平达到以前难以企及的高度，并在新的起点不断向上攀登。例如，华裔物理学家朱棣文在加州大学伯克利分校上学时，他工作的实验室只有20多个人，却有五六个诺贝尔奖获得者。他如此概括这段难得的人生经历，“所谓机遇，就是近距离接触优秀人才，观察他们怎样解决问题，并在自己身上应用”（原春琳，2002）。

另外，诺贝尔奖得主的导师们具有独特的科学品味。如其他领域一样，自然科学有其自身的美学标准。对于科技泰斗们来说，科学品味是指提出重大问

罗伯特·伍德沃德
（1917～1979 年）

罗尔德·霍夫曼
（1937 年～）

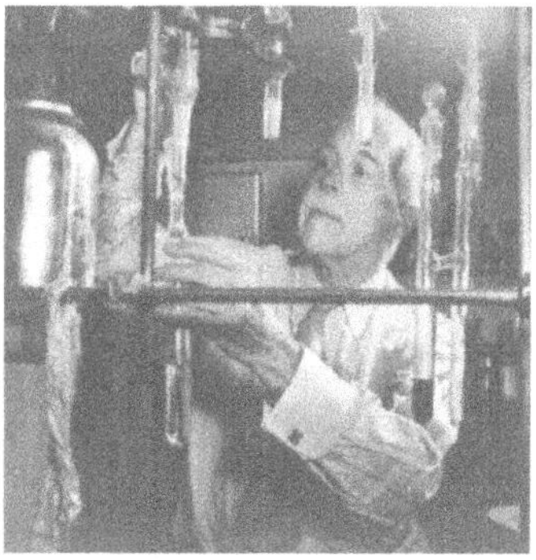

吉尔伯特·刘易斯
（1875～1946 年）

题及其解决方案的能力。名牌大学的一大特征就是人们敢于挑战重大问题，而真正的科学家善于抓住正确而有意义的课题，并凭借特殊才能发现解决问题的突破口，但具备这一特殊才能并不容易。对于从事创造性工作的科学家来说，判断重大课题，须把握课题的时机及其可行性（Zuckerman，1996：127）。

回顾自己的研究生经历，身为诺贝尔奖得主的科学家常常强调他们跟导师学会了对重大问题的感知能力。培养过两位诺贝尔奖得主（维格纳和加尔文）的加拿大科学家约翰·波拉尼（John Polanyi）如此描述诺贝尔化学奖获得者弗里兹·哈伯[14]（Fritz Haber）：

> 哈伯经常教导我说，“反应速率是世界水平的课题”……他认为我选了一个既不成熟又太大的问题。科学探索事实上需要技巧以外的能力，即对某一重大问题有可能解决而且值得尽全力解决的判断力。（Zuckerman，1996：127）

抓住重要问题使科学家们在事业生涯中向前迈进了一步，但他们认识到这只是一步而已，未尽的道路还很漫长，还必须具备对问题的解决方案的感受力。对精准性的苛求极易被当成科学实验的雅致境界，但真正的科学家能够避免这样的误区。这正如杰出化学家吉尔伯特·刘易斯（Gilbert Lewis）的诺贝尔奖得主弟子所言：“刘易斯引导我发现重大问题，而不是研究细节或在准确性上研究没完没了。”（Zuckerman，1996：128）刘易斯曾任加州大学伯克利分校理学院院长兼化学系主任，教学和研究工作都十分出色，并且那里一时群英荟萃，人才济济。刘易斯始终都以积极启发、独立思考、因材施教等方法培养研究生。虽然刘易斯自己没有获得过诺贝尔奖，但在他领导和指导的研究生中有5名获得过诺贝尔奖。

许多获得诺贝尔奖的科技泰斗把问题解决方案的“简单化”看作科学品位的标志——这正是大师们展现的风范。因此，1988年诺贝尔物理学奖获得者杰克·斯坦伯格把费米教授的课程比作“简单明了的珍品”，包括教导学生如何解决问题。对费米在课堂上强调抓住要点与核心问题的能力，杨振宁曾如此描述：

> 他总是从最基本的概念入手，引用简单的例子，避免形式主义。他常常开玩笑说复杂的形式主义是“高级牧师”的专长。他的推理过程简单明了，给人以“举重若轻”的感觉，似乎上课内容无需准备信手拈来，但这不是事实。简明扼要的讲解是他倾注大量心血备课过程中深思熟虑、权衡选择的结果，他强调的总是问题的核心与问题有实际意义的部分。我们认识到这就是物理学，我们学会了物理学不应该是专业人士的学问，物理是从现实生活中最基本的东西开始的。(Zuckerman，1996：128)

深有同感的丁肇中博士也讲述了自己在欧洲原子能研究组织跟尤塞普·可可尼（Giuseppe Cocconi）做博士后时的体会，他在回忆录中写道：

> 我有幸和可可尼教授一起进行质子同步加速器研究，并向他学了许多物理学内容。他总是以简单的方式看待复杂的问题，认真细致地做实验，令我印象十分深刻。

顶尖科学家的社会角色不仅在于他们的科学成就对社会的非凡贡献，而且在于其个人魅力和工作风格对他人的巨大影响。未来的科技泰斗们从导师身上学会了科学家的职业素养：他们学会了如何设计研究课题，哪些问题应该研究，从哪里入手，到哪里为止；他们也知道做研究必须具备坚韧不拔的品质；他们同样知道必须大胆进取从而解决重大课题，即使这一过程坎坷漫长而且必须劳其筋骨。

对于未来的科技泰斗来说，研究生期间与导师的亲密接触培养他们形成自己的科学研究风格，对科学家职责的认识以及对自身作用的评价。简而言之，导师的学术标准与科学品味带给弟子们潜移默化的影响。伟人创造奇迹，大师培养奇才。诺贝尔经济学奖得主保罗·萨缪尔森（Paul Samuelson）在斯德哥尔摩接受颁奖时曾如此告白："我可以告诉你如何获得诺贝尔奖。一个条件便是遇到好老师。"（Zuckerman，1996：106）

流金岁月

告别了象牙塔的美妙时光，未来的科技泰斗便开始了事业生涯，通过独立研究与相互协作为美国科技进步贡献才智，并继续获得人力资本的提升。那么，他们如何在科学殿堂中取得卓越成就，并登上科学高峰呢？

徜徉科学殿堂

好动不好静是美国人的特性之一，他们乐于为了更好的生活和更高的目标不断迁移，这在科技泰斗的事业生涯中也司空见惯：获得诺贝尔奖或成为院士之前至少在三家机构工作过的大有人在，而有的人居然换过九家单位。虽然一些科学家曾在其他领域工作，但绝大多数人自始至终把事业追求与高等院校和科研院所紧密相连。这表明未来的科技泰斗在事业发展的重要时期大都拥有适宜的科学研究平台。

有趣的是，在事业生涯的开端，未来的科技泰斗重复着他们大学时期在一流院校"扎堆儿"的模式。就诺贝尔奖得主来说，最初在16家顶尖大学或科研机构工作的占65%，在上百所其他大学的占23%，而在非学术机构的占12%。显然，美国的一流学术机构汇集了一大批才能非凡的年轻科学家。

类似的模式也出现在科技泰斗的事业上升期。199位诺贝尔奖得主的获奖研究归属于74家高等院校与科研机构，而哈佛大学、加州理工学院、斯坦福大学等15家顶尖院校或机构的获奖者多达129人，占总数64.8%。此外，有165位诺贝尔奖得主（占82.9%）曾在30家大学或研究机构工作，这30家机构各自产生了两位或更多诺贝尔奖得主，其中15家名气最大、实力最强。可见，虽然美国的高等院校、研究机构和学术团体数以千计，但为数不多的顶尖机构才是科技泰斗的聚集地和诺贝尔奖项的主要制造者。这种优势效应在高等院校中更为突出。具体地说，109人（占54.8%）在获得诺贝尔奖时为一流大学的正教授，而这些大学的教研人员仅占美国高校教研人员总数的7%。只有

37 位诺贝尔奖得主获奖时不在大学工作，其中 5 位在著名的贝尔实验室专门搞研究，另有 4 位属于国立卫生研究院（National Institute of Health），这两家机构产生的诺贝尔奖获得者在 24 家政府与产业研究机构中数目最多。这种“顶尖优势”也在美国科学院院士中盛行。以美国科学院 2000 年的数据为例，2004 位院士（包括在岗的和退休的）来自 300 多家机构，其中前 30 家机构所占比例接近 70%。

总之，美国科技泰斗大都在事业生涯的开端就置身于顶尖水平的高等院校和科研院所，从而在科学殿堂的亮丽舞台上大展才艺。他们有一个共同的切身感受：工作是快乐的。

魅力团队

从事业生涯伊始，科技泰斗们便集中在顶尖高等学府与科研院所，这体现了优越的学术环境与科研条件对顶尖人才的吸引力。实际上，这些学府与机构的学科优势各不相同，从诺贝尔奖项的归属情况便可见一斑。例如，哈佛大学在生命科学领域无与伦比，伯克利在化学方面首屈一指，斯坦福的物理研究实力超强。虽然综合实力最优、学术水平最强的哈佛大学有 25 位教研人员获得了诺贝尔奖，但三个奖项的学科分配并不均匀，其中物理学 7 位，化学 5 位，而获得生物学或医学奖的有 13 位。从诺贝尔奖得主的“基层单位”看，一些院系所的表现非常突出。特别值得一提的是，加州大学伯克利分校的 10 位诺贝尔物理学奖得主中有 9 位属于欧内斯特·劳伦斯放射实验室；哥伦比亚大学 3 位诺贝尔物理学奖得主——威利斯·兰姆（Willis Lamb）、波利卡普·库什和查尔斯·汤斯——都是在事业生涯初始阶段冲着大名鼎鼎的拉比加入该校放射实验室的，而拉比自己对原子核磁性（能）的研究早在 1944 年便获得诺贝尔奖。加州大学旧金山分校、威斯康星大学和华盛顿大学（圣路易斯）各自产生了 3 位诺贝尔物理学或医学奖获得者，而其他两个奖项却无人获得。

对于科技泰斗们来说，当初吸引他们的不是一流大学的名气和荣耀，而是他们所在院、系、所、室的人员构成、学术水平及科研条件。当年只有一百多人的普林斯顿高等研究院就是一个充满传奇的团队。在这个“与世隔绝”的科学殿堂里，科学家们能够天马行空地自由思考生命、宇宙及其他一切命题，而不受世俗事务的牵绊和束缚，更不必为谋生而操心。爱因斯坦曾致信友人物理

欧内斯特·劳伦斯（1901～1958年）

1938年劳伦斯国家实验室全体成员合影

学家马克斯·玻恩，把自己在普林斯顿的时光形容为“惬意得难以言表”。他充满深情地描述道：“我如棕熊一般在洞穴中冬眠，这种怡然自得的感觉前所未有。”（叶景行，2008）第二次世界大战以后，在院长奥本海默的感召下，研究院里云集了一批年轻才俊，包括戴森、杨振宁、李政道、费曼、施温格等。被称为“天才加奇才”的盖尔曼也欣然加入其中，目的是体验那里的学术气氛。在高等研究院度过十几年黄金岁月的杨振宁先生回忆说：

> 研究院里有很多年轻人。每天下午，大家一边在大厅外喝茶，一边就交换意见，天南地北地闲聊。由于杰出的人很多，所以竞争非常激烈。通过不断的讨论，不断竞争，我学到了很多东西。（发嘉，2006）

奥本海默担任普林斯顿高等研究院院长达19年，图为1947年他与爱因斯坦在研究院交谈

当年在普林斯顿高等研究院，每天下午3时，美味的点心、香醇的葡萄酒和散发着清香的杯杯热茶会准时放松学者们的大脑

实际上，不少一流大学采取了一种“优化选择”（selective excellence）原则，即把有限的资源用于发展已经卓越和庞大的专业，其他一些学术领域则保持小规模，从而让少数优秀教师能够集中精力做某一方面的研究。换言之，这些大学希望某些领域的“小团队”只作选择性的发展并取得国际领先水平。芝加哥大学物理系便是一个小而精的研究团队，那里是雄心勃勃的青年物理学家最理想的场所，其名气不亚于哥本哈根大学的玻尔团队或剑桥大学的卡文迪实验室。当时的教员中有爱德华·泰勒和利奥·西拉德以及化学家哈罗德·尤里（Harold Urey），而最令人瞩目的是费米，与他打交道的是一大批实力雄厚的新星，如默里·盖尔曼（Murray Gell-Mann）。费米以深奥为人折服，盖尔曼则以博学令人钦佩。其结果是各种思想相互交融，仿佛原子堆里跳飞的粒子一样异彩纷呈。1946～1956年，芝加哥大学有11人获得诺贝尔奖。而随着顶尖人才的不断聚集，此后的10年间，在该校物理系工作学习过的师生有20位获得了诺贝尔奖。

许多诺贝尔奖得主的卓越成就大大得益于从事获奖研究时所在的实验室或课题组那种激励进取与和谐融洽的团队氛围。因此，他们经常怀念在某个实验室或研究所度过的美好时光，在那里工作的精神状态及取得的成就往往胜过其他地方。被称为世界最大的发明工厂的贝尔实验室就是这样一个地方，华裔诺贝尔奖得主崔琦和朱棣文的感受至深。1968年，崔琦进入贝尔实验室，跟随约翰·罗维尔（John Ravell）教授一起工作。罗维尔教授善于抓住事物的本质，并巧妙地把物理实验变成趣味无穷的探索过程。这一切令崔琦感到，做物理实验是人生最快活的事情。罗维尔教授把崔琦引导到物理实验这个“极乐世

默里·盖尔曼（1929年～）

盖尔曼在加州理工学院讲授夸克理论

界”，从而为崔琦获得诺贝尔奖奠定了坚实的基础。时至今日，崔琦仍然把物理实验当作娱乐和游戏，并从中获得了无穷的满足感。在获得诺贝尔奖之后的首次记者会上，崔琦坦诚地说：“我很幸运，因为我所喜爱的事业与我用以谋生的职业是同一件事。”在这个“诺贝尔奖的摇篮”中，朱棣文也感到了巨大的工作乐趣。在加州大学伯克利分校完成博士学业和博士后研究之后，朱棣文决定到贝尔实验室“随机走动”一下，结果居然“每天都有新的收获”。关于在那里的收获，朱棣文有如下描述：

> 1978年我加入了贝尔实验室。我是他们在两年中录用的二十多位才华横溢而自命不凡的年轻科学家之一。在那里我们感到自己是“上帝的宠儿”，只管做我们专长的研究，不必分担“杂事儿”。实验室到处洋溢着科学研究带来的快乐与兴奋。实验室的狭小空间和办公室的隔板使我们能够密切交流、彼此了解研究进展。我们经常在讨论会或午餐时间进行热烈而有趣的讨论，有时还在打网球和聚会时继续讨论的话题。贝尔的风气与氛围实在太好了，于是我乐不思蜀地留了下来，告别了遥远的伯克利……

贝尔实验室是朱棣文学术生涯中重要的一站。从1978年秋开始，他在这里一呆就是9年。学科交叉和“团队科学”，是贝尔实验室文化的一部分，朱棣文把它的奥秘概括为：“个人发挥天赋；科学方向由集体智慧引导，由熟悉且具有专业知识的顶尖科学家进行管理；鼓励大胆的方法，允许失败，但失败

巴丁、肖克利和布拉顿在贝尔实验室发现晶体管效应，从而获得1956年诺贝尔物理学奖

贝尔实验室成立于1925年，是美国AT&T的研发机构，迄今已经获得11项诺贝尔奖。图为位于新泽西州Holmdel的贝尔实验室大楼

要很快过去，并且勇往直前。”1983 年秋，朱棣文被任命为贝尔实验室量子电子学部的负责人。设计完一种新型的电子能谱仪后，他与同事阿瑟·阿什金（Arthur Ashkin）博士和技术员一起开始了激光冷却实验和俘获原子的一系列实验，发明了著名的“激光镊子”。他精湛的实验技巧被同行誉为“一种技术上的杂技表演”（李宗陶，2007）。

这种小环境的魅力还在于它是一代又一代杰出科学家工作过的地方，从而由于巧合或出于运气平添几分“人杰地灵”、“大师辈出”的神秘色彩，并使后来者时时感受着泰斗前辈的光芒。因此，在洛克菲勒医学院工作时，罗伯特·梅里菲尔德（Robert Merrifield）非常得意于大名鼎鼎的生物化学家马克斯·博格曼（Max Bergmann）是自己的前辈，同时感到欢欣鼓舞的是自己所在的实验室曾是列奥尼达·泽瓦斯（Leonidas Zervas）、约瑟夫·福顿（Joseph Fruton）、克劳斯·霍夫曼（Klaus Hoffmann）、埃米尔·史密斯（Emil Smith）、威廉·斯坦因（William Stein）及斯坦福·穆尔（Stanford Moore）等大师的研究阵地。

那么，优越的工作环境为科技泰斗的研究事业带来哪些益处？一方面，未来的科技泰斗在研究能力方面大有长进，这表现在他们的研究成果多于同龄人。实际上，许多诺贝尔奖得主在事业生涯的初期就崭露头角。朱克曼的研究表明，诺贝尔奖得主在 30 岁以前平均发表的论文总数为 13 篇，是同年龄组美国科技工作者发表论文数量的 2 倍；30 岁以后诺贝尔奖得主与普通科学家的差距越拉越大。另一方面，在美国科技泰斗中，尤其是一流大学的教研人员 35 岁之前成为正教授的人数比例远远高于普通科学家。特别值得一提的是，有 8 位诺贝尔奖科学家表现得非常“早熟”，居然在 20 多岁时就晋升为一流大学的正教授[15]。就科技泰斗中的“早熟者”来说，美国科学院院士的情况大体相同，其中的代表性人物是数学家约翰·冯·诺伊曼和科特·哥德尔以及物理学家约翰·冯·维克（John van Vleck），他们也都是 20 多岁便荣升教授的。

显然，未来的科技泰斗在事业生涯的开端便“年轻有为”，“初露锋芒”。这种非凡表现在很大程度上是因为他们与大师们的亲密接触产生了“近朱者赤”的效应。的确，在一个适宜的、优越的学术环境中工作，未来的科技泰斗不仅从大师们身上获得了榜样的力量，更重要的是，他们通过与大师们协作获得了学识与能力的巨大提升。

合作结硕果

纵观科技发明的历史，人类的独立思考能力与创意想象能力是薄弱的，外部因素与科学要求早就期待新发明横空出世，但期待变成现实通常需要外力刺激。在激励进取的研究氛围中，外力刺激最有可能产生于互动与协作。正如尤金·维格纳的一语概括，人类的科技知识之所以被共享而不只属于个人，是因为大家能够彼此交流、相互学习（Andraos）。

人们对科学家，尤其是杰出科学家有两种特定的认识：其一，他们大都是自命不凡的孤家寡人；其二，重大的科技成就往往是个人想象力与创造力的结果。实际情况并非如此。对于美国科技泰斗来说，相互协作非常有益于他们顺利完成研究课题。这首先体现在学术风格与工作方式迥然不同的欧洲科学家与美国科学家在原子能研究方面的协作。曼哈顿计划的成功因素之一是科学家们通力合作发明了加速器。当时来自欧洲的物理学家大都喜欢单打独斗静思默想。到美国之后他们发现，实验物理学家们呼啦啦聚集起来，围在庞大的机器旁边相互切磋，这种科学协作的新型方式研究更有效率，并带动他们也融入其中。爱因斯坦的如下感言便是这种精神的生动写照：

爱因斯坦眼中的美国式科学协作

左上为理查德·费曼，下为欧内斯特·劳伦斯、格伦·西博格和J. 罗伯特·奥本海默

> 要是我们企图把美国科学研究工作日益增长的优势完全归功于充足的科研经费，那是不公正的。专心致志、坚韧忍耐、同志式的友好精神以及共同合作的才能，在美国的科学成就中起着重要的作用。（中央电视台《大国崛起》节目组，2006：178）

第二次世界大战之后，这种对战时武器研制非常必要且颇有成效的协作方式被美国科学家扩展到民用科学研究。美国意大利裔病毒学家勒纳托·杜尔贝科（Renato Dulbecco）、1975 年诺贝尔生理学奖获得者便是协作研究的受益者，他曾经在印第安纳大学、加州理工学院、索尔克研究院（Salk Institute）

以及伦敦帝国癌症研究基金中心（The Imperial Cancer Research Fund Center）工作过。对此，他有如下心得体会：

> 多年来我的研究一直深受同事们的影响。丘塞普·利瓦伊（Giuseppe Levi）使我认识到对科学研究提出批评的真正价值；丽塔·利瓦伊-蒙塔里尼（Rita Levi-Montalcini）帮助我确定自己的长远目标；萨尔瓦多·鲁利亚引导我开始病毒研究；印第安纳大学的赫尔曼·墨勒（Herman Muller）向我传授遗传学的意义；马克斯·德尔布鲁克（Max Delbrück）使我了解科学研究方法和生物学的目标；玛格丽特·沃格特（Marguerite Vogt）扩展了我的动物细胞培育知识。更重要的是，多年来与不同类型的年轻人密切协作对我的科学研究大有裨益。

在研究生阶段，未来的科技泰斗在激发进取的工作环境中与才能非凡的精英为伍、与成就卓著的大师为伴，通过相互协作获得科技型人力资本的巨大提升。这突出地表现在他们和导师的共同研究硕果累累。根据朱克曼的调查，科技泰斗早期发表的论文与普通科学家的明显区别在于合作研究成果的比例：前者在30岁以前与他人合作发表的论文总数平均为8篇，而后者不到3篇（Zuckerman，1996：146）。一个明显特征是，获得诺贝尔奖的研究课题多数是由合作者共同完成的。在199位诺贝尔奖得主的获奖成果中，84%为合作完成。许多诺贝尔奖得主的获奖感言表明，诺贝尔奖获奖研究的相关论文通常是两位或更多作者智慧的结晶。具体地说，在20世纪最初25年中，仅有50%

1947年，美国顶尖物理学家在理论物理学大会期间。照片中有奥本海默、费曼、施温格等

的诺贝尔奖获得者为合作研究者；在第二个 25 年中，这一比例居然达到 88%；第三个 25 年稳定在 85%；最后 25 年的比例为 86%。可见，作为科学界的领跑者，未来的诺贝尔奖得主在研究协作方面比普通科学家更积极主动、更讲求实效。

相互协作也体现在由两人或多人共同分享的诺贝尔奖项不断增加。在 123 项诺贝尔奖中，有 62 项（占 50.4%）是颁发给合作者的。20 世纪 30 年代，共同分享的诺贝尔奖占总数的 14.3%，到 90 年代升至 54.2%。显然，进行合作研究的科学家是获得这一科学研究最高奖项的主力军。

科学家们进行合作研究的方式不一而足。大多数研究课题由两人或三人共同完成，尽管后来多人合作逐渐增加。二人组合包括获得诺贝尔医学奖的心肺生理学家安德鲁·库尔南（André Cournand）和小迪金森·理查兹（Dickinson Richards，Jr）以及获得诺贝尔化学奖的斯坦福·穆尔（Stanford Moore）和威廉·斯坦因（William Stein）——他们一直密切协作并共同发表论文，所以在生物化学家的印象中两个人的名字似乎永不分开。年轻的华裔物理学家杨振宁和李政道也曾经是一个经典二人组合。最令人惊奇的是，两次获得诺贝尔物理学奖的约翰·巴丁（John Bardeen）与威廉·肖克利（William Shockley）、沃尔特·布拉顿（Walter Brattain）共同发明了晶体管，此后又与两位年轻同仁利昂·库珀（Leon Cooper）和约翰·施里弗（J. R. Schrieffer）组成“三驾马车”创立了超导微观理论。此外，三位杰出药理学家罗伯特·弗奇戈特（Robert Furchgott）、刘易斯·伊格纳罗（L. J. Ignarro）和弗里德·默拉德（Ferid Murad）基于长期密切合作发现了一氧化氮在心血管系统中的信使作用并获得 1998 年诺贝尔医学或生理学奖，也是关于诺贝尔奖的一个佳话。

尽管协作并非新生事物也非美国特有，但与一流科学家为伍无疑对美国科技泰斗的事业生涯影响至深。他们在不同思路的交流与碰撞中迸发出的智慧火花，照亮了他们的创新之路，减少了混沌中的徘徊与摸索。在科学研究中，有时会有不同观点的争论，但只要充分发挥学术民主而不是采取学阀式的态度，只要观点是在严谨的实验和尊重事实的基础上，就会促使人们的认识越来越接近真理。“三驾马车”巴丁、库珀、施里弗的合作研究过程特别耐人寻味。

1955 年春天，美国物理学家巴丁领导的超导研究小组遇到了困难，他意识到要引进量子场论来解决难题，而这是他所不擅长的。于是，他向正在美国

三驾马车：巴丁、库珀、施里弗

普林斯顿从事研究的中国物理学家杨振宁求助。而这时杨振宁与李政道合作进行的关于弱相互作用下宇宙不守恒原理的研究正处于关键阶段，无法分身，所以杨振宁向巴丁推荐了精通量子场论的物理学博士库珀。1955年9月，25岁的库珀满怀激情地来到伊利诺伊大学巴丁领导的研究小组。47岁的巴丁已是著名的物理学家。7年前，他就曾与另外两位美国物理学家布拉顿、肖克利组成的“三驾马车”合作发明了世界上第一支晶体管，并于1956年共同获得诺贝尔物理学奖。巴丁善于把握研究方向和实验操作；库珀刚刚获得博士学位，擅长运用量子力学进行理论研究；而超导研究小组的另一位主要成员施里弗当时正在巴丁的指导下攻读博士研究生。他精于数学计算。他们三人优势互补，相得益彰，再次组成了超导研究的“三驾马车”，向着超导理论的核心问题发起攻关。在巴丁的指导下，库珀很快提出了后来被称作“库珀对”的超导电子对概念，施里弗则完成了一系列精确的计算，他们共同构建起了完整的超导微观理论。人们把这一理论以巴丁、库珀、施里弗三人的姓名首字母命名为“BCS”理论。这一理论帮助后来的科学家设计制造出多种超导合金材料。由于这一成果，巴丁、库珀、施里弗共同荣获了1972年诺贝尔物理学奖，这也是巴丁第二次在斯德哥尔摩接受桂冠（王渝生，2002：160～162）。

1972年，巴丁、库珀、施里弗在斯德哥尔摩诺贝尔奖颁奖典礼上

科技泰斗之所以越来越倾向于合作研究，是因为20世纪科学研究的复杂性促使各个领域纷纷采用协作方式以更有效率地完成课题。科学发展到现代，各学科互相交叉融合，研究和实验的技术手段也日益复杂。在这种情况下，特别需要科学家之间、研究团体内外互相协作，优势互补，共同攻关。

综上所述，在不断攀登科学事业高峰的过程中，未来的科技泰斗大都一直扎根科学界并汇集于名声显赫的高等院校与科研院所，从而大大得益于优越的学术环境。对于科学研究事业更重要的是一个人才济济、积极进取、比学赶帮、关系融洽的小环境，即富有吸引力、感召力与凝聚力的研究团队。此外，与一流科学家的协作，未来的科技泰斗大都在事业生涯伊始便表现不凡，这是他们以后步步领先并取得新的更大成就的重要基础。在科学探索的征途上，科技泰斗们也大大得益于相互协作，这是美国在科研环境方面的一个长处。

第四章

商界巨子的奋斗历程

第二名与最后一名没有什么两样，我的人生目标就是第一，这是我为自己指定并努力遵守的人生规则。如果把我剥得一文不名丢在沙漠的中央，只要一行驼队经过，我就可以重建整个王朝。

——约翰·D. 洛克菲勒，标准石油公司创始人

有想法的人就是英雄。我主要的工作就是去发掘一些很棒的想法，扩张它们，并且以光速般的迅捷将它们扩展到企业的每个角落。我坚信自己的工作是一手拿着水罐，一手带着化肥，让所有的地方变得枝繁叶茂。

——杰克·韦尔奇，通用电气公司前 CEO

年轻人欠缺经验，但请不要忘记：年轻是你最大的本钱．不要怕犯错，也不要畏惧挑战，你应该坚持到底，在出人头地的过程中努力再努力。

——比尔·盖茨，微软公司前总裁

毋庸置疑，在为美国经济发展与强盛各显神通的众多人才中，最引人注目的莫过于那些勇于冒险、乐于创新、敢于拼搏、善于管理的一大批商界巨子，如钢铁巨头安德鲁·卡内基、汽车大王亨利·福特、快餐富豪雷·克罗克、管理奇才李·艾柯卡、改革勇士卡莉·费奥里纳（Carly Fiorina）、软件霸主比尔·盖茨等。那么，他们何以具备企业家的素质与才干？他们为什么能够经营有方、生财有道？美国的社会环境对他们创业兴业之举有何影响？这是本章关注的核心问题。

家庭与社会

美国科技泰斗的成才轨迹表明，尽管美国社会淡化贵族传统而推崇自我奋斗，但命运与机缘因素不可小视。这一结论是否符合美国商界奇才的奋斗历程？下文将探寻其家庭出身、移民经历与宗教信仰的影响，从而为这个问题提供答案。

父亲的肩膀

如前文所述，在很大程度上，父亲的职业代表一个人的家庭出身及其社会地位。被考察的479位商界巨子父亲的职业可谓五花八门，其中商务人士、专业人士和政府官员占70%以上（表4-1）[1]，这意味着，20世纪美国商界顶尖人才大部分来自中高产阶级。那么，在崇尚公平竞争、鼓励自主创业的美国商界，优越的家庭背景对企业英才的塑造有怎样的影响？

表4-1　美国商界巨子的父亲的职业[2]

职业	工人	务农者	白领	商人	专业人士	政府官员	其他	总计
人数	44	49	27	280	58	9	12	479
比例	9.2%	10.3%	5.6%	58.5%	12.1%	2.0%	2.4%	100.1%

从表4-1可以看出，美国商界巨子“子承父业”的现象很明显。一个主要原因在于商人家庭背景使子女从小得益于父辈的熏陶，在耳濡目染中领会商务意识与经营之道。例如，金融大亨J.P.摩根（John Pierpont Morgan）日后的发展便得益于其父亲的影响与资助。从J.P.摩根的祖父约瑟夫·摩根

(Joseph Morgan) 到他的父亲J.S.摩根 (Junius Spencer Morgan)，摩根家族经商都很成功。J.S.摩根是新英格兰地区的富商，起初做干菜批发，后与城里著名的银行家皮博迪合伙，在伦敦成立皮博迪公司，专门经营美国国债、州债、股票及国外汇兑等买卖。他们生意兴隆，成功地把大量英国游资引入资金极度匮乏的美国。正是由于这种特殊的家庭氛围与环境熏陶，摩根从年轻时就敢想敢干，很富有商业冒险和投机精神。此外，J.S.摩根严厉地要求儿子J.P.摩根接管家族产业，帮他选定在瑞士、德国留学的课程，安排他在华尔街当学徒，而且大小事件都有可能成为他教训J.P.摩根的事因。在父亲的资助下，J.P.摩根在纽约证券交易所的对面成立了摩根商行，一座经济的摩天大厦就此奠基。

纽约曼哈顿的标准石油公司总部

与J.P.摩根平分秋色的"强盗贵族"约翰·D.洛克菲勒也从身为推销员的父亲威廉·埃佛利·洛克菲勒 (William Avery Rockefeller, Sr) 那里学会了很多经商之道。洛克菲勒的父亲严守商人必须遵循的原则，并坚决要求孩子也这样做：一是按合同办事，二是决不拖欠债务。如果没有这样的品质，任何商人只能停留在小打小闹的层次，不可能登上睥睨万众的巅峰。洛克菲勒从小学习成绩一般，但对金钱特别敏感。15岁那年，他以7分放贷借给一个农夫50元钱，年底时收回3元5角利息。这件事使J·D.洛克菲勒如获天启，认识到人应做金钱的主人而不是奴隶。16岁的洛克菲勒在美国俄亥俄州的一家干货店当职员，每星期赚5美元。19岁，他下海经商，倒卖谷物和肉类。从这时起，洛克菲勒将每一笔收支记录在册，甚至不漏掉一个便士的慈善捐款。经过三年积累，22岁的洛克菲勒进入石油业，并于1870年创建标准石油公司。

的确，商人家庭背景对商界巨子的人力资本产生了潜移默化的深远影响。例如，柏克德公司 (Bechtel Co.) 的继承人小史蒂夫·柏克德的成功 (Steve Bechtel, Jr.) 便大大得益于父母的言传身教，正如他在传记中的如下感言：

> 从小到大我不知不觉地从父母身上学到他们的价值观与行为方式，同时接触到他们的朋友、同事与商业伙伴，这对我大有裨益。我不仅受益于

家中，而且时常随父亲走访Bechtel公司的各个部门，观察公司员工及其工程师、分包商和客户如何做生意。我还有机会旁听各种商务谈判。毫无疑问，这些经历对我的价值观念、沟通方式与应变能力的形成影响很大。仅仅通过倾听，我便学到了很多东西，尽管我当时并不了解听到的内容。渐渐地，我吸收别人的价值观、思维方式、言谈举止等。(Elkan，1996：77)

史蒂夫·柏克德父子1957年在旧金山出席行业发展国际论坛

太阳微系统公司的总裁斯科特·迈克尼利也深有同感。这位哈佛大学商学院的毕业生从身为职业经理人的父亲身上学到了很多经营之道，他对自己的成长经历有如下细致的描述：

我父亲是一个办事理智、精神集中和思维严谨的出色商人……我从小就对父亲的工作很感兴趣，每当他下班回家后，我总是要凑到他身边，和他一起读书，并仔细阅览他记在笔记本上的内容。和父亲一起谈论有关他工作的事情真是很有趣，我不断地向他提出各种问题，然后他耐心地给我一一解答。那种场面真是令人终身难忘。(马隆，2004：186)

1952年小沃森接替父亲成为IBM总裁

出身商人家庭的商界巨子中不乏家族企业继承人，如IBM的小托马斯·沃森(Thomas Watson，Jr.)、沃尔玛创始人萨姆·沃尔顿的儿子罗布森·沃尔顿(Robson Walton)。需要说明的是，继承家业不仅基于血缘关系，更在于继承人领导企业的潜质与能力。父辈的严格要求使这些家族企业继承人从小树立个人主义、大胆创新、乐观进取的美国传统价值观，使他们能够通过自身努力壮大企业。的确，托马斯·沃森激励儿子经历生活中所有可能的磨难，所以小沃特森大学毕业后在IBM从基层做起，一点一滴积累经验增长才干，直到41岁时接任总裁。沃尔顿的几个儿子都继承了他节俭的品质。长子罗布森刚成年就考取了驾驶执照，在夜间向各个零售点运送商品，从而大大节约了运输费用。与同龄孩子不同，沃尔顿不给孩子们零花钱，而是让他们自己挣。他们曾跪在商店地上擦地板，修补漏雨的房顶，夜间帮助卸车。沃尔顿付给他们的工钱同工人们一样多。沃尔顿还让儿子们将部分收入变成商店的股份，商店事业兴旺起来以后，他们的微薄投资变成了不小的初级资本。大学毕业时，罗布森已经能用自己的钱买一栋房子，并给房子配备豪华的家具。

沃尔顿一家人，站立者为长子罗布森

美国人常说，想要有份好工作，先去上个好大学。或许更确切的说法是，想要上个好大学，先得有个富爸爸。的确，在479位商界巨子中，355位受过高等教育，占74.1%，其中，一半以上毕业于名校，如哈佛大学、耶鲁大学、麻省理工学院、普林斯顿大学、密歇根大学、宾夕法尼亚大学、斯坦福大学、加州大学伯克利分校、布朗大学、康奈尔大学等。显然，家庭财力能够确保他们有机会获得更好的正规教育。木材加工业的韦耶豪瑟（Weyerhaeuser）家族便颇具代表性。在祖孙三代企业巨头中，老韦耶豪瑟上的是伊利诺伊的一个专科学校，而他的儿子小韦耶豪瑟和孙子乔治·A. 韦耶豪瑟均被送到耶鲁大学接受正规教育。IBM的开拓者小托马斯·沃森从小贪玩捣蛋，用了六年换了三所学校才把高中念完，但由于有钱有势的父亲与布朗大学校长的关系进入这所名校就读。罗布森·沃尔顿1966年毕业于阿肯色大学，获得商业管理学学士学位。1969年获得哥伦比亚大学法学院硕士学位。当然，与其说大学文凭是就业资格的金字招牌，不如说高等教育使企业领袖们获得了更稳固的立业之本。

总之，从社会阶层看，大部分商界巨子的家庭背景良好，这对他们的人力资本形成大有裨益。无论是以家族企业接班人，还是职业经理人的身份成为领导者，众多商业巨子从小得益于父辈的熏陶，从而为“子承父业”打下重要基础。同时，优越的家庭条件，即财富、地位以及随之而来的各种机会使未来的企业巨头们“站在父亲的肩膀上”，以较高的起点在商界打拼。这正如经济史学家威廉·米勒（William Miller）的一语概括，“得益于先天优势的人往往事业平步青云”（Douglass，1971：9）。

异国天地宽

自19世纪初，新大陆寻梦的移民纷至沓来并落地生根。在479位商界巨子中，出生在国外的有52人，占10%，他们来自19个国家，其中，德国、俄国、加拿大、英国和中国各4人。虽然10%并非很高，但是这在其他国家是不可能的。那么，外来移民何以在美国商界闯出一片天地？

1880年，45岁的卡内基已经是个百万富翁，在纽约社交界备受瞩目

早期来自欧洲的大批移民大都无一技之长，因而只好在美国东海岸从事体力劳动，从而为自主创业积累了经验。这正如历史学家威廉·哈根（William Hagen）的冷眼观感：既然进入政坛、成为军官以及当上牧师的可能性不大，新移民只好全心全意在商海一试身手。钢铁大王安德鲁·卡内基便是“从卑微到显赫”的外来移民的杰出代表。1848年卡内基一家移居美国，落脚在宾夕法尼亚州的匹兹堡，三个月之后便花光积蓄。1849年，年仅14岁的卡内基被一家电报公司录用为信差。他十分珍惜这个工作，并制订了一个现实的计划：以更出色的表现得到老板的器重。“每个人都应尽其所能超越自我从而获得认可与赏识”，这种信念促使卡内基创立了自己的钢铁公司。他以崭新的商业手法及生产程序，打造出美国最大的钢铁制造商，从而在美国工业史上写下不可磨灭的一笔，并成为美国家喻户晓的传奇人物。

美国商业领域准入门槛低，限制条件少，这大大有利于通常处在社会边缘的新移民自谋职业、大胆创业。这种宽松条件首次体现在市场广播业。与欧洲国家由政府推进的情况不同，美国的广播网多由私营企业自主投资，ABC、NBC、CBS三大广播网分别由来自东欧的犹太移民伦纳德·戈登森（Leonard Goldenson）、大卫·萨诺夫（David Sarnoff）、威廉·佩利（William Paley）创立。美国商业领域准入条件宽松也体现在注册资本上，特别是娱乐业和商业服务业，因此，从事这两个行业的外来商界巨子大有人在。20世纪初期从波兰移居美国的华纳兄弟就是很好的例子。在美国接受了不同程度的义务教育后，四兄弟开始自食其力并联手创业，1917 年在纽约开始电影发行放映业务。虽然资金很少，但凭借六年的电影发行经验，他们于 1923 年组建了华纳兄弟制片股份有限公司（Warner Brothers）。1927 年摄制并发行了有史以来第一部有声影片《爵士歌手》，使华纳公司于 30 年代初跻身于好莱坞八大电影公司的行列。

更具传奇色彩的是现代广告业大师级人物大卫·奥格威（David Ogilvy）。1911 年 6 月 23 日，大卫·奥格威出生于英国伦敦，曾在爱丁堡费提兹学校和牛津基督教会就读，但并未拿到毕业证书。1938 年，奥格威移居美国，为乔治·盖洛普在新泽西州的民意测验机构工作。盖洛普严谨的调查方式和忠于事实的研究态度对奥格威影响深远。第二次世界大战期间，奥格威在英国大使馆驻华盛顿的情报机构任职，负责撰写国家政策和国家安全方面的分析和建议。1948 年，他创建奥美广告公司的前身，总部在纽约。公司成立后 20 年里，奥格威获得了利华兄弟、通用食品、美国运通、壳牌石油等大牌客户的广告业务。1965 年，奥格威的公司与其英国合作伙伴 Mather & Crowther 合并，成为一家国际性公司——奥美广告公司，并很快声名大振。大卫·奥格威是广告业乃至整个商业界的一个不朽的传奇，对他的赞誉包括“现代广告教皇”、“品牌形象之父”等。1978 年，大卫·奥格威的自传《大脑、生血和啤酒》出版。他在《隧道尽头的光亮》一章的开篇写道：“我的生命在不同的空间里度过了几个阶段：在巴黎做厨师、在苏格兰卖炉具、为好莱坞做民意调查、服务于情报机构、在阿米什人那里做农民，然后创办广告公司。”这是杰出移民奥格威广告事业的重要根基。

奥格威 1959 年的广告“哈撒威衬衫”

第二次世界大战之后，随着美国科学技术飞速发展并保持强盛，越来越多具有高水平科技型外来移民创立起高科技企业或担任大公司的职业经理人。在七位外来高科技商界奇才中，五位在战后几十年间担任电子、电信、计算机公司的 CEO[3]，其中两位华裔企业家王安与杨致远的经历特别值得一提。王安 1920 年生于中国上海，1945 年从上海交通大学毕业后留学哈佛，仅用 16 个月

王安成为 1969 年美国
一本杂志的封面人物

大学时代的杨致远和大卫·费罗在斯坦福

便完成了硕士与博士学业。1948 年，发明马克 1 号计算机的艾肯博士慧眼识英，把研制新型存储器的任务交给了来哈佛计算机实验室工作刚三天的王安。几周之后，王安发明了磁芯，从而引起电脑存储器革命。1951 年 6 月，王安带着仅有的 600 美元积蓄坚定不移地跳进了“商海”。他在波士顿南区一间租来的小房间门上挂出了手写的招牌，实验室宣告开业。1952 年，IBM 公司购买了磁芯的专利使用权，使王安有了一笔启动资金。1955 年，王安实验室更名为王安电脑有限公司。自此，在计算机科学最为发达的美国，王安电脑长期位居行业之首。如果说王安代表的是战后美国第一代高科技企业家，那么杨致远则是 20 世纪最后 25 年硅谷高科技浪潮中新生代企业家的典范。杨致远 1968 年生于中国台湾，1978 年随家人移居美国加州，以便得到更好的成长与发展环境。1990 年，杨致远进入斯坦福大学主修电机工程，只用了四年时间就获得了学士、硕士学位。在斯坦福期间，他与大卫·费罗（David Filo）创立了雅虎公司，开启了人类的网络时代。关于自己的移民经历，杨致远曾经对媒体说：如果美国近 30 年前不欢迎我的家庭和我，今天雅虎就不会是美国公司。

虽然商界巨子中的外来者来自不同的国家，从事不同的行业，但移居美国作为人力资本投资的一个途径对于他们的事业生涯同样重要。此外，激励自我奋斗、大胆创业的美国商业文化，为他们展现才能并取得成功提供了非常有利的条件。

犹太生意经

在盎格鲁·撒克逊白人新教徒（WASP）主导的美国社会，不同宗派占总人口的比例大致为：新教徒 60%，天主教徒 25%，犹太教徒 3%，其他教徒 4%，无宗教信仰者 8%。在 479 位商界巨子中，325 人为新教徒，占 67.8%，天主教信徒 62 人，仅占 12.3%，犹太教徒多达 86 人，占 18%。显然，这两组数字偏差很大。虽然基督新教徒的比例很高，但关于资本主义与新教价值观的“经典”话题不必在此触及，而特别值得关注的是犹太商人数之众这一事实。如果商界巨子中天主教徒比例偏低在很大程度上是 19 世纪以来美国社会对天主教的排斥与歧视所致，那么为何饱受非难与冷遇的犹太人能够在商务领域表现出色、人才辈出？其奥秘在于犹太商业准则与犹太文化传统。

■ 犹太教把追求财富作为一种挑战，把经商赚钱视为至高无上的使命

《塔木德经》（Talmud）有许多关于金钱的教诲，例如，“身躯靠心存，心依钱包在”、“伤人之物有三：烦恼、争吵、空钱包”、“财富是神的恩赐，但取之有道。有钱并非罪恶，金钱是祝福人类的东西”。犹太人认为，对钱财必须有爱惜之情，它才会聚集到你身边。虽然犹太人的金钱观理直气壮，但他们坚信追求财富只是人生的一种手段，而不是最终目的。他们在“君子爱财，取之有道”的原则下，寻找一切机会创造财富。基于此，在犹太裔商界巨子中，独立创业者居多[4]。以百货业为例，犹太裔商界巨子大部分以企业创始人或家族继承人的身份掌管企业。犹太裔“业主”型企业家的人数比例与其他宗派的明显差异体现了犹太人“不把贫穷视为美德”的理念与艰苦创业精神。作为不利群体，犹太人在初来美国之时便千方百计寻找商机自主创业，并决心通过不懈努力使企业逐渐壮大。由于自 19 世纪末美国大学奉行种族歧视政策，犹太人无望在科学、法律等“高尚”领域一展抱负，所以只好从事杂货业、服装生意和娱乐业。

美国的成衣业大致上是由犹太人在 19 世纪末创立的：大量裁剪、缝制的劳力密集工业很适合当时大量从东欧移民到美国的犹太人。库恩和洛布的创业经历就是从成衣业开始的。他们将勤奋、耐劳和手艺融入职场，只求安身立命。尽管工作辛苦，但他们获得了丰厚的回报，并把资本积累转入投资银行。到 20 世纪初，库恩和洛布在银行业足以和摩根分庭抗礼。在美国社会朝着消费型、享受型过渡之初，来自俄罗斯、波兰、匈牙利等地的犹太人把握先机，从纽约廉价的娱乐产业为起点，大力发展美国大众影视娱乐业。20 年代，电影业蓬勃发展，从而吸引了许多东欧犹太人投身其中，这一行业的丰厚利润，

促使非犹太的制片厂和戏院老板开始排挤犹太裔，地位低下的犹太人只有另谋出路，他们很快发现加州土地便宜、竞争压力相对也小，于是纷涌至广阔无垠的西部。这些来自纽约的犹太人建立了“好莱坞”，享誉世界影坛的“环球”、“派拉蒙”、“华纳兄弟”、“福克斯”、“米高梅”五大制片公司均为犹太人开创和拥有，而后来的三大电视网也是犹太人的天下。可以说，犹太人控制了美国的娱乐、传媒业。这些犹太人建立好莱坞的过程即是他们自己美国梦的实现过程。既然无法在东海岸登堂入室，那么他们可以自己在电影中造出一个完全类似现实的世界，在那里有着和世俗一样的等级制度。这充分展现了犹太人自主创业与开拓进取的精神。

电影大亨、米高梅制作人路易斯·梅耶（1885～1957年）

在独立创业的犹太裔商界奇才中，通过自己一代就成为世界富豪的是犹太企业家阿曼德·哈默（Armand Hanmer）。他一直保持的犹太人传统是永不绝望。他经常用父亲的座右铭“如果委身于失望的话，你自己就成了最讨厌的敌人”以及犹太谚语“绝望者成不了一个真正的人”来鼓励自己。正因为如此，哈默总是采取积极的行动方针。1898年5月21日，阿曼德·哈默出生于美国纽约曼哈顿区一个犹太移民家庭。这位亿万富翁的财富人生极富传奇色彩。他涉足过很多不同的领域，如铅笔制造、酿酒、养殖良种牛，在每个行业都取得令人瞩目的成功，直至最终投身石油业，成为主宰世界石油业的几大巨擘之一。哈默的辉煌成就绝非偶然，他丰富的人生经历是一个信念坚定、勇于冒险、不断开拓、独具商机慧眼的人的生动写照。哈默的胸膛里燃烧的是一团永不熄灭的火焰，他的一生从未停止超越。他在晚年使自己毕生的事业达到了鼎盛，哈默的西方石油公司成为主宰世界石油业的“石油七姐妹”之一。哈默又收购了欧洲几家大型石油运输、加工销售公司，成为当时西方著名的石油大亨（手岛佑郎，2004：223～228）。

■ 犹太商法十分注重创新意识与不断推陈出新的理念

犹太人认为，商业经营不仅需要想象力，更要有判断力。犹太商人对大局判断、潮流演变、商机的掌握特别敏感，更可贵的是，他们善于在生意受挫时产生新的创意从而为企业注入新的生机。牛仔裤服装的出现和流行突出地展示了犹太人的创新精神。其发明人利维·施特劳斯（Levi Strauss）原本是19世纪淘金热潮中的一个淘金者，基于自己的敏锐和智慧，他并没有进入矿石淘金业，而是进入了为淘金者服务的行业。他用谁也想不到的帐篷布做原料制造出深受矿工欢迎的牛仔裤，并因此迅速致富。当然，利维·施特劳斯及其公司的成功还在于积极进取的精神，其公司不断推出新产品和新款式。时至今日，Levi'S牌牛仔服装早已成为美国乃至全世界大众文化的一大象征。在美国的百货业，犹太人更是执牛耳的创意先锋。创办于1858年的梅西百货公司本来只经营服饰品，犹太裔施特劳斯家族介入后，将欧洲式具有贵族气息的商品，如家具、珠宝、文具、玩具、玻璃、陶瓷器皿等大量批进，以较廉价的方式供应市场，并打出“任何商品都可以在梅西找到”的口号。事实证明，消费者想要的商品，别家找不到，就必然来到梅西。这一经营特色使梅西公司的营业额迅速攀升，并最终成为美国百货业龙头。以邮购业务起家的西尔斯（Sears）公司的发展壮大主要依靠朱利叶斯·罗森沃德（Julius Rosenwald）层出不穷的想法。早在1854年开男装店时，顾客买一套西装，就可免费得到一条裤带，买一双鞋可获赠50条鞋带。后来西尔斯革新了美国服饰业按价格分类的做法，根据尺码分门别类，以方便消费者选购，从而生意迅速兴旺起来。1907年出任董事长后，罗赞巴鲁德决定商品由自己的工厂制造，再由工厂直接送到客户手中。为了取信客户，西尔斯打出了“不满意，就退钱！”的口号，这一做法如今已被众多商家采用。都说女人的钱好赚，此至理名言被Limited运用得炉火纯青。1963年，莱斯利·韦克斯纳（Leslie Wexner）成立了一家领先的品牌时装公司Limited Brands，经营的品牌面向青少年，尤以年轻女性为主。壮志凌云的韦克斯纳有着极其超群的品位和敏锐的商业嗅觉，Limited一炮而红，继而在1969年仅仅拥有五家连锁店便得以成功上市，自此一发不可收拾。

美国梅西百货——纽约最老牌的百货公司

更令人惊奇的是美味冰淇淋企业Ben & Jerry's的创新理念。自高中时代

Ben & Jerry's 冰淇淋的创立者本·科恩和杰瑞·加菲尔德

就结为莫逆之交的犹太人本·科恩（Ben Cohen）和杰瑞·加菲尔德（Jerry Greenfield）1977 年买下一个老旧的加油站并改装成冰淇淋店。他们的着眼点是附近学生多，却没有一个冰淇淋专卖店。在创业之初，两位创办人就坚持品质第一的理念。更重要的是，他们的小店开业后各种创意源源不断，让人充分体会到只要具备企业家的创业精神，即使是小局面的事，照样可以做得有声有色。例如，在冰淇淋店的外墙铺设屏幕，放映电影。当时是冬天，为了促销，他们打出的口号是：气温每下降一度，就降一分钱。他们买了一部搬运车，车身画上绿草如茵的牧场，以“机动小牛车”的逗趣名字，行走在城镇、乡村之间，只要碰到行人，就免费让他们品尝。对于特定的日子，则以不同的优惠，创造欢乐的气氛。例如，母亲节当天，免费招待母亲们，如果是孕妇，可以享用两份，以示对未来小客人的关照。美国夏天最热的日子大约是 7 月初到 8 月初，称为三伏天（dog days)，在艳阳高照的酷夏，他们也请人品尝冰淇淋。创意最能够发挥的领域就是产品的命名。它不仅可能刺激顾客的想象力，带动话题和消费风潮，也可以反映公司的价值观及竞争优势。如“田纳西泥加名牌威士忌”，“缅因州野生蓝莓”，不仅生动有趣，也集合了美国各地的特产与乡土味。在独特的创新理念指导下，创业第 6 年，即 1983 年，Ben & Jerry's 被《时代》杂志评为世界最高品质的冰淇淋。经过这家最有影响力的杂志的宣传，公司从此名声大噪（田在玮，莎文，2006：101～103）。

■ 诚信是犹太商的重要准则

《塔木德》中一个最具警世意义的条款是：人死后来到天国，首先要被问到“你从事商业活动一向正直、诚信吗?”犹太教承认个人利益对于确保商业道德标准非常重要，同时主张“己所不欲，勿施于人”和“爱邻如爱己”的原则。犹太教的基本精神是不麻烦别人，不加害别人。这充分体现在“不要剥削你的邻居，不要使判断的天平倾斜，不要占用别人的石磨”等犹太教戒律中，并指导着犹太人做人与经商要讲道义，靠个人的努力取得成功。犹太商人有三忌：夸大宣传、囤积居奇、斤两有误。在他们心目中，做生意不是只为自己谋利益，而是以满足人们的需求为目的。有道德心的商业行为有利于培养长久的成功的商业关系与忠实的客户。要达到愉快交易的双赢境界，需要双方正直、诚实、守信。即使有悖于自身商业利益，为维持道德尊严也要诚实守信。犹太商法处世正直的特质，与百货业的“品质”要求非常吻合。美国的大百货公司不下50家，半数以上都是犹太人的天下。百货零售业与人们的日常生活息息相关。正直诚信、童叟无欺，使顾客备感宾至如归；再以不断创新的手段吸引更多客户，这就是犹太人能够在商战中所向披靡、无往不利的奥秘（田在玮，莎文，2006：96）。百货业的特色是商品的品质与价格，另外让消费者享受购物的乐趣，也是品味的一种展现。在担任洛德-泰勒（Lord & Taylor）公司总裁之前，多萝西·塞佛（Dorothy Shaver）就推出了一系列非常成功的公司改革计划，如设立多萝西·塞佛服装设计大奖、建立少年儿童服装部等。莱斯利·韦克斯纳（Leslie Wexner）的Limited时装公司除女性时装外，还经营特体服装、折扣时装和贴身内衣等各种衣物。这些举措按照今天的标准也许不值得一提，但在当时营销的概念对于大多数美国人还很陌生，做到这种程度实在难得。

■ 精于数字、善于计算，是犹太商人的显著特征

犹太商法忌讳谈生意时“含混不清”。因此，关于交货日期、金额、规格等重要细节，犹太人会马上留下记录以便事后有据可查。犹太商法对时间的态度达到分秒必争、精确无比的地步。这表现在犹太人开门见山、速战速决的谈判风格。此外，对于犹太人来说，不速之客是小偷，上班迟到者也是小偷。基于这一特质，犹太人在美国金融界的实力首屈一指，其中，库恩·洛伯公司（Kuhn Loeb）、塞利格曼（Seligman）公司、雷曼兄弟公司（Lehman Brothers）、拉扎德兄弟公司（Lazard Frères&Co）、所罗门兄弟公司（Solomon Brothers）、高盛公司（Goldman Sachs）等都是颇具影响的金融巨头。领导这些公司的犹太人被称为“华尔街金融大亨”。这些商界奇才以敏锐的头脑和富有创造性的工作取得卓越成就，担任企业领袖平均达27.3年。当雅洛布·斯基夫（Jacob Schiff）就任库恩·洛伯公司总裁时，该公司正努力走出J.P.摩根收购造成的困境。斯基夫把大量的美国证券投向欧洲，库恩·洛伯公司才得以角逐铁路融资业的摩根，并在产业投资市场站稳脚跟。雷曼兄弟公司

也是如此，该公司的未来发展定位靠的是消费投资而不是生产投资。菲力普·雷曼（Phillip Lehman）负责与开创新的投资方式的高盛（Sachs Goldman）公司建立利益同盟；罗伯特·雷曼（Robert Lehman）把公司打造成纽约最著名的投资公司。拉扎德兄弟公司总裁安德烈·梅耶（Andre Meyer）在制定和部署并购及其他复杂交易中表现非凡。特别值得一提的是华尔街的高盛公司创立者萨克斯（Sachs）家族。父亲塞缪尔·萨克斯（Samuel Sachs）最先意识到新公司通过发行股票集资的市场潜力。儿子沃尔特·萨克斯（Walter Sachs）扩展了公司的其他业务，而他最出色的运作是创立了投资信托分支机构，高盛交易公司。犹太人对美国现代金融业的突出贡献还体现在资金运转方式上。犹太裔金融家建立起来的跨国金融机构，使资金的流动不受国家和地域的限制。20世纪下半叶，被称为世界第一“金融倒爷”的乔治·索罗斯（George Soros）通过其实力雄厚的量子基金把资金运转做到了极致。

“金融倒爷”乔治·索罗斯（1930年～）

■ 犹太商法讲究行有余力、乐善好施，把人文关怀融入商业活动

犹太教教义精华之一就是劝告世人“施比受更有福”，而行善则是犹太教的基本理念。虽然经商求利是天经地义之举，不过行善会使经营充满公益色彩。犹太人认为“多多益善”的观念是贪婪的表现，是“罪孽”的根源。在犹太教的世界里，安贫乐道成为一种美德。越是能够抗拒金钱与物质的诱惑，越是德高望重备受尊崇。传记资料充分表明，犹太裔商界奇才以慈悲经商与“适可而止”的理念对待员工和顾客。以零售业为例，比阿特丽斯·奥尔巴赫（Beatrice Auerbach）作为美国大百货公司总裁中唯一的女性，最先推出一系列公平就业做法，包括每周五天工作。在继续倡导梅西百货公司的价格最低或在梅西购买节省6%主题的同时，杰克·施特劳斯（Jack Straus）调整了公司不赊账的政策，允许贷款购物，并制订了公司的第一个员工退休计划。爱德华·法林（Edward Filene）倡导进步的劳工政策，建立女职工最低工资，推行了夏季星期六休息与冬季假期，并创立了后来成为全国性样板的法林员工信

贷联合会。家庭百货（Home Depot）的创始人伯纳德·马库斯（Bernard Marcus）和亚瑟·布兰科（Arthur Blank）建立了使员工感到具有家庭氛围，并为家居用品市场带来革命的新型连锁店。员工不仅按工龄得到更多薪水，还享有公司认股权与内部提拔机会。强调员工稳定，创造良好工作氛围，马库斯不断把这一理念传达给全体员工。犹太裔商界巨子还积极承担社会服务与慈善方面的义务。在施行根据业绩表现的薪酬计划的同时，莫里斯·格林伯格（Maurice Greenberg）要求贝尔斯登公司（Bear Stearns）所有的高级管理人员把自己总收入的4%作为慈善捐赠。在食品行业，本·科恩建立的美味冰淇淋企业Ben & Jerry's在提供就业和慈善政策方面广受赞誉，并成为倡导企业社会责任的楷模。例如，在担任CEO期间，科恩努力保证Ben & Jerry's公司把7.5%的税前利润捐赠给非赢利组织，而捐赠对象由员工投票决定。保护生态环境也是该公司的理念之一。为此，冰箱使用太阳能发电的电源，免费送给贫穷小孩品尝的产品包装纸上印着呼吁大家提供粮食、教材的字句，公司各种用纸都是再生纸。

纵观历史，犹太民族四处流散、饱受迫害，但是，这个坚强的民族却一次又一次地以“富人”的形象出现在世人面前，凭借着其雄厚的经济实力，崛起在世界民族之林，成为一股不可忽视的财富力量。这些复杂的历史背后，蕴藏着犹太文化的精髓。犹太裔商界奇才把父辈的犹太文化传统与商业经营准则不仅继承下来，而且在各个产业的创业过程中发挥得淋漓尽致。20世纪上半叶，犹太商人在服装业和百货零售业中居于统治地位。美国犹太人生活在城镇，熟悉城市生活，对城市大众的品味和需要甚为敏感，善于采用创新的手法丰富人们的生活，引导生活的潮流，从而为自己创造成功的机会。新闻业和影视娱乐业的成功就是极好的说明。第二次世界大战以后，他们在皮毛业、粮食加工业、电子业、餐饮业、娱乐业、钢铁业、石油业、化工业等领域的实力也日益增强。犹太人之所以能够在现代商海有不俗的表现，是因为他们通常对现存的经济体制认同淡漠，不太受传统观念束缚，经商手法冷酷精准，故常常能够独辟蹊径，走在时代的前列，超越时代而独占鳌头。由此可见，犹太人在当代商务领域的重要贡献已经不限于某个具体行业，而是在观念更新和理论突破方面。这些观念在改变犹太人的同时，也改变着这个世界（徐新，2006：124）。

美国商界巨子的故事表明，家庭出身、移民经历和宗教信仰对他们的成才大有影响。首先，他们大都出身中层或高层以上家庭，从而从一开始就具备了成才优势。父亲在企业家特质与经营管理才干方面的熏陶，使商界巨子中“子承父业”的现象明显存在。对于在国外出生的商界巨子来说，移居美国使他们充分拓展才能，从而获得人力资本的巨大提升。商界巨子中犹太人比例偏高与犹太经商之道密切相关。而美国商界为他们恪守根深蒂固的商业准则并取得成功提供了相对宽松的环境。

学海苦乐年华

尽管经济学家们一致认为正规教育是获得人力资本的主要途径，但许多人坚信，企业家的本领不是学校教出来的，而是在商海实战中锻炼出来的。那么，美国企业界的精英具有怎样的教育背景呢？与美国科技泰斗截然不同的是，479位商界巨子的正规教育程度从博士毕业到小学肄业参差不齐、高低不等。上过大学的占74.1%，中等教育程度的占18%，小学水平以及未上过学的占7.9%[5]。在受过高等教育的355人中，具有研究生学历的有98人，占27.6%，具有本科学历的有175人，占49.3%，具有大专文化程度的有47人，占13.2%，大学肄业的有35人，占9.86%（表4-2）。既然低学历者甚至连小学都未毕业的人照样成为商界顶尖人才，这是否意味着十年寒窗乃劳民伤财之举？大学教育的人力资本投资意义何在？

表4-2　20世纪美国商界巨子的最高学历统计

项目	高等教育					中等教育[a]		初等教育	总计
学历	博士	硕士	本科	专科	肄业	高中	初中	小学[b]	
人数	18	80	175	47	35	52	34	38	479
比例	3.8%	16.7%	36.5%	9.8%	7.3%	10.9%	7.1%	7.9%	100%
总计	355（74.1%）					86（18.0%）		38（7.9%）	

a. 中等教育是泛指高中和初中，因为许多不同类型的学校换了新名称；实际上，初中包括文法学校、区属学校、公立学校、公立小学（也有含中学部的）等；高中包括大学预科院校和其他类似的学校。

b. 这一群体也包括小学未毕业的人士。

高中毕业的收获

在479位商界巨子中，具有高中及以上学历的占85%，高于20世纪90年代美国成年人中同类者的比例，也大大超过其他发达国家的水平。这一突出表现是美国在率先推出由政府资助的大众化中等教育的结果。早在20世纪最初10年里，“普及高中运动”（high school movement）在美国蓬勃兴起。各地陆续创办了公立与私立高中，从而形成从新英格兰至西海岸并扩展到中心地带与大西洋地区的“教育带”（education belt）。到了1933年，15～17岁青少年的高中入学率为70%，而在东部大西洋地区高达80%。值得注意的是，1910～1940年，没有任何一个国家的高中教育可与美国相提并论。欧洲的高级中学几十年后才逐渐兴起。例如，1962年，英国17岁的年轻人仅有15%在上高中。在法国，中学教育长期以来仅为少数人提供大学预科培训，全日制高级中学直到50年代才初露端倪。美国率先推出的“普及高中运动”极大地改进了年轻人接受教育的方式，美国的中等教育因而发生一系列重大变化，其趋势是更现代、更实用，课程包括科学、现代语言与商科，但并无行业或职业导向。高中毕业越来越适合许多白领职位及蓝领工作要求，也成为一些企业家事业生涯的起点。到第二次世界大战前夕，美国18岁年轻人大部分具有高中学历（Goldin，2001）。

获得高中文凭使美国年轻人可以从容选择职业，或上大学继续深造。许多商界巨子对高中时代的收获感受至深。例如，以发明家著称的企业家约翰·泰普林（John Taplin）如此回忆20世纪20年代他在韦斯利高中（Wellesley High School）的学业收获：

> 上高中时，我非常幸运地遇到了一位非常优秀的数学老师——伽士伯·摩顿（Jasper Moulton）。他引导我学习代数并传授数学逻辑的内在魅力。他还专门辅导我学习平面几何、立体和解析几何，甚至初级微积分，并且总给我留些几何题目作为附加作业。摩顿老师在分析推理方面的特别指导使在我大学阶段能够信心百倍地学习高等数学和逻辑学。（Blout，1996：27）

硅谷高科技企业领袖史蒂夫·沃茨奈克（Steve Wozniak）也有同样的感受。在加州桑尼维尔市（Sunnyvale）家园高中就读时，沃茨奈克接触到一些有关电子学方面的课程，并渐渐沉迷其中。多年以后，沃茨奈克仍然对教这门课的老师充满感激：

> 教我们电子学课程的老师简直棒极了。对于那些喜欢电子学的学生，

他总是千方百计地提供各种深入学习的机会。当他发现我确实有些电子学方面的天赋时，便主动带我到一家公司里去学习计算机编程。（马隆，2004：244）

上中学时的比尔·盖茨和保罗·艾伦

商界巨子们在高中时代的另一个重要收获是通过打零工和其他社会实践活动激发了自己的创业热情与才干。高科技企业领军人物比尔·盖茨和斯科特·迈克尼利便是活生生的例证。在西雅图湖畔中学上学时，比尔·盖茨曾和志趣相投的保罗·艾伦（Paul Allen）成为忠实的朋友。他们经常兴致勃勃地研究有关计算机的各种问题，并为好几家本地公司编写过调试程序，因而被华盛顿州电力网自动化和计算机化的 TRW 项目组雇用。后来，又有两名成员加入，他们四人成立了“湖滨程序小组”。这一经历对少年比尔·盖茨来说意义深远。在上大学的头天晚上，18 岁的盖茨踌躇满志地宣布要在 25 岁之前赚到第一个 100 万。对于哈佛商学院毕业生斯科特·迈克尼利来说，高中时代的打工经历意义非凡，因此，他对当时的情景与感受记忆犹新：

每到放暑假时，我就会找一些临时工来做，挣点零花钱。我一般是在一些汽车修理部打工，帮助他们洗车和停车。那工作虽然很辛苦，但我还是乐此不疲。从我青少年时代在底特律生活的亲身经历出发，我一直就坚信迟早有一天我会拥有自己的公司。（马隆，2004：186）

上大学的功效

虽然商界奇才们的正规教育程度参差不齐，但具有大学学历的接近 3/4，且随着时间的推移比例不断上升。以 1950 年为界，在此之前和之后执掌帅印的两组企业家的文化程度差异很大。这表明随着美国国民教育水平的提高，高学历企业领袖的比例自然水涨船高。

大多数商界巨子来自社会中、上层，因而家庭财力为他们获得更好的教育提供了经济保障。在受过高等教育的 355 人中，一半以上本科毕业于名校，如哈佛大学、耶鲁大学、麻省理工学院、普林斯顿大学、密歇根大学、宾夕法尼亚大学、斯坦福大学、加州大学伯克利分校、布朗大学、康奈尔大学等。这些精英大学培养的是未来的领袖。当领袖，要把握大方向，对其的关怀和培训当然必须宏观，而不是传授一些实用技能。而大学人文学科提供了难得的机会使精英们专心致志地研读伟大的历史和文学著作，不被琐碎的事情支配，从而使他们处事论事更有深度和创造力。对于大多数企业领袖们来说，四年的大学生活更是一种人文精神的升华，并对他们的事业成功大有裨益。1959 年毕业于雅鲁大学艺术史专业的查尔斯·埃利斯（Chorles Ellis）的经历便是如此。这位创建并领导了著名国际贸易咨询公司 Greenwich Associates 长达 30 年的企业总裁对自己的学历背景如此评说：

> 人文学科奠定了管理人才的战略性基础训练。生意场上，归根到底是跟人打交道。你想成功就得和成功的人接触。赢得人家尊重的最好办法就是和人家有共同的社会理想和人文关怀。你最好是把和你生意有关的人都看做是志愿人员。他们如果不会感到和你接触有意义，而只是赚几个钱而已，他们早就干别的事情去了。（薛涌，2005：74～79）

埃利斯的这番体会也是许多其他企业老总们的共识。美国赛伯系统公司（Siebel System）创始人汤姆·赛伯（Tom Siebel）在伊利诺伊大学获得的三个学士学位之一是历史学。对历史学的浓厚兴趣使他在大学期间深入研究了思想史、科学史和哲学史。这对他多年来乃至今天的思维和行为方式产生了极为深刻的影响。“它们是一些非常有价值的学科背景知识和技能”（马隆，2004：97）。惠普总裁卡莉·费奥瑞纳当年在斯坦福大学主修中世纪历史和哲学，她感到，从中世纪到文艺复兴的转型，启发了自己思考信息时代的社会转型。迪斯尼总裁迈克尔·埃斯内（Michael Eisnei）对于自己大学选择英语和戏剧专业的解释是：“文学对人的帮助是难以置信的。你做生意时总要处理人际关系。文学帮助你理解什么才能打动人。”康宁公司（Corning Inc.）总裁约翰·鲁斯（John Luce）大学学的是东亚研究，他体会到自己对中国、韩国、日本和印度的了解大大有助于公司赢得亚洲市场。蓝盾（Blue Shield）公司总裁布鲁斯·伯达肯（Bruce Bodaken）大学学的是哲学，他感到哲学有助于思索深刻的问题，这是他商业成功的关键。的确，人文教育展现人类最重要、最伟大的理念和思想的交锋，并使受教育者卷入其中。没有人文教育，很难进行建设性的怀疑。正如美国国父托马斯·杰弗逊（Thomas Jefferson）所言，教育应该使每个人都能自我判断是什么保证了或者威胁着他的自由。

不可否认，高等教育过程漫长，接受教育者的就业时机自然相应延迟，这是否意味着大学毕业生成长为企业领袖的时机也相应延迟？调查显示，上过大学的商界巨子，30 岁以前成为企业“第一把手”的占 18.7%；没上过大学的，30 岁以前成就大业的只占 16.6%。这说明高等教育在培养企业精英人才方面有“事半功倍”的效果。与其说大学文凭是从业的金字招牌，不如说高等教育使企业领袖们获得了更稳固的立业之本。对于自己当年在斯坦福大学的学习收获，互动村网络（ivillage.com）公司创始人坎迪斯·卡彭特（Candice Carpenter）有如此生动的描述：

> 大学本科我上了斯坦福，当时所学的专业几乎囊括了科学领域的一切事物。所有最棒的老师都在讲授自己的经典课程，给予学生们最优质的教育，以便我们能够在 21 世纪来临时承担起合格公民的职责。那真是一段令人难忘的美妙时光，因为我可以自由地遨游在科学海洋里，并尽情吸吮知识的营养。我们并不只涉猎某一个单独的科学学科，而是必须了解整个科学知识体系的基础知识和基本规律。经历这个过程实在是一种升华。(Malone，2002：176)

商界巨子的教育程度与任职方式之间的关联也证明了上大学是绝对值得的。不妨把它们按照是否上过大学分成两个组群，并根据任职途径列为企业创始人、并购创业人、家族接班人与职业经理人。结果显示，在上过大学的企业领袖中，企业创始人占 32.4%，并购创业人占 4.2%，家族接班人占 24.5%，职业经理人占 38.9%；在没上过大学的企业领袖中，企业创始人占 45.5%，并购创业人占 7.5%，家族接班人占 11.2%，职业经理人占 29.1%。显然，高等教育使受教育者以家族企业接班人或职业经理人的身份成为企业领袖的概率大于未受过高等教育的人，而未受过高等教育的人更倾向于孤注一掷、自主创业。

商学院，梦工场

毋庸置疑，优质的高等教育对商界巨子的人力资本形成意义重大。值得深思的是，高水准的大学遍布欧洲及其他大洲，享誉世界的杰出企业家何以在美国大量涌现？这主要是因为美国的工商管理硕士（MBA）教育与创业教育（entrepreneur education）国际领先且独具特色。

MBA 教育结硕果

起源于美国的工商管理硕士学位教育是美国高等院校企业管理教育中最具代表意义的教育计划。早在 1881 年，美国费城富商约瑟夫·沃顿（Joseph Wharton）向宾夕法尼亚大学慷慨捐资 10 万美元，沃顿商学院（Wharton School of Business）就此成立，这是美国企业管理学位教育的重要里程碑。伴随着 1908 年哈佛商学院的诞生，以培养"有责任感、有道德的一流企业管理人才"为目标的工商管理硕士学位教育闪亮登场。早期的商业教育局限于商业或会计科目，主要以商业学校或大学中的商学院的形式存在。1915 年，最早成立的哈佛大学、芝加哥大学、西北大学商学院呼吁建立规范工商管理硕士学位教育的组织。美国商学院联合会（American Assembly of Collegiate School of Business）于 1916 年成立。因其适应了在日益复杂多变的市场经济环境下企业生存与发展对综合性高层管理人才的迫切需要，工商管理硕士学位教育在美国迅速发展并日趋成熟。第二次世界大战以后，急于走出衰弱困境的英国在对美国进行一番考察后认识到，制约其经济发展的不是技术或资本，而是企业管理方式。因此，英国、法国、瑞士等欧洲国家相继引进美国工商管理硕士学位教育模式。

20 世纪 60 年代以来，MBA 教育内容不断进行理论与案例相融合的尝试，大多数工商管理学院都采取了兼顾理论与案例教学的模式。80 年代后，还增加了企业发展外部环境分析研究的内容。美国 MBA 教育模式的精髓可以概括为"三高、两实、一新"，即培养对象、培养内容、培养方法和培养结果的全部特征。"三高"即高起点、高强度、高标准；"两实"即内容实、方法实；"一新"是以培养学员的创新能力为目标，并将创新能力作为评价学员的第一标准。从课程设置来看，美国 MBA 教育计划一般有 20～22 门课，全日制为两年制。第一学年课程主要是核心课程，包括内部或组织环境（如组织行为学）、外部及社会环境（如经济学）、专门职能领域（如会计、金融、营销）、定量技术（如统计学、决策分析、计算机方法）四个方面的 10～13 门课程。

学生只有在完成第一学年课程后才被允许进入下一阶段的学习。第二学年课程为专业课选修课程，一般为管理和工商领域当代热点问题，同时也与导师的学术兴趣及研究方法相关。选修课一般要求至少10门，可以在其他学院或系选修。美国MBA师资选拔标准既注重学术水平，更强调管理经验。为了培养出理想的师资队伍，不少管理学院与工商界保持密切联系，鼓励教师经常到企业从事顾问工作，通过实地考察发现教学案例。美国MBA教育在进行专业及管理知识教学的同时，特别注重灌输美国人的价值观和工作态度，如崇尚自由竞争、个人奋斗与大胆创业，鼓励事业进取、勤奋工作、创造财富，强调能力、毅力、智慧与决心，注重理性分析、务实作风与办事效率。

目前，美国MBA教育主要有三种类型：一种是著名管理学院的MBA，如哈佛大学、斯坦福大学、宾夕法尼亚大学及纽约大学等，这些大学的学历是备受企业青睐的，被视为迈向高级管理职位的通行证。其教学安排也充分考虑高层管理职务的要求，尤其注重战略管理一类的整合性课程以及多专业课程之间的协调。另一种是一般大学管理学院的MBA，这类MBA教育计划在学制和质量上参差不齐，其优点是较灵活，能够针对不同类型的人来设置教学计划。第三种是高级管理人员MBA（EMBA），主要为企业中高级行政人员开设。学员一般由企业推荐，费用由企业支付，课程内容广泛，理论与实际并重。

作为制造职业经理人的梦工厂，工商管理硕士学位教育多年来为美国工商界输送了大批现代企业管理人才。当1974年5月号的《财富》杂志把哈佛大学49届毕业生誉为“令美元失色的班级”时，MBA的神话几乎达到了顶峰。

哈佛大学商学院2000届毕业生

这批毕业生包括20世纪70年代强生公司总裁吉姆·伯克（Jim Burke）、施乐公司总裁彼得·迈克劳（Peter McColough）等。这些出身于哈佛商学院的管理精英自此成为“美国梦”的最佳注释，他们不断被冠以“天之骄子”的称号，成为企业界乃至全社会羡慕的特殊人物。49届之所以这样成功，主要缘于第二次世界大战。第二次世界大战胜利后，美国《退伍军人法案》致使很多有识之士选择商业管理为深造的方向。1947年，哈佛大学招收第二次世界大战后第一届MBA，从1万多封申请信中筛选出大约700名学生。49届MBA不光显得年纪大些，而且因为经过了战场的洗礼而充满自信。他们坚信：成功来自纪律和奉献，来自对伙伴和下属的信任，也来自耐心和创造性的冒险（Callahan，2002：62）。此后的几十年间，MBA热潮席卷了全球。新加坡、泰国、马来西亚、中国等亚洲国家也纷纷采用MBA教育模式培养现代化企业管理人才。国际顶尖商学院充斥着如雪片一样寄来的报名表，而麦肯锡、高盛这样的知名企业甚至为争夺优秀MBA毕业生打得不可开交。累计到1997年，美国共有950所商学院，工商管理硕士毕业生总数已超过100万人，占全世界总数的一半以上。在《金融时报》评选出的2000年全球最佳75所商学院中，46所美国大学榜上有名，其中，7所名列榜首，16所大学进入前20位。

在商界巨子获得的98个博士与硕士学位中，69个为工商管理硕士学位，其中38个出自哈佛大学商学院，其余31个主要出自宾夕法尼亚大学沃顿商学院、西北大学凯洛格（Kellogg）商学院 、麻省理工学院斯隆（Sloan）管理学院、斯坦福大学商学院、杜克大学 、密歇根大学、哥伦比亚大学、康奈尔大学约翰逊（Johnson）商学院、弗吉尼亚大学达登（Darden）商学院、芝加哥大学等全球顶尖工商管理硕士学位教育机构。这足以表明美国工商管理硕士学位教育模式在培养世界一流企业管理人才方面的巨大贡献。

沃顿商学院豪华教学大楼
（Huntsman Hall）

美国的大学凭借MBA教育特色在培养企业领袖方面展现了无与伦比的优势。对此，美国柏克德集团前总裁、斯坦福大学商学院毕业生小斯蒂芬·柏克德深有感触，正如他在回忆录中所述：

第二次世界大战结束后，我进入斯坦福大学商学院，和一群精力充沛的佼佼者成为同学，其中许多人比我年长得多。学业充满艰辛与挑战。所学的课程，如组织行为学、财政学、营销学、会计学及商法等，大大有助于我在整个经营管理生涯中实施领导力和决断力。我非常荣幸地遇到一些才华横溢并魅力四射的斯坦福名师，如保罗·霍登（Paul Holden）、大卫·法维（Dave Faville）、巴德·皮特森（Bud Petersen）、耐特·阿伦（Knight Allen）等。我也非常荣幸结识了一些非常优秀的同学，如后来的福特总裁弗兰克·卡里（Frank Cary）和马肯纳矿业（Marcona Mining）总裁查克·罗宾逊（Chuck Robinson）……（Blout，1996：171）

当然，商学院的两年绝不只是给了他们商业技能的训练。正如很多49届MBA所感受到的，他们在哈佛度过的时光颇有人情味和感染力。后来成为强生总裁的伯克1974年饱含深情地回忆说："商学院生活中发生的一些事情使我们成了彼此心目中重要的人物，他们是我生命中最好的朋友。"的确，当年毕业后，他们一群一群地合租公寓。一到周末，一个公寓里头经常挤满了几十个49届同学。他们抱怨或夸耀自己的第一份工作，相互激励，共同进步（Callahan，2002：83）。

创业教育燃激情

如果说工商管理硕士学位教育是为美国大公司培养职业经理人的经典模式，创业教育则是美国高等院校企业管理教育面向中小企业创业者的培养计划。自19世纪后期以来，具有规模经济效益的大公司与巨型企业成为美国经济舞台的主角，因而美国大学的商学院把目标集中在培养职业经理人上。第二次世界大战结束后，为了激发美国军工企业再现生机，同时鼓励二战退伍军人中的大学生日后步入商界，哈佛大学商学院率先开设了创业教育课程。此后，联邦政府根据1953年的《小企业法》建立了小企业局（Small Business Administration），从而在20世纪50～60年代，美国其他高校陆续开设创业教育相关课程。到1970年，已有16所大学推出旨在培养企业家的教育计划。70年代末，大卫·伯奇（David Birch）关于小企业重要作用的研究推动了美国高校创业教育计划的发展。80年代电子计算机产业蓬勃兴起，软件开发及相关企业纷纷建立，从而大大促进美国高等院校创业教育计划。到1995年，开设创业教育专业的美国大学增至400所，每年有大约27.5万名毕业生（付美榕，2005）。

美国创业教育计划的一个重要特点是，政府、企业、学校共同培育企业家成长。一方面，学校支持学生在校期间开发技术、创办公司，同时鼓励教师把教学、科研与企业实践融为一体。因此，斯坦福大学的产、学、研一体化模式造就了一代硅谷创业者。另一方面，企业为高校提供实验基地，例如，美国国际商用电气公司（IBM）和北方电讯在北卡罗来纳州三角园区设立科研中心，为创业教育计划营造商业氛围。由于教育经费渠道广，招生政策宽松，大学与产业联系密切，课程体系开放，同时得益于联邦政策支持下的慈善捐赠基金，美国高等院校创业教育计划无论规模与水平都令亚洲与欧洲国家望尘莫及。根据卡尔·韦斯帕（Karl Vesper）与威廉·伽特纳（William Gartner）1997年对美国与国外高等院校创业教育计划的综合评估，排在前30位的均为美国大学，其中，巴布森学院（Babson College）、哈佛大学商学院、沃顿管理学院、南加州大学（South California University）、得克萨斯大学奥斯汀分校、加州大学洛杉矶分校、卫奇塔州立大学（Wichita State University）、佐治亚大学、卡内基-梅隆大学和西北大学位居前十名。可见，美国高等院校在创业教育方面也走在世界前列，这对于企业家的成长并最终成为企业领袖至关重要。

尽管难以了解商界奇才大学期间接受创业教育的确切情况，但可以肯定的是，他们中有不少人在大学期间深受激励科技创新环境氛围的熏陶。商界奇才的传记资料足以证明这一点。例如，美国赛普拉半导体公司（Cypress Semiconductor）创始人T.J.罗杰斯（T.J.Rogers）在斯坦福大学攻读电子工程学硕士与博士学位期间，发现那里的学生都很热衷于办公司，便很快融入他们中间。罗杰斯回忆说："我们经常利用午饭时间互相交换彼此的想法，然后共同商讨如何把这些想法转变为生意场上的现实。"（马隆，2004：78）在完成斯坦福大学学业的同时，罗杰斯获得了两项发明成果的专利权。以太网技术发明者、3Com公司创始人鲍勃·麦特卡夫（Bob Metcalfe）也有类似的经历。在麻省理工学院上大二时，他找到了一份与编程有关的兼职工作。后来在哈佛大学攻读应用数学专业硕士学位期间，他加入了被称为因特网鼻祖的高级研究计划署网（Arpanet，即Advanced Research Projects Agency Network）的研究工作，并把这项工作定位为自己毕业论文的研究课题。另一个生动的例子是苹果计算机公司的创始人史蒂夫·沃兹奈克。在加州大学伯克利分校上学期间，史蒂夫就已经在惠普公司担任兼职电子学及电子设计工程师。对于那段激情燃烧的日子，史蒂夫如此描述：

> 那段时间，我不仅为惠普公司，而且还为校外的许多朋友设计了有关电子学方面的技术方案，诸如电路和电子游戏方面的。我还加入了“家用电脑”的俱乐部，经常和他们探讨与电脑有关的问题。那是一种令人终身难忘的经历……我发誓一定要拥有一台自己的计算机。（马隆，2004：78）

创业初期的史蒂夫·沃兹奈克展现了极大的热情

显然，美国商界奇才大都通过高水平的正规教育获得了人力资本优势，同时在创业教育与企业管理方面也得到了最好的训练，这大大有助于他们在商海大显身手并取得惊人成就。

血与火的洗礼

不论是否曾经战场生死考验，服兵役作为一种特殊的人生经历大大有助于企业领袖的塑造。在479位商界巨子中，有从军记录的多达96人，占20%，大大超出美军兵力最多的第二次世界大战时期美国现役军人的比例。军旅生活锻炼了他们面对艰难险阻的刚毅作风，磨砺了他们承受商战挫折的顽强意志，培养了他们组织人员、激励团队的领导能力，也增强了他们勇往直前的坚定信念。此外，美军武器装备比较先进，专业分工细致，使未来的企业家获得知识、技能与工作经验的增长。

那么，这些当兵的人如何经历了战火洗礼与沙场考验，又获得了怎样的人生感悟与才干？第一次世界大战爆发后，大学肄业的杰伊·荷美尔（Jay Hormel）志愿奔赴法国战场服役，负责为美军提供给养，这一经历推动了荷美尔公司于1927年研制出火腿罐头。亨利·福特二世虽然大学成绩欠佳，但第二次世界大战期间在美国海军学到了一些“看家”本领，这对他日后掌管福特汽车大有帮助。毕业于耶鲁大学的弗雷德·史密斯（Fred Smith）越南战争期间以美国海军陆战队二等上尉的身份上了前线。有一次子弹切断了他系在下巴上的头盔带子，这一大难不死的经历使他更加深刻地领悟了生命的意义。1970年，安然无恙回到美国的史密斯雄心勃勃地投身于自己的快递运输业——联邦快递（Fedex），开创了隔夜交货的速递方式，并建立了全球首屈一指的快速交付网络。对于从小生活在父亲阴影下的“坏小子汤姆”小托马斯·沃森来说，第二次世界大战期间服兵役是展现自我的一个极好的机会：“我终于感到自己像冲出笼子的鸟儿一样，可以自由自在地做一些真正有意义的事。我的目标是驾驶飞机，我知道我干这个肯定会非常在行的。”（沃森，彼得，2005：26）作为一位将军的专职飞行员，小托马斯·沃森通过观察和模仿学会如何管理人，从而为日后接替父亲掌门IBM树立了信心并增长了才干。一些企业领袖曾在美国的军事院校接受教育与培训。出身贫寒的采矿业领袖爱德华·伯温德（Edward Berwind）1869年毕业于美国海军学院。被称为直升机之父的俄罗斯移民伊格·斯科夫斯基（Igor Sikovsky）也是美国海军学院培养出来的。最耐人寻味的是银行业巨头里查德·梅隆（Richard Melon）的从军经历。从卡尔弗军事学院毕业后，他一度在普林斯顿大学学习。第一次世界大战爆发后，他投笔从戎，成为美国空军的一员。从战场归来后，他执掌梅隆银行，成为家族企业领袖。第二次世界大战爆发后，他弃商从军，并因表现出色而不断升职。1945年他佩带勋章凯旋而归，被授予中将军衔。

二战时服役的小托马斯·沃森

对于自己那段有益而残酷的部队生活，柏克德集团总裁斯蒂芬·柏克德在《勇气的力量》一书中如此描述：

> 上高三时，正值第二次世界大战期间，我加入了海军预备役部队。高中一毕业，我就被派到一所学院接受军官培训。把大学教育与海军陆战队的训练合二为一是非常难得的学习与锻炼机会。我需要面对的不仅是高强度的学习任务，还要承受严酷的海军陆战队风纪与体能训练。海军训练与工程学课程同时进行给我的一大收获是高效利用时间的本领。每天清晨健身跑步，上午检查内务，晚上10点熄灯。我们的时间安排非常紧张。如果学习成绩与操行评定不合要求，我们就得从军官训练营转到新兵训练营，很有可能被派到太平洋岛屿执行更严酷的任务。(Blout，1996：171)

毋庸置疑，军人出身的企业领袖不仅机智勇敢、刚毅坚强，而且富有领导经验与适应能力。难怪善于培养优秀企业领导者的韦尔奇把每年招聘200名退役的美国初级军官到通用电气工作纳入企业内部培训计划。

在美国海军学院，户外体育锻炼是必修课

商海大浪淘沙

经济史学家把20世纪美国企业家划分为两代。第一代是指从19世纪后期至20世纪初垄断资本主义时代勇于创业、大胆经营的资本家式的企业家。他们掌握企业的所有权与经营权，因此被称为业主企业家（owner manager）或传统企业家（traditional manager）。第二代是指 20 世纪中叶后法人资本主义时代的经理式企业家。他们是现代工商企业中专门从事经营管理的支薪经理人，或称职业经理人。鉴于此，可以把 20 世纪前半叶称作“传统企业家时期”，把 20 世纪后半叶称作“职业经理人时期”。在 479 位商界巨子中，出现在传统企业家时期的有 304 人，出现在职业经理人时期的有 175 人。而唯有高科技产业在 20 世纪后半叶出现的商界巨子的人数超过 20 世纪前半叶，他们是以硅谷创业者为代表的“新生代企业家”或称“知本家”。不论是传统企业家，经理式企业家还是新生代企业家，成功的企业家都有自己的个性模式，遵循着各自不同的事业轨迹，而他们功成名就的背后各自不同的奋斗历程值得品味与深思。

传统企业家的创业历程

19 世纪后期自由资本主义时代成长起来的第一代美国企业家是以洛克菲勒、卡内基、摩根、福特为代表的一大批产业巨头。虽然其文化程度参差不齐，但他们具有相应的技术性专业知识，并意识到企业家应当具有综合管理而不仅仅是把握具体业务的能力。更重要的是，他们把敢于冒险、大胆创新、积极进取的美国传统企业家精神发挥得淋漓尽致。洛克菲勒有两句豪言壮语“第二名跟最后一名没有什么两样，我的人生目标就是第一，这是我为自己指定并努力遵守的人生规则”，“如果把我剥得一文不名丢在沙漠的中央，只要一行驼队经过，我就可以重建整个王朝”。IBM 创始人托马斯·沃森也曾激情宣告：“你可以接收我的工厂、烧掉我的厂房，但你只要留下这些人，我就可以重建 IBM。”他们异常冷静、精明、富有远见，凭借独有的魄力和手段，一步步建立起庞大商业帝国。而“汽车大王”亨利·福特与“沃尔玛之父”萨姆·沃尔顿的创业历程是美国传统企业家精神的更好的诠释。

■ 亨利·福特

亨利·福特 1863 年出生于美国密歇根州的一个农庄。身为农场主的父亲希望儿子长大后继承父业，但亨利从小对打理农田毫无兴趣，而对鼓捣机械格外痴迷。1880 年，刚满 17 岁的亨利再也不愿呆在农村，便独自找到底特律的一个火车厢制造厂打工。可是，刚干六天就被除名了，因为“该公司的优秀员工需要几个小时才能修好的机器，我只要 30 分钟就行，因而其他员工对我十分不满”。后来，亨利还干过机械修理、手表修理、船舶修理等工作。23 岁时，制造经验日渐丰富的亨利开始研制以内燃机为动力的交通工具，同时还参加夜校学习速记、打字和财会，以便将来能够开办一家制造动力机械的工厂。

1888 年，亨利告别家乡和新婚妻子到底特律定居，很快在爱迪生照明公司找到了工作。在整天与支流发电机、配电盘和蒸汽发动机打交道的同时，亨利孜孜不倦地研究机械与发动机。1893 年圣诞节，亨利的汽油机试验获得成功，这令他欢欣鼓舞，并决心研制出“不用马拉的马车”。1896 年 6 月 4 日夜里 2 点，亨利把第一辆“汽油马车”开上大街，这辆车成了底特律的一大景观。1899 年 8 月，37 岁的亨利从爱迪生照明公司辞职，从此将全部精力投入汽车事业。他起初在底特律汽车公司（卡迪拉克公司的前身）当总工程师，三年作坊式的生产之后，他再次辞职，决心“再也不听别人的指挥了”。此时，身为技术专家的亨利懂得控制企业的钱袋是实现梦想的第一步。1903 年 6 月，亨利第三次与人合作以 10 万美元的启动资本成立了福特汽车公司，他的股份是 25.5%。尽管只有 10 位雇员，他们却制造了性能稳定的 A 型汽车，不到一年就销出 650 辆。福特公司因而成为全底特律最忙碌的工厂。1906 年，亨利推出了得意作品之一，物美价廉的 N 型车。随后 R 型车、S 型车相继问世，两年内共售出 8000 多辆。

1908 年 10 月 1 日，具有划时代的意义的 T 型车闪亮登场，第一年的产量就打破了汽车业的历史记录。随后 T 型车的价格降至 259 美元，因而数百万美国家庭拥有了第一辆汽车。亨利主张用合理的小额利润销售大量汽车，因为这可以让更多的人享受使用汽车的乐趣，同时可以使更多人就业，并得到不错的薪水。1913 年，福特汽车公司又开发出了世界上第一条流水线，这一创举使 T 型车一共达到了 1500 万辆。由于 T 型车价格低廉、使用方便、维护容易，销售异常火爆。到了 1915 年，福特公司一跃成为世界上最大的汽车制造商。至此，亨利·福特把美国人带入了汽车时代。汽车成为普通民众的代步工具，并改变了他们的生活方式、思维方式和娱乐方式。

1908 年，第一辆 T 型福特汽车问世

作为第一代传统企业家，亨利·福特的率真个性与创业经历耐人寻味。虽然只有初中文化程度，亨利从小就对机械与动力充满好奇，并刻苦钻研几十年锲而不舍，因而在汽车研制方面造诣精深。这种人力资本积累足以使亨利最终成为精通汽车制造的工程师，甚至成果卓著的发明家。但这位技术专家的雄心壮志并非仅此而已。他希望拥有并管理自己的企业，从而把具有前瞻性的理想变成现实。他个性鲜明，桀骜不驯。在三次创业的过程中，亨利不追求高尚的道德情操，也不遵守合伙人共同制定的规章，更不刻意保持庄重与和谐的步调。总之，有出众的才华，也有出众的脾气；凭灵感做事，一旦认准目标就义无反顾，这就是汽车大王亨利·福特的写真。

■ 萨姆·沃尔顿

萨姆·沃尔顿 1918 年出生于美国俄克拉荷马州金菲舍小镇，父母无固定职业，家庭收入微薄。从上小学起，萨姆就半工半读，尝尽生活的艰辛，因而勤俭节约的观念根深蒂固。1936 年，萨姆进入密苏里大学攻读经济学学士学位，并担任过大学学生会主席。1940 年，大学刚毕业的萨姆进入 J. C. 彭尼百货公司做职员，从此爱上了零售业。1942～1945 年，萨姆毅然报名入伍，在美国陆军后勤部门服役，学到了一些协调管理经验。第二次世界大战后复员回家的萨姆，利用向岳父借来的 2 万美元和自己当兵积攒的 5000 美元，盘下纽波特小镇的“本·富兰克林”杂货店，专卖 5～10 美分的商品。为了供应物美价廉的商品，萨姆花费了很多时间和精力寻找货源，并自己开车从厂商直接进货。由于萨姆待人和善，商品适销对路，小店生意红红火火，营业额连年上升。不料，五年后房东出于嫉妒不再续租，萨姆遭遇了商业生涯中第一次打击。几经考察后，萨姆决定在只有 3000 个居民的本顿维尔重整旗鼓。这次他与铺面房房东签订了为期 99 年的租约，开了一家令小镇居民耳目一新的自选式商店，取名沃尔顿廉价商店。萨姆细心体察顾客的购物意向与消费水平，并巧妙利用加盟店的自主权大量进货。低廉的价格、新奇的商品吸引男女老少纷至沓来，小店因而财源旺盛并很快在当地站稳脚跟，也为萨姆开办更多商店积累了资本。1960 年，42 岁的萨姆已经拥有 15 家小型杂货店，而在他的心中时时刻刻萦绕着零售商业的扩张计划。1962 年，萨姆用全部家产和商业资产做抵押获得了银行贷款，终于开了一家连锁式零售店，取名沃尔玛（Wal-Mart）。沃尔玛生意获得开门红：第一年营业额高达 70 万美元。萨姆自幼“对每一美元都珍重不已”的观念深深影响了沃尔玛“天天平价”的经营风格。萨姆对此

美国阿肯色州本顿维尔市沃尔玛总部

的解释是，“我们为每一位顾客降低消费支出，是要他们看看节约如何改善生活”。他还坚信，只要沃尔玛能够提供齐全的商品、优异的服务，顾客就会蜂拥而至。遵循着萨姆·沃尔顿的理念，沃尔玛连锁店越开越多，资产越发雄厚，从而在古老的零售业创造了一个传奇帝国。

薄利多销是商人的口头禅，但是很少有人恰到好处地付诸实践。萨姆·沃尔顿则把这一平凡的经营哲学真正落到实处并做到极致。从第一家店开张时起，萨姆就奉行“‘穷人’开店穷人买”的理念。萨姆·沃尔顿生在小城镇，长在小城镇，因而熟悉小城镇的生活水平、购买习惯和商业特点，这为小额资本打天下建立了坚实的平台（王晓秦，2003：194）。

从表面上看，这两位商界奇才的创业经历迥然不同：亨利·福特基础教育严重不足，却在工作中不断钻研机械与动力技术，从而成为汽车制造技术大师；萨姆·沃尔顿虽然受过高等教育，却选择了技术含量较低的零售业。实际上，他们的成功之路有着关键的共同之处。首先，他们都瞄准一个目标，锲而不舍。他们对市场有很强的判断力，并推出适销对路的商品。其次，他们都是义无反顾的工作狂。作为创业者，他们必须事事亲力亲为，因此格外劳力劳神。再次，他们都具备很强的企业管理能力。虽然没有受过专业培训，他们主要依靠个人的悟性和经验，逐渐掌握经营管理的综合能力。最后，他们的特质与贡献是不可复制的。作为个体，他们可谓前无古人，后无来者，而这正是美国传统企业家精神的生动体现。的确，这些传统企业家，就是人们一想起企业家就常常在脑海中浮现出的那种形象。这种人在企业里精力充沛，工作夜以继日。他们积极主动，对企业具有高度的奉献精神。他们相信，自己的生活全靠自己驾驭，不受制于环境，也不受他人左右。他们的工作为自己的目标所驱使，而不为别人的目标所干扰。

职业经理人的漫漫征途

与20世纪前半叶相比，20世纪后半叶的企业领袖在教育程度方面大有长进，同时企业创始人与家族接班人的比例均明显减少，而职业经理人比例大大增加。这些变化印证了钱德勒的“革命”观点：“指导各级工作的支薪经理这一职业，变得越来越技术性和职业化。选拔与晋升变得越来越依赖培训、经验和表现，而不是家族关系或金钱。”(Chandler，1977：2) 整个20世纪，美国经济支柱产业由越来越多的职业经理人领导。然而，在登上CEO宝座之前，他们大都经历了在等级森严的大企业组织机构中一步一步艰辛跋涉的过程，宝洁公司(P&G)与AT&T便可提供典型例证。

■“组织的人”

1933～1957年，在宝洁公司经历20多年风风雨雨与酸甜苦辣的霍华德·摩根斯(Howard Morgens)最终接替尼尔·麦克尔罗伊(Neil McElroy)执掌帅印。在接受《福布斯》杂志采访时，摩根斯直言不讳地讲述了自己成为现代工商企业领导者的心路历程：

> 在大公司谋求事业发展，必须接受官僚机构的工作方式和认同大企业文化观念，必须遵循既定程序与行为规范。也就是说，必须以宝洁或IBM或通用汽车的方式行事。更重要的是，必须确保自己对公司的良好作风、光荣传统以及工作伙伴充分信任，必须愿意对公司忠心耿耿。简单地说，必须遵从一切。在行为、品质与能力方面，企业管理者必须严于律己、谨言慎行、沉稳老练。要敢于面对失误，善于察言观色；要具备一定的创造力，还要富于政治才干；永远坚韧不拔，适时见机行事。(Dye，1986：33)

对于霍华德·摩根斯来说，为了在事业生涯中不断进取，必须以出众的表现赢得管理层的认可。摩根斯延续先前总裁对于企业扩展的注重，在担任总裁17年间，销售额增至三倍多，利润增至近四倍。这些都是摩根斯在担任执行副总裁时推行的一项重大改组的结果，改组的期望是加速P&G进入新消费品市场计划。当然，最终能否被提拔还要靠运气。H. I. 罗姆尼斯(H. I. Romnes)、约翰·德巴茨(John de Butts)和查尔斯·布朗(Charles Brown)三位AT&T前总裁的职业经理人生涯更具时代特征。

H. I. 罗姆尼斯1966～1972年任AT&T总裁。1927年，毕业于威斯康星大学电子工程学专业的罗姆尼斯进入贝尔实验室，此后从未离开“母贝尔”

（Ma Bell）温暖的怀抱。他曾在 AT&T 庞大的工程部埋头苦干许多年，1952 年参与了把长途直拨电话引进贝尔系统的工作，从而把自己在电路方面的专业特长运用于公司的业务。基于几十年兢兢业业的努力工作与专业技术方面的出色表现，罗姆尼斯被任命为总工程师，此后晋升为分公司副总裁、西电公司总裁、总公司董事会副主席。1966 年，59 岁的罗姆尼斯荣升 AT&T 董事长，从而达到事业生涯的顶点（Dye，1986：34，35）。

1972 年，罗姆尼斯的职位由约翰·德巴茨接替。德巴茨 1936 年毕业于弗吉尼亚军事学院电子工程专业。他最初在 AT&T 的一个子公司工作，从而逐步掌握了大型工商企业的运作与管理方式。在此后的几十年间，德巴茨先后担任伊利诺斯贝尔公司总裁，纽约 AT&T 总部副总裁以及 AT&T 总公司董事会副主席。德巴茨的突出贡献是通过不懈努力有效阻止司法部把西电公司从 AT&T 剥离出去。1972 年，58 岁的德巴茨出任 AT&T 公司董事长，至此，他已在 AT&T 管理层工作了 22 年（Dye，1986：35）。

1979 年，德巴茨结束了总裁任期，接班人是 58 岁的查尔斯·布朗。毕业于弗吉尼亚大学电子工程专业的布朗于 1946 年开始了在 AT&T 的事业生涯。此后 33 年间，布朗一直待在 AT&T，并在管理岗位上一步一步向上攀登。如他的前任一样，布朗在伊利诺斯贝尔公司担任总裁五年后被任命为纽约 AT&T 总部副总裁，之后出任公司董事会副主席，并最终登上董事长宝座（Dye，1986：35）。

三位 AT&T 前总裁的职业生涯如出一辙。他们都从电子工程师做起，并通过多年的实践牢牢掌握了电讯产业技术；他们都自始至终效力于 AT&T，30 年如一日忠于职守，并从基层管理岗位逐级晋升；他们都在将近 60 岁时出任公司的最高职务，并在六年之后功德圆满光荣离任。他们的经历表明，忠实可靠、管理经验和专业能力对职业经理人的事业成功至关重要。当然，布朗能够如愿以偿地得到提拔在很大程度上得益于他与德巴茨在伊利诺伊贝尔公司和纽约 AT&T 总公司的共事经历，这表明私人交情与帮派意识对于职业经理人前途与命运的影响不可小视。虽然他们曾经身居要职、地位显赫，并在数家公司兼任董事，同时承担各种公益工作，但遗憾的是，他们的名字往往并不为人熟知，或很快就湮没无闻（Dye，1986：36）。

耐人寻味的是，在传统企业家时期，尤其是 20 世纪 20 年代之前，企业领袖大有英雄辈出、百舸争流之势。相比之下，职业经理人时期脱颖而出的企业领袖明显减少，特别是50～60年代。的确，卡内基、洛克菲勒、哈里曼、梅隆、古根海姆、福特等企业大亨的名字如雷贯耳，而问起30年代美国钢铁公司总裁是何许人也，60年代美国通用汽车公司谁在掌门，恐怕美国人大都不得而知。既然由传统企业家时期转向职业经理人时期是“美国企业界的管理革命”，而且有一大批毕业于名牌商学院的工商管理学硕士在大企业的决策层展示才华，那么这一惊人变化似乎有悖常理。实际上，被公认为培养现代企业管理人才经典模式的工商管理学硕士学位教育一度受到质疑，正如管理学大师明兹伯格（Henry Mintzberg）所一语道破的：

> 工商管理学硕士学位课程训练出来的毕业生犹如雇佣兵，除了少数的例外，他们对任何行业或企业都没有承诺感。对企业来说，最危险的管理者往往就是这些信心超出实际能力的人，尤其是在这个极度虚华与亢奋的社会里，这些人会把所有其他人都逼疯。工商管理硕士学位课程不仅吸引了大批这样的人，而且对这种倾向还予以鼓励，起到了推波助澜的作用。企业真正需要的是均衡、有献身精神的管理者，他们的管理模式可以被称作“全心全意型”。（Tedlow et al，2003）

实际上，美国的工商管理学硕士学位教育特别注重灌输美国人的价值观和工作态度：崇尚自由竞争、个人奋斗与大胆创业，鼓励事业追求、勤奋工作、创造财富等。因此，比较公平的解释是，工商管理学硕士学位教育模式本身并无过错，是大萧条之后美国经济结构与企业制度的变化使受雇于大企业的职业管理者缺乏业主企业家的动力性人力资本，这一致命弱点不利于展现创业激情与率真个性。美国作家小威廉·怀特（William Whyte，Jr.）在1956年的力作《组织的人》（The Organization Man）中对职业经理人的生活与工作状态进行了鞭辟入里的阐释：组织的人需要一种既定的、稳定的和边缘化的生存方式，个人观点的表达要修剪得像郊外的草坪那样短。在怀特看来，不断加强的集体化并不是一种时尚，而是源于工业革命以及大公司和大生产的出现。这样的一种集体意识与“普遍的个人主义崇拜”相冲突。对公司的绝对忠诚与第一代美国企业家的工作精神并不符合。一种强调个人妥协和“团体思维”的企业环境不利于培养企业家特有的勤奋与自立的美德。虽然职业经理人是社会经济舞台的主角，但他们工作得并不开心。虽然在大公司任职意味着和谐安定、有条不紊的生活，但他们必须对雇主忠心耿耿，保留个人意见，服从组织决定以便得到提拔。因此，怀特悲叹在企业中粗犷的个人主义者逐渐消失，越来越多的人被压力驱使着。这些人“毫不起眼，并没有过多的热情”，他们被人推来搡去，前途被一些自己不能左右的因素控制（Dye，1986：32）。总之，随着19世纪的企业大亨逐渐淡出江湖，美国大企业的领导者似乎是同一个小模具刻出来的。这些职业经理人并非由股东选出，而是董事会成员自封的。美国传统企业家的节俭、勤奋、自力更生与刚性个人主义不再受到褒扬，管理决策由领导班子而不是主管经理作出，集体智慧取代个性创造。对此，美国历史学家理查德·霍夫施塔特（Richard Hofstadter）曾一针见血地指出：

> 从前是拥有企业的人创造财富，如今是企业制度创造幸运的人。难怪约瑟夫森（Matthew Josephson）只关注“强盗贵族”，因为第一代企业家的接班人是“模仿者”，也就是说，他们比前辈逊色得多。（Dye，1986：32）

这些令人沮丧的观点似乎在宣告，具有创业精神的企业家在美国已成为“濒危物种”。可喜的是，实际情况并非如此。即使在职业经理人时期，非常优秀的商界奇才也不断脱颖而出，克莱斯勒公司前总裁李·艾科卡（Lee Iacocca）和美国通用电气公司前总裁“全球第一CEO”杰克·韦尔奇就是很好的例证。

■ 传奇CEO：艾科卡与韦尔奇

李·艾科卡1924年出生于美国宾夕法尼亚州艾伦敦。他以全优的成绩毕业于利哈伊大学（Lehigh University）机械工程和管理工程专业，之后在普林斯顿大学获得硕士学位。1946年8月，艾科卡进入福特汽车公司，被分配当一名见习工程师，但他迫切希望搞推销。由于工作勤奋，1953年艾科卡被提升为费城地区销售副经理。这一年他大胆提出了“给56年新车付56美元”的销售计划。不到3个月，费城地区的销售从全国的末位跃为首位（艾柯卡，诺瓦克，2007：87）。

李·艾科卡（1924年～）

1960年，年轻有为的艾科卡被任命为福特公司最大的轿车部的总经理。他决心设计出世界汽车市场前所未有的精彩之作，因此进行过一番出国考察、车型比较、市场调查、集体讨论与广告宣传。万事俱备之际，艾科卡终于开始了式样新、性能好、价格低的“野马”轿车的生产和销售，并在美国各州大获全胜。1968 年福特轿车部开始生产“马克Ⅲ”型车，第一年的销售额就令人鼓舞，这是艾科卡又一次成功之作。鉴于此，1970 年艾科卡荣升为福特公司总裁。此后的八年里，福特公司创造了盈利 35 亿美元的辉煌业绩（艾柯卡，诺瓦克，2007：88）。

然而，成功招致嫉妒。越来越刚愎自用的亨利·福特下定决心，要把艾科卡赶走。1978 年 7 月，在福特汽车工作 32 年的艾柯卡被福特二世解除了总裁职务。面对奇耻大辱，54 岁的艾科卡没有向厄运低头。1979 年 9 月，他被即将破产的克莱斯勒汽车公司聘为总经理。就在他来到克莱斯勒公司当天，公司宣布连续三个季度亏损，累计达 1.6 亿美元。他还发现，这个公司的 35 个副总经理各自为政，没有统一的计划，更缺少一套控制财务的完整制度，甚至有些人对汽车一窍不通而占据着相当重要的职位（艾柯卡，诺瓦克，2007：96）。

艾科卡执掌帅印后，逐步对公司进行整顿，开始了“登顶之路”的艰难跋涉并展示了扭转乾坤的非凡谋略。他带头只拿 1 美元年薪（他在福特公司的年薪是 100 万），关掉了 20 个工厂，解雇了上千人。为求得政府给予贷款保证，他不得不坐在证人席上，接受国会议员没完没了的“审问”；为了获得足够资金，他和国内外 400 家银行周旋、谈判、签约。他的智慧、果断和拼搏促使轻快省油的家庭小轿车很快问世，并迅速抢占了市场。成千上万被解雇的工人重新上岗，因而把艾科卡当成救星。公司不仅重振了美国汽车业在世界市场的雄威，而且上缴几亿元利税，为美国经济的回升立下汗马功劳。艾科卡被公认为美国最强有力、最成功的职业经理人之一（艾柯卡，诺瓦克，2007：132）。

如果说李·艾科卡是美国人民心目中的民族英雄，那么杰克·韦尔奇则是全球众多企业家心目中永远的偶像。在韦尔奇领导通用电气公司（GE）的 20 年里，世界经济不断风云变幻，但韦尔奇却稳稳地将一家百年老店改造成充满生机与活力的现代企业之王。

杰克·韦尔奇 1935 年生于马萨诸塞州一个工人家庭，1957 年获得马萨诸塞州大学化学工程学士学位，1960 年获得伊利诺伊大学化学工程博士学位。1960 年，韦尔奇加盟 GE，并成为马萨诸塞州皮茨菲尔德的一位初级工程师。一年后，他痛感公司的官僚主义体制令人窒息，欲辞职另谋出路。由于上司鲁

杰克·韦尔奇（1935年～）

本·古托夫极力挽留，韦尔奇答应留下来为GE效力，条件是他将不受公司官僚作风的滞碍。1968年，韦尔奇成为通用电气公司最年轻的总经理，37岁时，韦尔奇成为集团行政主管，1979年担任副董事长，1981年就任GE第八任总裁（韦尔奇，2004：2）。

当45岁的杰克·韦尔奇执掌GE时，这家已经有117年历史的公司机构臃肿，等级森严，对市场反应迟钝，在全球竞争中正走下坡路。按照韦尔奇的理念，在全球竞争激烈的市场中，只有在市场上领先对手的企业，才能立于不败之地。韦尔奇重整结构的衡量标准是：这个企业能否跻身于同行业的前两名，即任何事业部门存在的条件是在市场上“数一数二”，否则就要被整顿、关闭或出售。于是韦尔奇首先着手改革内部管理体制，减少管理层次和冗员，并撤换了部分高层管理人员。此后的几年间，韦尔奇砍掉了25%的企业，削减了10多万份工作，将350个经营单位裁减合并成13个主要的业务部门，卖掉了价值近100亿美元的资产，并添置了180亿美元的资产。由于当时IBM等大公司大肆宣扬雇员终身制，从GE内部到媒体都对韦尔奇的铁腕行动表示反感与质疑，但韦尔奇不为所动，因而得了个“中子弹杰克”的绰号（韦尔奇，2004：49）。

多年后，韦尔奇为当年的决断寻找的理论依据是：这是一个越来越充满竞争性的世界，游戏规则在发生变化。没有一个企业能够成为安全的就业天堂，除非它能在市场竞争中获胜。更让韦尔奇自豪的是：“在GE，我不能保证每个人都能终身就业，但能保证让他们获得终身的就业能力。”1989年美国《财富》杂志介绍杰克·韦尔奇的人格特征和经营理念时，归纳了以下六点：第一，掌握自己的命运，否则将受人掌握；第二，面对现实，不要生活在过去或幻想之中；第三，坦诚待人；第四，不要只是管理，要学会领导；第五，在被迫改革之前就进行改革；第六，若无竞争优势，切勿与之竞争。杰克·韦尔奇的这些内在思想深深影响着GE的经营理念，也影响着GE的命运。更重要的是，韦尔奇的成功引发了一场全球各个领域职业经理人对于管理及创新前所未有的狂热（韦尔奇，2004：98）。

高科技巨头的硅谷传奇

毋庸讳言，大企业制度下的美国职业经理人普遍缺乏个性追求与冒险精神，从而制约了他们激情创业的动力与惊世骇俗之举。令人欣喜的是，20世纪最后25年，美国传统企业家精神在以硅谷高科技创业者为代表的一大批新生代企业家身上充分再现。这些被称为"知本家"的科技精英以饱满的创业激情、忘我的工作态度及卓越的领导才能打造了微软、英特尔、苹果、思科、太阳、甲骨文、数字设备等众多风格迥异的优秀企业，为美国企业发展史留下一座座丰碑。

从总体上看，新生代企业领袖的教育程度无与伦比，其中不乏美国名牌大学的MBA，如互动村网络公司创始人卡彭特女士、太阳微系统公司创始人司考特·麦克尼利、赛伯系统公司（Siebel System）创始人汤姆·赛伯（Tom Siebel）等，这反映了高科技行业对创业者的效率性人力资本的更高要求。值得注意的是，他们中也有中断大学学业、义无反顾开辟事业的"另类"，如史蒂文·乔布斯（Steven Jobs）、比尔·盖茨、迈克尔·戴尔、拉里·埃利森、杨致远等。实际上，他们并非卓越的幻想家、出色的商人和善于发明的技术专家，而是一些来自巴尔的摩、芝加哥和斯普林菲尔德等地的真正聪明绝顶的天才，他们对机会的把握能力绝非常人能比（马隆，2004：94）。正如比尔·盖茨所言，"面对充满变数的未来，有些人只知道观望，有些人却采取行动。我崇尚的是后者。我敢于走出去，聘请顶尖技术人员，让他们设计出未来的发展蓝图，然后我们全力以赴实现它"（王晓秦，2003：253）。

1977年比尔·盖茨和保罗·艾伦组建了一个公司，取名微软

对于新生代企业家来说，专业性人力资本固然重要，但更重要的是企业家的动力性人力资本。正如马林巴（Marimba）公司创始人金·波利斯（Kim Polese）女士所言："在你不断挑战自我的奋斗中，在你努力创新和超越的过程中，你才会由衷地感到愉悦和幸福。"（马隆，2004：51）这与海星软件公司

(Starfish Software) 创始人坎恩 (Philippe Kahn) 先生的感受如出一辙：作为企业家，你可以时刻享受到创新的乐趣。做到这一点，你就必须学会不断创新，勇于开拓未来（马隆，2004：218)。可见，新生代企业家的动力性人力资本体现了美国传统企业家精神的回归。

在硅谷这个沸沸扬扬的大观园中，史蒂文·乔布斯和拉里·埃利森是非常引人注目的人物。他们就像在上演空中芭蕾，优美、敏捷、大胆并且时不时让人提心吊胆。

苹果公司创立者史蒂夫·乔布斯

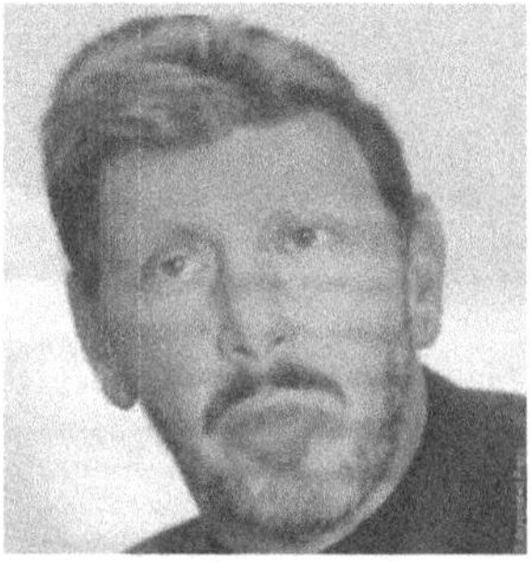
甲骨文公司 CEO 拉里·埃利森

30 年前，21 岁的乔布斯和朋友沃兹奈克在自家车库中组装出苹果计算机，开始了创业历程。随着苹果股票上市的成功，25 岁的乔布斯就成了亿万富豪。乔布斯的成功是在美国加州硅谷孕育的。在硅谷这样一个电子技术王国里，喜爱摆弄各类电子元件的青少年非常多，他们自发成立了许多团体，聚在一起相互交流经验、技术和其他信息，乔布斯也是热情的参与者。也就是在这里，乔布斯结识了他日后的创业伙伴——沃兹奈克。

1976 年的一天，他们看到莫斯技术公司的广告：最新生产的 6502 微处理器芯片售价仅为 20 美元。芯片是计算机的核心部件，有了它，再配上存储器和外围设备不就可以组成一台微型计算机了吗？他俩立刻驱车前往旧金山买回芯片，设计了一个电路板将芯片及其他一些部件安装在上面，通过接口将微处理机与键盘、视频显示器连接在一起。仅仅几个星期，一台其貌不扬、赤裸着身子的电脑就诞生了。就在他们陶醉于自己的杰作之中的时候，乔布斯已在冷静地思考下一步怎么办了。他们变卖了最珍贵的财产：乔布斯的“大众”牌汽车和沃兹奈克的两个惠普牌计算器。靠着这点资金，苹果电脑公司在乔布斯的车库里诞生了。他们对原来的苹果砖型进行了改造，推出了“苹果装型”计算机。1977 年 4 月，美国第一次计算机博览会在西海岸开幕，“苹果装型”计算机在展览会上一鸣惊人，几千名用户争相填写订单。到 1981 年计算机行业的“巨人”IBM 宣布进入个人电脑市场时，苹果公司的利润已达 3.35 亿美元。在不到 4 年的时间里，乔布斯的个人财富已达 2 亿美元，因此成为信息产业界第一个登上《时代》杂志封面的人。

近年来，美国苹果公司连连发力，不断推陈出新，吸引了众多数码爱好者的眼球，把计算机技术从少数人的专长变成了大众的工具。乔布斯是个美学专家，他引导工程师制造出优雅、多彩、易用和好玩的产品。他的营销本领名扬四方。

甲骨文公司首席执行官拉里·埃利森是美国硅谷的“坏孩子”。纵观其腾达的轨迹，好斗显然是渗入他骨肉与灵魂中最具张力的元素。从 1977 年创办甲骨文公司开始，埃利森总是先设立一个假想敌，并公开宣称要消灭它，然后千方百计踏着“尸体”向上迈步。在美国股市牛气冲天之际，埃利森的财富曾一度超过比尔·盖茨，在短暂的时间里坐上全球富豪的头把交椅，着实过了把瘾。在甲骨文公司，员工的 T 恤上常印有一条张开血盆大口的鲨鱼，赤裸裸地表达了埃利森的本性。为了让下属服从自己的意愿，埃利森常常先是伸出胡萝卜，接着才挥起大棒。“武士企业家”对他而言似乎是再贴切不过的绰号了。

硅谷有众多风格迥异的优秀企业，而领导这些企业的是真正的资本家。他们按照自由资本主义的制度和规则经营运作。这必须精打细算，苦心经营。在这种自由资本主义制度的荫庇之下，每个人可以凭借自己的聪明才智和辛勤劳动发财致富。他们在自己变得富有的同时，也在为社会创造着无穷无尽的财富，生产的产品可以使无数人的需要得到满足。

在官僚政治企业制度下，20 世纪大部分时间里美国企业领袖并不能像 19 世纪的前辈那样追求财富与商业成功。可喜的是，20 世纪最后 25 年，美国传统企业家精神在以硅谷科技精英为代表的一大批新生代企业家身上充分再现。实际上，整个 20 世纪不断出现勇于冒险的伟大企业家。尽管他们经营的产业不同，但这些企业家体现的一些共同特质是对美国企业家精神的解读：能够抓住世界重大变化带来的新机遇，制定利用这些变化的商业战略，并建立实施这些战略的组织机构。从比尔·盖茨等硅谷企业家的故事，能够找到洛克菲勒等的影子。但与传统企业家不同的是，新生代企业家的出现使物质资本的所有者被“架空”，企业成为知识的所有者尽情展示人力资本的舞台。而与职业经理人不同的是，新生代企业家富于创新，能发现创意并用之于新的环境。同时，他们还善于寻找缝隙市场，谋取竞争优势，创新管理流程。他们卓尔不群之处在于专长于某一方面，并拥有自由创新和实施创意的环境。他们不喜欢组织完备、章法齐全的企业环境。他们需要独立思考的自由空间。创立自己的企业正好是最佳途径。在自身优势之外，他们还得借助一些有其他能力的人才能成功。因此，这种人可以与一些合伙人合作，以补充一些其他领域的技能。

作为企业家人力资本形成的重要途径，企业管理是一种探索，一种实践。成功的企业家都是在竞争中拼杀出来的——大批创业者投身于风险莫测的商海，但只有少数幸运者能够成为商界巨头。从资本家到知本家，美国企业领袖的人力资本的内涵随着时代的变迁不断扩展，但传统企业家精神是他们成功经历中不可或缺的动力之源。

第五章

政治领袖的登顶之路

失败固然痛苦，但更糟糕的是从未去尝试。

——西奥多·罗斯福

聪明不足以使人成为国家元首。对于一个国家元首来说，必须具备的是魄力，是勇气和狡黠。

——亨利·基辛格

我只想做大多数学院派经济学家从未干过的事情，检验一下我的理论在现实世界中是否真正行得通。

——阿兰·格林斯潘

从西奥多·罗斯福就任总统到比尔·克林顿入主白宫，20 世纪美国联邦政府的规模与职能不断扩大，从而增强了执政者的责任与义务、权限和势力、作用与影响。正如进步与改革运动、新政措施、布雷顿体系、马歇尔计划、伟大社会主张、里根经济学和新经济政策等政治行动所体现的，不论是战争年代还是和平时期，以总统为核心的政治领袖对为美国经济发展保驾护航发挥了非常重要的作用。富兰克林·罗斯福、亨利·基辛格、阿兰·格林斯潘等一大批联邦领导者以卓越的政治智慧、非凡的决断能力与独特的个人魅力成为举世瞩目的风云人物。这些风云人物的成长经历与事业轨迹是本章的核心话题。

美国总统，宁有种乎？

本章所聚焦的美国政治领袖为 215 位联邦政府经济决策者，包括 17 位总统、28 位国务卿、29 位财政部长、38 位商务部长、23 位劳工部长、23 位农业部长、19 位经济顾问委员会主席、12 位美联储主席以及 26 位预算与管理局局长[1]。从他们的父亲从事的职业看，商务人士和专业人士居多，各占三成，这与科技泰斗、商界巨子的情况大体相同；其次为务农者，占 16.5%；政府官员仅占 8.3%。显然，政治领袖中“子承父业”者的比例并不高。按照美国社会阶层的划分，这些政治人物的家庭出身涵盖 6 个阶层中除下下层外的所有层级，但大多数为上中层与上层。以 17 位总统为例，他们中来自上上层的有 5 人，下上层 1 人，上中层 6 人，下中层 3 人，上下层 2 人。确切地说，88.2%的美国总统成长于中层与上层家庭，与 20 世纪中叶美国大众阶层分布情况大相径庭。那么，优越的家庭背景为未来的最高统帅们提供了怎样的成长空间，他们又何以不同凡响？

首先，中上层家庭的社会经济状况意味着物质生活的舒适富足以及各种机会的唾手可得。这不仅因为儿童时期的健康状况预示着成年后的健康状况，从而对工作与生活大有影响，更在于早期教育与少年时期知识的获得对能力的培养尤为关键。具体来说，出身上上层家庭的五位总统可谓生来富贵、养尊处优。西奥多·罗斯福从小身居豪宅，有体贴入微的佣仆服侍左右，有满腹经纶的家教授业解惑，可以在幽静典雅的私人博物馆陶冶性情、自得其乐，也可以

威廉·塔夫脱儿时生长在辛辛那提市郊的别墅

1897 年富兰克林·罗斯福在格罗顿中学

到欧洲观光，到埃及旅行，到近东度假，休闲之余眼界大开。威廉·塔夫脱家在辛辛那提市郊拥有一幢优雅宽敞的别墅，常有社会名流光顾，令塔夫脱兄弟四人见识陡增、感悟良多，立志专攻法律成就伟业。在海德公园的豪华庄园里，富兰克林·罗斯福的童年多姿多彩、快乐逍遥。他常常到户外游泳、划船、溜冰、骑马，并培养了集邮的爱好。家中有藏书丰富的图书馆，可以畅游知识的海洋。从小由家教耐心指导，使罗斯福在德文、拉丁文、法文、世界历史、世界地理等方面功底深厚。约翰·肯尼迪出身名门，父亲老约瑟夫·肯尼迪（Joseph Kennedy，Sr.）1912 年从哈佛大学毕业，之后从事银行业，第一次世界大战时在伯明翰造船公司下属的一个分厂任副总经理，靠投资股票赚了大钱，成为百万富翁。肯尼迪从小由佣人、医生、家教呵护、照料与辅导。12 岁时勤练网球、游泳，并成为技艺高超的划船健将。乔治·布什在康涅狄格州长大，住在一幢拥有八间卧房的豪宅，由女仆、厨子、园丁照料饮食起居，有司机负责接送上学与外出活动。而来自下上层的伍德罗·威尔逊家境优裕，丰衣足食。威尔逊儿时家有宽敞的住宅，整洁的花园。

肯尼迪一家 1938 年的合影

其次，家庭经济状况决定选择什么样的学校接受正规教育。直到第二次世界大战以前，美国 WASP（盎格鲁·撒克逊白人新教徒）所青睐的常青藤盟校（Ivy League），大多从东北部地区的少数贵族私立学校中招生，形成了贵族学校——“常青藤”一条龙教育体系，以保证富贵阶层在美国的统治地位。因此，上层阶级大都把子女送到圣保罗（St. Paul's School）、圣马克（St. Mark's School）、圣乔治（St. George's School）、格罗顿（Groton School）和米德尔塞克思（Middlesex School）等有声望的私立寄宿学校接受中学教育，以及诸如哈佛、耶鲁、普林斯顿和斯坦福之类的精英大学学习。有好几位总统上的是美国最好的私立中学，这些为富家子弟开办的学校使这些“总统苗子”得到了多种多样的领导才能拓展训练。格罗顿中学前校长斯迪科特·皮伯迪（Endicott Peabody）在富兰克林·罗斯福入学时便“丑话”在先，“如果哪个格罗顿毕业生将来未能在政界出人头地或为国家有所作为，休怪未被培养过”（Connelly，1991：57）。在这个头号贵族学校里，孩子们必须寄宿在窄小、荒秃、毫无隐私可言的小隔间里。淋浴必须用冷水，每周的零花钱最多为25美分，其中的5分须捐献给星期天的宗教活动。所有的孩子必须接受严格的体育训练。在皮伯迪看来，这种斯巴达式的艰苦与严酷教育能够培养对集体的忠诚和献身精神，使他们有高度的社会责任感、坚韧不拔的意志和忍受痛苦的超常能力，在关键时刻堪当大任。难怪1940年已经当上美国总统的富兰克林·罗斯福在给老校长皮伯迪的信中充满敬畏与感激之情：

> 40多年前，你向我们谈起如何不要在长大成人后忘记男孩子时期的理想。这些格罗顿的理想，这些被你所教导的理想，我们将努力铭刻心中。你的话依然留在我心中，也留在几百位“我们这些男孩子”的心中。（薛涌，2005：52）

与格罗顿毕业生一样，许多贵族私立寄宿学校训练出来的富家子弟，如肯尼迪兄弟、老布什等，在面临严峻挑战时慷慨出征并勇于献身。“不要问你的国家能为你做些什么，而要问你能为你的国家做些什么”，约翰·肯尼迪的这句传世名言便是美国式英雄主义的一个极好的诠释。

顺理成章的是，正如G. 威廉·多姆霍夫（G. William Domhoff）观察到：“由于接受了特别的教育，私立寄宿制中学的毕业生几乎都上了大学，并且几乎都是名校。”（Domhoff，1983：27）的确，如表5-1所示，来自上层社会的六位总统全都上了美国最好的大学。老罗斯福、小罗斯福和肯尼迪就读于哈佛，塔夫脱和布什毕业于耶鲁，威尔逊选择了普林斯顿。因此，威廉·塔夫脱

1887 年富兰克林・罗斯福与父亲詹姆斯・罗斯福在华盛顿

1934 年，杰拉德・福特作为橄榄球场上出色的前锋获得密歇根大学体育特长生奖学金

曾坦言，他能上最好的大学是由于父亲的财富和地位（Pessen，1984：60，61）。出身中产阶级的总统自然而然在选择大学时只能退而求其次。除杰拉德・福特由于出色的球技拿到密歇根大学体育特长生奖学金外，其余几人母校的档次从二流大学到社区院校参差不齐。而来自社会下层的尼克松和克林顿凭借自己的努力获得惠蒂尔学院（Whittier College）和乔治敦大学（Georgetown University）的奖学金应另当别论。显然，家庭经济条件与社会地位在很大程度上影响了 17 位总统的大学选择（表 5-1）。值得一提的是，美国大学，尤其是名校的秘密社团培养了众多社会精英。这些秘密社团的宗旨是创造一个秘密的兄弟会组织，使成员形成一个强大的互助网络。在会员选择上，学生的表现固然重要，但家族背景往往是决定因素。在这些社团中最著名的是耶鲁大学的“骷髅会”（Skull and Bones），其成员包括塔夫脱和布什父子 3 位美国总统。经过 170 多年的发展，“骷髅会”成员逐渐控制了美国社会，从白宫、国会到最高法院，几乎无所不在。

此外，优越的家庭背景不仅意味着生活的富足，也能反映家族成员强烈的公益意识以及对公众事务的积极参与，这对政治领袖的塑造大有帮助。家境优裕的总统往往从父辈身上继承了一定的领导才能与伟人素质——他们的父亲及祖父大都是积极的从政者或热情的参政者。家庭餐桌是所有灵感、原则、激励和教导的主要来源。家长会在餐桌上不失时机地向子女灌输自己的价值观，从而产生潜移默化的影响。对于上层社会的达官显贵来说，其大笔财富及其在金融、商业、地产与产业界的地位与名望不仅象征经济势力，也表明他们对地方

乔治·布什（后排左六）曾为耶鲁大学“骷髅会”成员

乔治·布什曾是耶鲁大学棒球队队员

表 5-1　20 世纪美国总统的家庭背景与大学背景

社会阶层		总统姓名	母校（大学本科）
上层	上上层	西奥多·罗斯福	哈佛大学
		威廉·塔夫脱	耶鲁大学
		富兰克林·罗斯福	哈佛大学
		约翰·肯尼迪	哈佛大学
		乔治·布什	耶鲁大学
	下上层	伍德罗·威尔逊	普林斯顿大学
中层	上中层	沃伦·哈定*	俄亥俄中央学院
		卡尔文·柯立芝	阿默斯特大学
		赫伯特·胡佛	斯坦福大学
		哈里·杜鲁门*	堪萨斯城市大学
		林登·约翰逊	得克萨斯州师范学院
		杰拉尔德·福特	密歇根大学
		詹姆士·卡特	美国海军学院
		德怀特·艾森豪威尔	西点军校
	下中层	罗纳德·里根	尤里卡大学
下层	上下层	理查德·尼克松	惠蒂尔学院
		比尔·克林顿	乔治敦大学

* 这两位总统上了大学之后中途退学。

政治或更大群体公共事务有直接或间接的影响。来自上层家庭的六位总统的传记资料充分证实了这一评价。在“地位高则责任重”（noblesse oblige）的上流社会理想的感召下，西奥多·罗斯福的父亲投身于社会公益与人道主义的各种活动中，如帮助建立儿童救助协会和青年基督教协会。塔夫脱的祖父作为遗嘱检验官与地方法院的法官赢得很高威望。塔夫脱的父亲曾任辛辛那提市高等法院法官，在格兰特总统任内曾担任司法部长，并于1879年以共和党候选人的身份出马竞选俄亥俄州州长。富兰克林·罗斯福的祖父对公共事务兴趣浓厚，这激励了富兰克林的父亲也热心于公众服务并被指任美国驻维也纳与伦敦使团秘书的职务。约翰·肯尼迪的祖父先后担任州众议员与参议员。肯尼迪的父亲是民主党活跃分子，曾担任证券交易委员会主席，并动用雄厚财力支持富兰克林·罗斯福总统竞选而被指派为驻英国大使。乔治·布什的父亲怀着对市民与国家事务的极大热情开始了政治生涯。他在担任格林威治医院联合会会长、格林威治防御理事会和格林威治男孩俱乐部主任等职后，当选联邦参议员。处于下上层的威尔逊家族在政治与公益方面也不逊色。伍德罗·威尔逊的祖父享有很高的政治威望——他曾担任州议员，之后成为民事诉讼副审判官。威尔逊的父亲曾任奥古斯塔第一长老会牧师，被评价为具备“参议员、将军与法官”特质的“能人与领导者”（Young，1997：39）。上中层家庭与下上层家庭很相像，他们积极参与颇具影响力的自愿组织以及各种政治活动，但下中层家庭通常不大参与社区事务与公益活动。九位总统的传记资料可以证明这一点。卡尔文·柯立芝记得父亲经常被邻居找去作公证人、调解员、治安官、郡治安官、议员等差事。相当于胡佛养父的亨利·明桑（Henry Minthom）博士是美国南北战争的老兵，他积极参与地方教会的诸多事务。杜鲁门的父亲对政治活动热情似火，当过密苏里州民主党代表大会的代表。林登·约翰逊总统的父亲在商界和政界都很活跃，曾多次担任州议会议员。福特的父亲承担过格雷斯新教圣公会的工作，并积极参与童子军和大瀑布城的一些市民组织。卡特的父亲对公共事务兴趣广泛，并曾任州议会议员。

以上叙述并不说明政治参与是富人的专利，但事实表明，这些美国总统的父辈们具有社会活动家与政治领导者的特质。在很大程度上由于父亲积极参与政治与公益事业，总统们从小就树立了公众服务意识并培养了参政议政的持久热情。正如哈里·杜鲁门在自传中所述“我的父亲从不愿错过任何一次政治集会，并且经常把我带在身旁”。小杜鲁门第一次参加民主党代表大会是在1900年，当时他与父亲一同来到堪萨斯城（Young，1997：170）。因此，哈里·杜鲁门与父亲有很多共同的爱好与品性，如对政治的极大热情。同样，杰拉德·

福特最初参与地方政治事务在很大程度上是受养父任密歇根州肯特郡共和党领袖的影响。林登·约翰也是从父亲身上继承了对政治的热爱。11 岁时，父亲参加了得克萨斯州议会选举。他亲眼目睹父亲为了吸引支持者，到处与人握手，发表满是轶闻趣事的演讲，甚至用模糊的示意赐官职。他从那个时候开始就牢记着父亲给他的忠告："如果你来到一间挤满人的屋子里却不能立刻说出谁支持你，谁反对你，那么你就不要谋求在政治上有所发展了。"（Pessen，1984：47）

"自古英雄多磨难，从来纨绔少伟男"，这句中国俗语似乎并不符合美国国情。从美国总统的成长经历可以概括，优越的家庭背景为大多数政治领袖的事业生涯打下重要基础。尽管他们中"子承父业"者的比例很小，但出身豪门与富裕之家不仅意味着高质量的生活带来诸多优势与机会，更重要的是父辈的政治化倾向与公益热情对他们产生了深刻影响。这对政治领袖人力资本的形成大有裨益。

领袖的摇篮

在学历与能力并重的美国，政坛进取是否遵循"学而优则仕"的流动规则？从学历背景看，202 位领袖人物的绝大多数受过高等教育，其中，上过大学的占 94.8%，大学毕业的占 86%，获得更高学位的占 53.7%。耐人寻味的是，17 位总统几乎无一读过博士，而经济顾问委员会主席几乎都是博士，但九组不同职位的领袖人物中，上过大学、大学本科毕业、具有更高学历者的比例相差不大。按照哈佛大学几位学者的研究结果，1959 年美国联邦政府工作人员中受过大学教育的占 95%，大学毕业的占 81%，具有研究生学历的仅为 1/4。这足以说明大学学历是进入政府机关的敲门砖，而更高学位对于仕途进取非常重要。那么，美国政治领袖毕业于哪些大学？这些"领袖的摇篮"如何"摇"出了领袖们的风范与才干？

名校情结

到 20 世纪末，美国有 3000 多所本科以上院校，而 202 位政治领袖大学本科就读的院校有100多所，其中，毕业于前10所院校的占40%，毕业于前20所的占52.7%。到了研究生阶段，这些未来的政治领袖在少数院校“扎堆儿”的现象更加突出。具体地说，104位具有硕士或博士学位的政治领袖毕业于45所大学，其中前10所占67.5%，前20所占85.7%。这20所院校分为三组，其各自特点与优势成为政治领袖们当年“扎堆儿”的理由。

第一组包括两所院校，乔治·华盛顿大学和乔治敦大学。它们均位于美国联邦公务员聚居的华府所在地哥伦比亚特区。由于地理上的便利，这两所院校的学生更容易与众多政府部门建立联系并增进相互了解，从而为毕业后进入华府疏通渠道。毕竟，机遇偏爱有准备的头脑。此外，许多身在华府的公务员为了仕途进取继续深造，因而这两所著名大学成为他们“就近”回炉的首选之地。

第二组院校是美国及美国之外的一些著名大学。在本科毕业院校中，美国常青藤盟校——哈佛、耶鲁、哥伦比亚、布朗和康奈尔大学以及英国剑桥大学与牛津大学名列前茅；到了研究生阶段，未来的政治领袖则集中在四所常青藤盟校（哈佛、耶鲁、哥伦比亚和康奈尔）以及英国的牛津大学和伦敦经济学院。毫无疑问，这些著名大学盛名背后的一流学术水准、师资水平及其他因素决定了他们在培养优秀人才方面的绝对实力，其中一些院校的本科与研究生教育均非常优秀。

第三组院校为一些久负盛名的州立大学。这些大学分布在南部和西南部之外的美国各个地区，按照排名依次为加州(California）大学、佐治亚(Georgia)

常青藤盟校（Ivy League）是美国东北部一批在学术上和社会上享有盛名的高等学校的统称，即哈佛大学、耶鲁大学、宾夕法尼亚大学、普林斯顿大学、哥伦比亚大学、布朗大学、达特茅斯大学和康奈尔大学。由于这些学校历史悠久、学术地位高、名气大，学费自然贵。常青藤盟校在当代世界学术史上作用十分重大，也是西方世界科研和教育制度中的翘楚

大学、明尼苏达（Minnesota）大学、密歇根（Michigan）大学、伊利诺伊（Illinois）大学、密歇根州立（Michigan State）大学、纽约大学（New York University）、俄亥俄州立（Ohio State）大学、弗吉尼亚（Virginia）大学、得克萨斯（Texas）大学和北卡罗来纳（North Carolina）大学。就招生规模来说，这些院校都是美国大学中的“巨无霸”，而政治领袖中很大一部分人来自这类院校主要基于三个原因。第一，这些院校的学费较低，从而为一大批优秀的年轻人提供了接受高等教育的难得机会；第二，这些院校具有一些很强的本科与研究生专业与课程，如工程学、工商管理和法律，深受未来的政治领袖青睐；第三，这些院校的很多毕业生首先选择在地方政府任职以积累必要的基层工作经验，若干年后通过调动或竞选到华盛顿特区继续政治生涯。生于明尼苏达州明尼阿波利斯市一个下中层家庭的前美国农业部长奥维尔·弗里曼（Orville Freeman）便是一个很好的例证。弗里曼进入明尼苏达大学读本科并在该校继续深造获得法学硕士学位。在成为肯尼迪总统内阁成员之前，弗里曼曾在明尼阿波利斯市政府任职并连任三届明尼苏达州州长职务。

总之，未来的政治领袖在著名高校“扎堆儿”的原因也许很复杂，但主要因素非常明确。首先，这些院校名声好、人气旺。无论是常青藤盟校、传统名校还是国外著名大学，它们都吸引并培养了众多顶尖人才，其中自然也包括未来的政治领袖。其次，一些地方名牌大学不仅具有优秀的教育资源，而且在地理位置、学费资助及社会认同方面很有优势，因而成为大批优秀人才茁壮成长的伊甸园。

热门专业

对于大多数有志从政的学子来说，大学期间的专业选择是进入政坛的首要步骤。而选择一个自己喜欢又很吃香对路的专业，并非易事。在大学本科阶段，未来的政治领袖们集中于三个学科，人文、行为科学和自然科学，其中更多的人青睐行为科学，具体专业以政治学和经济学为主。一个经典的例子是20世纪最后的总统比尔·克林顿。出于对约翰·肯尼迪的超级崇拜，少年克林顿在报考大学时只有一个志愿，进入乔治敦大学学习政治学。此外，前美联储主席保罗·沃尔克（Paul Volcker）上普林斯顿大学时选择了经济学专业，因为经济学“似乎比其他社会科学领域更理性、更严谨”，而且他希望用经济

1963 年比尔·克林顿作为学生代表受到约翰·肯尼迪总统的接见

耶鲁大学法学院短期课程

学的逻辑结构来解决公共政策中的实际问题（Katz，1992：62）。总之，在人力资本积累的这一关键阶段，未来的政治领袖大都选择了与未来的职业领域密切相关的专业。

在研究生阶段，未来的政治领袖大体上主攻三个专业领域：法律、经济学和政治学，但九组考察对象的专业偏重各不相同。具体地说，在 104 位具有硕士以上学位的政治领袖中，法学院毕业生有 56 人，占 53.8%，其中，国务卿、财政部长和商务部长的比例接近 2/3。尤其值得一提的是，授予这些法学文凭或学位的院校多为哈佛、耶鲁、乔治·华盛顿、乔治敦、哥伦比亚等名牌大学。此外，未来的政治领袖们还通过另外一种方式获得法律或法学学位：首先完成行为科学或自然科学的研究生学业，然后进入法学院深造并获得学位。五个行政部的部长尤其如此。国务卿小亚历山大·黑格（Alexander Haig，Jr.）、财政部长罗伯特·鲁宾（Robert Rubin）、商务部长赛勒斯·史密斯（Cyrus Smith）、劳工部长罗伯特·赖克（Robert Reich）和农业部长约翰·奈贝尔（John Knebel）就是很有代表性的例子。

美国政治领袖热衷于攻读法律专业的事实反映了美国社会政治与法律唇齿相依、休戚与共的密切关系，而美国各个大学法学院的专业培训对于他们的人力资本，尤其是政治才干的提升至关重要。对此，亚历克西斯·德·托克维尔的评价非常精辟："法律使人思维清晰、善于探察、反应机敏、行动迅速、长于辩驳、富于谋略。"美国第二位律师出身的总统托马斯·杰弗逊也表达了同样精辟的见解："学习法律对于自己、对于他人、对于国家都大有裨益。"

(Gross，2004：14～19）的确，攻读法律的过程把未来的政治领袖逐渐塑造成既具有政治头脑又忠于民主原则的善辩、睿智与冷静的人，这在比尔·克林顿身上得到最好的体现。在担任美国最高统帅的两个任期中，这位耶鲁大学法学院培养的律师总统通过各种演说充分展示了坚实的法律知识、对重大事件的洞察以及对许多复杂的司法与宪法问题的思辨能力。特别值得一提的是，克林顿喜欢即兴演讲，即使是发表就职演说、国情咨文这样正式的场合也很少照本宣科。

回顾美国法律教育的发展及其特征可以进一步证明这一点。随着19世纪通晓法律成为热衷于政治的有志之士仕途进取的重要条件，法学院的正规教育最终应运而生，并堂而皇之地取代了律师事务所学徒式的在职培训。到了1910年，在美国日间授课的法学院有9所，另有95所法学院晚间授课。1901～1902年，全美规模最大的法学院在密歇根大学，但在其他方面哈佛大学法学院首屈一指。因此，越来越多的法学院效仿哈佛模式，尤其是案例教学和苏格拉底问答法。

作为全球范围法律专业教育与学术研究中心，哈佛大学法学院是美国大学法学院的杰出代表。就课程设置来说，哈佛大学法学院开设涵盖诸多重要领域的法律基础与高层次课程。这种包罗万象的授课内容有助于激发学生的潜能，从而具备在法律服务、司法部门、政府机关、公共事业、学术领域和工商企业的领导才干。哈佛大学法学院的教授们运用多种教学方法并融合其他学科的真知灼见，在课堂上往往旁征博引、挥洒自如地展开论述，从宪法原则到国际法律体系，从税收制度到公司治理，各种话题都会涉及。这种内涵丰富、分析精辟的论述使学生们在知识结构和思维方式方面大有长进。此外，与教授共同研究以及与同学相互争鸣也使他们获益匪浅。哈佛法学院还鼓励学生利用可能的机会走出校园了解公共政策的运作，增强法律实践意识。例如，每年暑假期间学生们会被安排到国外的人权组织、华盛顿的公益机构、波士顿地区司法部门以及著名的律师事务所进行实习。另外，哈佛法学院的协商训练课程（negotiation workshop）非常有名，常在冬季学程开课，学生分组就模拟案例实际进行协商演练，这是美国法学教育精神的一个生动体现。

的确，拥有大批优秀师资和独特教学方式的哈佛大学法学院，以及美国其他一些顶尖法学院，为未来的政治领袖接受法律与相关学科的正规教育提供了充满活力与创造力的极好氛围。杰拉尔德·福特（Gerald Ford）在耶鲁大学法学院的学习经历便可展现美国法律教育的主要特征。完成了经济学专业的本科学业后，激情飞扬的福特留在耶鲁大学学习与商业运作相关的法律课程。他在法学院修了债务资产管理、协商方法与合同法等课程。令福特印象最深的是教授与学生之间的互动以及很有启发性的法律课程。作为法律现实主义的倡导者，耶鲁大学的教授在讲授法律课程时往往把社会科学和社会背景紧密结合，而听众大部分是几所常青藤盟校的毕业生。不难想象，这样的课堂氛围，这样的训练过程对福特的政治生涯影响至深，正如他1998年在底特律大学法学院的致辞中所言："是耶鲁大学把我带入法律这样一个复杂的学科领域，它使我领会了绝对与灵活、不变与演变的统一。"（Gross，2004：281）

在研究生阶段，未来的政治领袖依然青睐于行为科学中的经济学专业。他们中近半数获得该专业硕士与博士学位，财政部长和联储主席情况更突出；而最突出的是19位经济顾问委员会主席——他们几乎个个是经济学博士，而且大都毕业于芝加哥大学、哈佛大学、哥伦比亚大学、麻省理工学院、加州大学伯克利分校、纽约大学、密歇根大学等拥有优秀的经济学教育资源的顶尖院校。对于未来的美国经济决策者来说，选择经济学专业对于他们的人力资本形成及政治生涯大有裨益。曾经担任克林顿时期的经济顾问委员会主席、诺贝尔经济学奖获得者约瑟夫·斯蒂格利茨（Joseph Stiglitz）就是很好的证明。由于几位诺贝尔经济学奖得主的启迪，斯蒂格利茨是麻省理工学院"名师出高徒"的环境中脱颖而出的一位"高徒"。对此，他在诺贝尔奖获奖感言中有如下描述：

> 在我高等教育的最初阶段阿默斯特学院起了关键作用，而麻省理工学院则把我培养成为职业经济学家。我在麻省理工学院只学习了两年。但那是一流经济学大师萨缪尔森（Samuelson）、索罗（Solow）、莫迪利亚尼（Modigliani）和阿罗（Arrow）培养一流学生的黄金时期。我在经济计量学会学术会议上提交的第一篇论文是和乔治·阿克鲁夫（George Akerlof）共同完成的，并于当年获得奖励。麻省理工学院经济学的特别学术风格特别适合我，简单而实际的模型，解答重要和相关的问题。麻省理工学院的文化与政治氛围也适合我。我的老师大都是学术界的自由主义者，但有几位更加愤世嫉俗。

显然，对于未来的经济决策者事业生涯非常重要的专业选择过程从本科阶段开始，在研究生阶段确立。他们中很大一部分人选择行为科学为本科专业，到了研究生阶段则选择法律专业。在高等教育的整个过程中，经济学专业一直广受青睐。尽管培养了美国政治领袖的高等院校各具风格，但大体上在这些专业领域都有很强的教学与研究能力，因而为学生们在专业知识与学术能力方面打下坚实的基础。很少有人确信自己会成为政治领袖，但专业选择为他们走上政坛并达到巅峰做好了铺垫，毕竟，机遇偏爱有准备的头脑。

弱势群体的强势学历

在20世纪美国政治制度的发展历程中，总统内阁的人员构成似乎符合美国人所崇尚的民主信念。的确，每一届政府的权力精英中都包含女性和少数族裔的身影，从而实践着“政治正确性”的组合模式。美国政治领袖大都受过高等教育，而且很多人具有研究生学历，那么，他们中的女性和少数族裔的学历背景是否与他人旗鼓相当？如果回答是肯定的，则说明上大学作为向上流动与仕途进取的一个主要途径对于男人和女人是公平的，美国式的民主从而实实在在地得以体现。

在202位政治领袖中仅有10位女性（占5%），即2位商务部长，1位国务卿，2位总统经济顾问委员会主席，5位劳工部长。这些女中豪杰都受过高等教育，其中，8位具有硕士学位，5位具有博士学位，但是无一人获得男性政治领袖普遍具有的法律学位。总的来说，这些女性领袖的教育背景大大优于男性（表5-2），这不仅在于高学历者的比例，还在于毕业院校的档次。值得深思的是，在推崇机会均等的美国社会，虽然受过高等教育的男性与女性比例相当，但最终成为政坛权力精英的女中豪杰居然寥寥无几。也就是说，女性必须

表 5-2　政治领袖中女性与男性的大学学历

	无大学经历	大学本科		研究生		
		大学肄业	大学毕业	硕士	博士	法律/法学学位
女性	0	0	30%	20%	50%	0
	0	30%		70%		
男性	5.4%	9.2%	28.8%	5.4%	13.6%	30.6%
	5.4%	38%		49.6%		

马德琳·奥尔布赖特（1937 年～）

1999 年奥尔布赖特与克林顿总统在美国主办的北约（NATO）峰会上

具备更胜一筹的学历背景才有可能进入最高权力阶层。这种失衡状况表明，长期以来美国政界的玻璃天花板阻碍着女性自身价值的实现。

类似的不平衡也出现在少数族裔身上。在 202 位政治领袖中，只有 4 位有色人种和少数族裔人士，即一位日本裔和三位非洲裔。他们担任的职务分别为商务部长、农业部长以及管理与预算局局长，但都是直到 20 世纪最后 10 年间才被任命的。从教育背景看，诺曼·峰田（Norman Mineta）曾在著名的加州大学伯克利分校主修商业管理，其他三位均为法律博士。与女性政治领袖的情况类似，这几位少数族裔人士在进入政坛高层之前大都经历了艰辛而漫长的求学过程，而且大学期间表现出众。曾任克林顿政府管理与预算局长的富兰克林·瑞恩斯（Franklin Raines）便是很有代表性的例子。瑞恩斯在哈佛大学以优秀毕业生的荣誉获得学士学位，之后进入哈佛大学法学院深造并以优秀生的荣誉获得法学博士学位。此外，他曾获得牛津大学的罗兹奖学金（Rhodes Scholarship）并赴英国留学。

尽管政治领袖中的女性与非白人少数族裔寥若晨星，但身为白色人种的犹太裔却表现出众，风景独好。具体地说，在 202 位政治领袖中有 12 位犹太人（占 5.9%，远远高于美国人口中犹太裔的比例），他们担任过总统之外的所有职务。从学历背景看，在 12 位犹太裔政治领袖中，8 人具有至少一个博士学位，绝大多数为名校博士，在各个阶段的专业以经济学、政治学和法律居多。犹太裔政治领袖更胜一筹的表现固然缘于多种因素，但大学期间的努力进取与优异成绩使他们具备了更强的竞争力。他们中的两位哈佛大学博士，前国务卿

亨利·基辛格（1923年～）

亨利·基辛格和克林顿时期的财政部长罗伯特·鲁宾，就是很好的例子。

1947年，基辛格根据《士兵权利法案》进入哈佛大学政治系学习。在哈佛读书期间，他荣幸地得到了威廉·埃利奥特（William Elliott）教授[2]的指导。埃利奥特传授给基辛格一套完整的保守主义政治哲学，并成为发现基辛格的第二个伯乐。1950年，基辛格完成了本科毕业论文，题目为《历史的真义——关于施本格勒、托因比及康德的感想》。这篇本科论文长达377页，埃利奥特教授仅看了前100页，就提笔批了“最优”。因为该论文篇幅过长，学校被迫制定了“基辛格规则”，限定本科毕业论文长度不得超过基辛格论文长度的1/3。由于本科学习成绩优异，基辛格被免试推荐进入研究生阶段的学习，1954年获得哲学博士学位。基辛格的博士论文题为“重建的世界——梅特涅、卡斯尔累与和平问题，1812～1822年”，它奠定了基辛格作为现实主义学派中第一流学者的声誉。读博士期间，基辛格曾担任一门社会学概论课程的教学工作，还创办了一份名为《合流》的季刊。

遗憾的是，基辛格留校任教的愿望却被哈佛大学粗暴地拒绝了。1955年，基辛格回到故乡纽约，担任美国对外关系协会研究小组的研究主任。1957年，基辛格出版了《核武器与对外政策》一书，首次提出有限战争的理论，从而在学术界和对外政策研究领域一炮而红。同年，哈佛大学决定聘用基辛格为讲师。1957～1969年，基辛格历任哈佛大学讲师、副教授、教授，同时在校外担任洛克菲勒兄弟基金会特别研究计划主任、国际问题中心成员、国家安全委员会和兰德公司顾问等兼职。因此，当尼克松请洛克菲勒家族、外交事务委员会以及哈佛大学教授推举一位外交专家时，他们都力荐基辛格。显然，学术优势提高了基辛格的知名度与社会影响，从而为他走上政坛并成为优秀的国务卿奠定了坚实的基础。

出生于纽约的罗伯特·鲁宾被称为“自汉密尔顿以来最好的财政部长”。从他的成长经历来看，历史、哲学、法学乃至以钓鱼为中心的休闲活动都先于经济学和政治科学给他以深刻的教益和影响。作为哈佛大学法学院的学生，他的大学毕业论文却是有关巴西通货膨胀和经济发展关系的内容。从哈佛大学毕业时，鲁宾获得了“优秀毕业生”和“成绩极其优异毕业生”的荣誉。在耶鲁法学院获得更高学位之后，在一家律师事务所工作不久的鲁宾感觉做股票投资比从事法律职业有趣得多。他后来概括道：高盛公司是他根本的也是最重要的事业，在此坚固的基础上，他得以向各个方向拓展——非赢利组织、慈善组织、专业协会以及通向白宫的政治生涯（萧艾，2004）。

罗伯特·鲁宾（1938年～）

可见，女性、有色人种与犹太裔政治领袖的共同点在于他们的高等教育背景总体上非常优异，从而为仕途进取提供了强有力的竞争优势。作为美国社会弱势群体，他们希望通过自身的努力摆脱不利地位，因而在人力资本拓展方面动力十足并做到极致。他们不仅出色地完成大学本科学业，而且大都选择继续深造以便最大限度地消除向上流动过程中的不利因素。

综上所述，美国政治领袖总体上具有良好的学历背景，而且大都毕业于一流高等院校。他们在大学期间的专业领域多为行为科学，而法律专业是他们继续深造的首要选择。对于女性、有色人种和犹太裔来说，通过高等教育获得证明能力的文凭非常重要。一些政治领袖，如在战后的动荡年代就任美国总统的哈里·杜鲁门从未上过大学，则表明积累人力资本的其他途径对于政治生涯的成功也非常重要。

想从政，先从军

自美国建国之初，大大小小的战争对成千上万的美国人，尤其是亲历战争的军人产生了深刻影响。在202位美国政治领袖中，一半以上曾经在美西战争、第一次世界大战、第二次世界大战、朝鲜战争、越南战争期间以及和平时期服务于美国正规部队、公民志愿队、民兵组织或预备队。事实上，美国历史的大部分时间，只有大约1%的美国人为现役军人。显然，在美国政治领袖中，不乏经过战场洗礼的将士，而那些刻骨铭心的日日夜夜是载入他们成长记录的精彩篇章。

从军经历在美国总统和内阁部长的事业生涯中更为普遍。具体地说，这127人中有兵役记录的占57.5%，其中，总统和国务卿最突出，比例分别为58.8%和60.7%。值得一提的是，他们中有8人毕业于几所最著名的军事院校，即西点军校、美国海军学院和弗吉尼亚军事学院，但只有德怀特·艾森豪威尔总统和两位国务卿乔治·马歇尔（George Marshall）和小亚历山大·黑格被公认为“职业军人”。乔治·马歇尔1880年生于美国宾夕法尼亚州，1901年毕业于弗吉尼亚军校，参加过第一次世界大战，1939年任陆军参谋长。在第二次世界大战中，马歇尔帮助富兰克林·罗斯福出谋划策，为美国的胜利作出不可磨灭的贡献。1947～1949年他担任美国国务卿，1950～1951年任国防部长，提出过“欧洲复兴计划”即“马歇尔计划”。1953年，马歇尔因其伟大成就获颁诺贝尔和平奖。1924年12月2日出生于宾夕法尼亚州的黑格将军1947年毕业于美国军事学院，后在美国军队中服役。在日本和朝鲜战争中担任少尉，也曾在欧洲担任爱德华·M. 阿尔蒙德中将的副官。1962～1965年在五角大楼任职，1966～1967年在越南战争中任陆军指挥官，并被授予著名的十字勋章。黑格将军1969年担任总统国家安全事务助理——亨利·基辛格博士的高级军事顾问，之后成为总统助理副官。1972年晋升为上将，后被尼克松总统任命为白宫办公厅主任，自此结束了他长达26年的军旅生涯。

艾森豪威尔的戎马生涯更具传奇色彩。1890年10月14日，艾森豪威尔出生在得克萨斯州丹尼森市一个普通家庭，昵称艾克。艰苦的生活和严厉的家教造就了艾克健壮的体魄、顽强的意志和良好的自控能力。他自幼喜爱历史，

马歇尔将军（1880～1959年）

艾森豪威尔第二次世界大战期间在欧洲战场指挥作战

尤其喜爱有关古希腊、古罗马和近代欧美战争的书籍，通晓许多重大战役的细枝末节。中学毕业后，因家中无钱供他继续学业，艾森豪威尔只得进工厂做工。但他立志读大学，于是报考了公费的西点军校并顺利通过入学考试（王寅，2003：22）。

1915年，艾森豪威尔以少尉军衔从西点毕业，被派往得克萨斯州休斯敦萨姆堡任职。时值第一次世界大战，艾森豪威尔参加了组建美军第一批装甲部队的工作，1917年受命担任宾夕法尼亚州葛底斯堡科尔特坦克训练学校校长，因工作出色被授予少校军衔。1922年，艾森豪威尔被派往巴拿马运河区驻守，1926年被选送陆军总参学校，并以第一名的成绩被保送到华盛顿军事学院深造。毕业后，艾森豪威尔供职于陆军部，不久便担任陆军参谋长道格拉斯·麦克阿瑟将军的高级助理（王寅，2003：22）。

第二次世界大战爆发后，艾森豪威尔回国，出任第三军参谋长，并因出色地指挥了50万部队的大规模对抗演习得到马歇尔将军的赏识。珍珠港事件后，艾森豪威尔回到陆军部参与拟订美国在太平洋战区的战略，并于1942年6月出任驻欧美军司令。1943年，艾森豪威尔率军攻克西西里和意大利，12月接受罗斯福总统委任，担任欧洲盟军最高司令。1944年6月，艾森豪威尔成功指挥盟军横渡英吉利海峡登陆诺曼底，为彻底击败希特勒奠定了基础（王寅，2003：22）。

第二次世界大战胜利后，艾森豪威尔晋升为五星上将，马歇尔将军称赞他“创造了历史，为了人类的幸福创造了伟大的历史”。1945年6月，杜鲁门总统将艾森豪威尔召回华盛顿委以陆军参谋长职务。1948年2月，艾森豪威尔从军中退役，同时出任哥伦比亚大学校长。两年后，应杜鲁门总统召唤，艾森豪威尔恢复现役，出任北大西洋公约组织武装部队最高司令（王寅，2003：26）。

1952年大选，无论执政的民主党还是在野的共和党，都把目光投向威震世界的五星上将德怀特·艾森豪威尔，希冀他能接受本党提名竞选总统。艾森豪威尔不属于任何一个政党，从没有踏入政界，更无其他公职履历；然而，在全国人民“我们喜欢艾克”的拥戴声中，艾森豪威尔以绝对优势击败了竞争对手，成为美利坚合众国第34任总统（王寅，2003：27）。

如果说艾森豪威尔当初选择西点军校是由于家境贫寒，那么，不可思议的是，服过兵役的政治领袖大都来自中层与上层家庭。更令人惊奇的是，他们中大部分人在参军前就读于名牌大学或已经毕业——17位国务卿便是如此。实际上，自建国之初美国就有各种不同的兵役制度对富家子弟和高学历者优待有加，从而把参军服役的责任负于穷人和教育程度不高的人群。那么，美国政治领袖踊跃参军入伍的动机何在？

一个重要因素在于美国全民皆兵、精忠报国的光荣传统以及开国元勋驰骋疆场、身先士卒的表率作用。作为在战争中成长起来的年轻国家，美国把服兵役视为“公民职责行动”。军人以英勇作战、抛洒热血的实际行动表达为美国社会贡献“生命、财富和圣洁的荣誉”的意愿。更重要的是，这一神圣的理念被美国国父乔治·华盛顿大力倡导并身体力行。华盛顿从20多岁担任弗吉尼亚民兵总指挥开始，经历了战场上出生入死的考验，从而赢得民众的普遍拥戴，并增强了统帅国家的才干和勇气。时光荏苒，世事沧桑，华盛顿的戎马生涯及其丰功伟绩激励着一代又一代具有远大政治抱负的年轻人“踏着英雄的足迹前进”。因此，20世纪以前的25位美国总统中有20位曾在军中服役并不足为奇，20世纪美国政治领袖参军入伍的主要动机也就不言自明了。作为20世纪就职的第一位总统，西奥多·罗斯福便以冲锋陷阵的果敢行动带了个好头。

出身显赫的西奥多·罗斯福从小就敬佩内战期间在联邦军队服役的父辈，并深受母亲娘家骑士传统的感染，因而不断培养自己的侠士豪情与英雄气概，例如，他对狩猎和户外生存训练十分着迷。1898年4月，美国因古巴问题向西班牙宣战，已至不惑之年的罗斯福毅然辞去美国海军总部副部长的职务，受聘为公民自愿队团长并组成美国第一支“勇猛骑士”（rough rider）后援部队。应征入伍的多为牛仔和印第安人，还有不少常青藤盟校的毕业生。罗斯福率领这支志愿队搭乘战舰驶向古巴海岸并进入战区。1898年8月美西战争结束，美国获胜。罗斯福顿时名声大噪，很快在纽约州州长竞选中获胜，并于1900年以高票当选副总统。1901年，麦金利总统不幸遇刺，罗斯福依法成为美国第26届总统，并满怀豪情地带领美

“勇猛骑士”西奥多·罗斯福

国人民走向 20 世纪。1942 年，珍珠港事件爆发后，约翰逊主动要求加入海军预备队，成为第一个以现役军人身份参加第二次世界大战的国会议员。他在执行任务的过程中遭遇了日本战斗机的袭击。炮火中他表现出了大无畏的英勇气概。麦克阿瑟将军为此授予他银质勋章，以表彰他的勇气与毅力。

毋庸置疑，美国"公民参军义不容辞"的传统与乔治·华盛顿等先辈的英雄主义气概激励了未来的政治领袖们参军入伍并在政治生涯中建功立业。那么，从军经历如何帮助他们拓展政治生涯必需的素质与能力？

首先，军队锻炼意志、塑造品格，从而培养军人具备政治领袖的使命感、责任感以及果敢坚定、乐观向上的精神。约翰·肯尼迪第二次世界大战期间在南太平洋美国海军服役的经历便是一个生动的诠释。1941 年珍珠港事件爆发后，美国正式对轴心国宣战。当时刚刚从哈佛大学政治系毕业的肯尼迪本来可以像其他富家子弟一样利用各种特权逃避兵役，但他毅然报名参军。1942 年，肯尼迪奉命到罗得岛接受巡逻鱼雷艇的指挥官训练，之后作为美国海军少尉奔赴所罗门群岛的海军基地指挥作战。1942 年 8 月 3 日，是肯尼迪有生以来最惊心动魄的一天，他指挥的鱼雷艇被日本驱逐舰击中。肯尼迪把幸存的战友召集到鱼雷艇甲板并坚持到整个舰艇开始下沉，之后带领大家朝着附近的岛屿拼命游了四个小时。在此后的几天里，伤痕累累的肯尼迪和战友们从一个岛屿游向另一个岛屿直到当地人发现了他们刻在椰壳上的求救信息。获救回到美国之后，肯尼迪患上疟疾并长期忍受背痛的后遗症，但这一惊心动魄的经历不仅为他赢得了紫心奖章和其他荣誉，而且使他的意志品质与能力素质都大大提升。的确，出身豪门的肯尼迪对战争期间前线的浴血奋战与后方的艰难困苦感受至深，因此 18 年后成为总统时仍难以忘怀沙场的特别体验。他在白宫办公室的书桌上放了一枚刻有印记的椰子壳，以纪念在南太平洋上度过的那些日日夜夜（温英超，2004：315）。

1944 年肯尼迪接受美国海军颁发的勋章

同样出身不凡的乔治·布什当初参军入伍也体现了英雄主义气概。1942 年，布什从马塞诸塞州菲利普斯学校毕业，并且收到了耶鲁大学的入学通知书。但是，当时美国已经进入战争。布什没有去耶鲁，而是去海军报了名，进入了海军预备役飞行训练。1943 年 6 月，他获得海军少尉军衔，成为当时海军最年轻的飞行员，在太平洋舰队任轰炸机驾驶员。1944 年 9 月 2 日在执行一次轰炸日占岛屿的作战任务中，飞机被击中坠毁，机上两名飞行员阵亡，布什跳伞落在海里竟然遍体无伤，很快被一艘路过的美国潜艇救起。经历了死亡考验的布什，三次荣获空军勋章，并因“英雄主义和非凡成就”赢得一枚卓著的“飞行十字勋章”。而对于杰拉尔德·福特来说，战时最危险的时刻不是在敌人的炮火下，而是 1944 年 12 月在菲律宾海上的一次剧烈台风中。1943 年 11 月至 1944 年 12 月，福特被调到太平洋地区，在航空母舰上服役。此后的服役经历大大磨炼了他的意志。

其次，美国军队分工细致，配备齐全，军职部门包括新闻宣传、步兵训练、物资供给、后勤保障等，并提供机械技能、专门技术、管理能力等多方面的训练，这对服役者未来的职业拓展大有裨益。从未上过大学的哈里·杜鲁门总统的从军经历最有说服力。1915 年 6 月，杜鲁门在密苏里州国民警卫队炮兵 B 连服役，在那里他作为炮兵连特许成员接受了“后来很有用”的炮兵训练。1917 年，美国正式加入第一次世界大战，杜鲁门以陆军中尉的身份被派到法国。在烽火连天的战场，杜鲁门勇猛善战，同时锻炼了自己的组织能力，从而在 1917 年被提升为陆军上尉。在指挥第 35 步兵师第 129 野战炮兵营进行训练的过程中，杜鲁门赢得两百多位官兵的信任，并把自己锻炼成为更自信的

第一次世界大战期间在美军野战炮兵营服役的杜鲁门

1944 年在南太平洋执行飞行任务的乔治·布什

领导者。虽然与杜鲁门的参军时机不同，但福特和尼克松的从军经历异曲同工。

珍珠港事件之后，美国立刻卷入世界大战。1942 年初，从耶鲁大学法学院毕业不久的杰拉尔德·福特毅然报名参加海军，并进入美国海军预备队，获少尉级。在参加了美国海军学院的入门训练后，他成为驻北卡罗来纳州教堂山的飞行员预备生的体育教练。1943 年春，他开始在曼特瑞号轻航空母舰担任体育教练和炮官。福特后来一直升到助理导航官，他在曼特瑞号上参加了大多数重要的南太平洋海战，其中包括对丘克的空袭、塞班海战和占领菲律宾的战役。这次经历使福特深知巩固国防的重要性，同时认识到美国必须和其他国家结盟以抗击敌国。作为反战宗教教友派的信徒，尼克松本来可以依法免服兵役，但他依然决定加入海军效忠国家。1942 年 8 月，尼克松被派往罗得岛接受训练，之后前往南太平洋与日本作战。亲历枪林弹雨使他对战争的残酷与生命的意义体会至深。1944 年 7 月，尼克松被派回美国，先后在加州、宾州、纽约州和马里兰州负责海军与地方供应商之间的联络。在此期间，尼克松的出色工作为海军总部节省了数百万美元的经费，因而获得海军总司令的奖励，这对其政治生涯很有帮助。第二次世界大战结束后，尼克松在加州共和党的极力鼓动下参加了 1946 年的国会众议院选举，并从此踏入政界（温英超，2004：353）。

在 17 位服过兵役的国务卿中，“外交魔术师”亨利·基辛格非常值得一提。第二次世界大战期间，刚刚随家人移民美国的亨利·基辛格应征入伍，并有幸遇到同是德国裔的列兵克雷默尔。在与基辛格的初次交谈中，克雷默尔就认定基辛格是一个天生的奇才。1944 年 9 月，基辛格所在的美军第 84 师被派赴欧洲战场，第二年初开进了德国。由于克雷默尔的建议，基辛格被调到师部担任德语翻译，军衔也从列兵提升为军士。第二次世界大战的最后几个月，他从第 84 师调到第 970 反谍报部队，并被任命为陆军中士参谋。1945 年 3 月，基辛格被任命为接管德国被占领城市的官员。在此期间，基辛格表现了卓越的行政能力，并克服了对德国人的报复心理而谨慎地使用了自己的权力。退役后，基辛格进入哈佛大学政治系专攻外交政策，从而为进入政界并取得出色成就迈出非常重要的一步。

对于具有远大政治抱负的人士来说，有朝一日成为美国总统的目标并不特别，关键是要抓住任何可能的机会努力进取、不断攀登。乔治·华盛顿作为美国公民战士的激励作用以及军旅生涯与政治生涯的密切关系，增强了未来的美国政治领袖精忠报国的动力。而在很大程度上由于具有大学学历，他们在参军后被授予高级或中级军衔，从而有机会得到全方位的训练。总之，从军经历是美国官员政坛升级的重要条件，它不仅提高技术水平与管理能力，而且在意志品格和政治领袖素质方面得到拓展。此外，未来的政治领袖有意识地培养自己在作风和气质上令人相信他们是“当总统的材料儿”，从而为向上流动获得一种政治资本。

通往华府

按照总统制，美国行政部门高级官员的任命，基本上是“一朝天子一朝臣”。内阁官员由总统提名，参议院批准。因此，华府的权力山脉从白宫、国会山所在的宾夕法尼亚大街与智库云集的 K 街，延伸到纽约的华尔街及州和地方的首府，并涵盖着从东海岸耶鲁大学的秘密帮会到西海岸斯坦福的学术精英（魏宗雷，2005：5）。当然，机遇总是偏爱那些有准备的头脑。美国政治领袖的老本行可谓五花八门、层次不一。就 17 位总统来说，他们分别做过律师、军人、商人、学者、农民、教师甚至演员。而军人出身的艾森豪威尔总统的内阁成员被戏称为“九个大富翁加一个管道工”。那么，丰富的从业经历对未来的领袖们仕途进取并通往华府有何影响？

政坛之外长才干

尽管许多政治领袖从小就热心公益事业，满怀治国理想，但他们中很少有人一开始就进入政坛一展才华。也就是说，他们大都从非政府机关走向仕途。从 202 位政治领袖的最初职业看，专业人士占 54.5%，商界人士占 20%，白领人士占 10%，另有 4%为体力劳动者，4%为农民。可见，3/4 的政治领袖在进入政坛高层之前均为专业技术人士或商界人士。值得一提的是，从事老本行 10 年之后，专业技术人士中留在各自领域的人数比例普遍很高，而非专业技术人士大都陆续投身商海，当初的白领人士尤其如此。简而言之，在成为

“高官”之前，政治领袖们大都在专业技术领域和商业领域为政治生涯积累人力资本。

■ 靠专业起家

在专业人士出身的110位政治领袖中，律师和教授居多，且律师更多，占57.3%，远远超过其他人士。这再次引出法律与政治密切联系的话题。在20世纪美国政治领袖事业进取的过程中，法律和政治始终相互依存、相得益彰，因为从政就是争夺权力，即争夺法律、法规、规则与规定的实施手段。美国法律界向来等级森严，尊卑有序，尤其在1908年美国律师协会（American Bar Association，ABA）《职业道德准则》（Canons of Professional Ethics）颁布之后。高高在上的是美国律师协会的头领和代理大企业的华尔街律政权威，而地位最低的是那些为棚户区百姓打官司的基层律师。身居高位的律师均被律师事务所聘用，而且他们能说会道，神通广大，能够得到华府任命或进入大公司董事会。这也就难怪在美国总统和国务卿中，律师出身的人士多得出奇。不妨借用他们的个人经历来了解律师职业对美国政治领袖生涯的主要益处。

首先，律师职业能够提供政治活动需要的自由时间、广泛的交际和显耀的社会地位。在代理法律事务的过程中，律师从私人律师事务所转而成为政坛代表委托人的职业模式没有大的变化。就8位律师出身的总统来说，尽管他们在法学院的学业表现各不相同，有硬着头皮苦熬文凭的，也有激情洋溢学而不倦的，但都从律师职业生涯中获益匪浅。富兰克林·罗斯福在哥伦比亚大学法学院就读一年后便感到怠倦，因而转赴律师事务所积累实务经验。年轻的罗斯福通过在华尔街著名的Carter，Ledyard & Milburn律师事务所做助理的工作经历，学会了如何与不同背景的人沟通与相处，如何使相互敌对的双方达成一致，并通过处理棘手的纠纷磨炼自己的意志品质。理查德·尼克松的律师生涯分为几个阶段。1937年从杜克大学法学院以优异成绩毕业后，尼克松到加州惠蒂尔市一家颇受推崇的律师事务所工作。他积极参加社区服务，为律师事务所争取顾客。1960年，竞选总统失败后，尼克松回到加州重操旧业。大量的法律业务使他对政府机构的运作有了更深刻的了解。1963年，尼克松迁居纽约，进入一家著名律师事务所工作。他经常有机会到国外洽商法律事务，并曾在美国最高法院为万人瞩目的Time v. Hill案辩护，因而在学识与辨才方面大有长进。杰拉尔德·福特1941年取得耶鲁大学法律学位之后，回到密歇根与大学同学合开了一家律师事务所。当新开业的律所成为保险推销员光顾的场所时，福特发现可以从这些人口中了解企业信息以便为它们提供法律服务。后来，福特成为联合劝募会（United Way）、红十字会、美国农业联合会（Farm Bureau）、青年商会（Junior Chamber of Commerce）以及其他机构的法律代理，从而为建立政治联系获得很好的渠道。在律师出身的国务卿中，伊莱休·鲁特（Elihu Root）的职业生涯很有代表性。自1867年建立律师事务所后，鲁特便全身心投入法律代理事务，先后为银行、铁路以及一些当时的大财团担任法律顾问。到30岁时，鲁特已成为专于公司事务的著名律师。

尽管律师经常担任大公司的代理人并为之讨说法，但这并不意味着他们反对政府规章、消费者法案、反托拉斯法、劳动法或公司税法。相反，在企业与政府间周旋的过程中，他们的职业影响与政治才能均大有长进。柯立芝执政时期的国务卿“托拉斯斗士”弗兰克·凯洛格（Frank Kellogg）便是一个很好的例子。在20年的律师生涯中，凯洛格曾为铁路、铁矿公司和钢铁公司担任法律顾问，后来与商业巨头安德鲁·卡内基、约翰·洛克菲勒、詹姆斯·希尔等人成为至交。尽管凯洛格与商界交往甚密，但他曾在1904年毫不客气地向圣保罗报披露了通用纸业公司限制行业竞争的事实。为此，凯洛格能够有幸拜访白宫要人并结识了西奥多·罗斯福总统。罗斯福总统赞同凯洛格作为美国政府的代理人起诉通用纸业。此外，凯洛格还赢了诉哈里曼和联邦太平洋铁路公司的反托拉斯案，以及1911年对洛克菲勒标准石油公司的案子。凯洛格在诉讼代理方面的频频胜利为他1912年当选美国律师协会主席以及后来进入美国参议院获得了一定的政治资本。

“托拉斯斗士”弗兰克·凯洛格（1856～1937年）

在美国著名律师事务所的工作经历不仅使律师们对现代政府与社会现实有了更多了解，而且增强了公共服务的使命感。正如社会学家欧文·斯密吉尔（Erwin Smigel）所坦言，纽约和华盛顿的著名律师事务所已经成为法律界最强大的统治力量。律师出身的国务卿大都曾在美国著名律师事务所工作，其中四人—— 约翰·杜勒斯（John Dulles）、迪安·艾奇逊（Dean Acheson）、威廉·罗杰斯（William Rogers）和赛勒斯·万斯（Cyrus Vance）是“超级律师”。作为最负盛名的纽约和华盛顿律师事务所的高级合作伙伴，这些“超级律师”代理的客户包括通用汽车公司、AT&T、杜邦公司（Du Pont）、哥伦比亚广播公司（CBS）和美国航空公司。他们不仅在法庭上为东家辩护，更重要的是经常与国会和联邦管理机构打交道。这种合伙和代理经历使他们获得从事政治所必需的才能。例如，约翰·杜勒斯曾经是著名的华尔街 Sullivan & Cromwell 律师事务所的合伙人，并且由于战争期间参与了各种国际会议而很快成为令人瞩目的国际著名律师。赛勒斯·万斯自 1947 年加盟 Simpson Thacher & Bartlett 律师事务所后，其律师生涯便与之结缘。多年来，万斯不仅在 IBM、泛美航空公司和纽约时报等大公司的董事会任职，还是纽约长老会医院的理事和洛克菲勒基金会董事会主席。1970～1972 年，他在一个委员会任职，参与调查纽约警察腐败案。1975～1976 年担任纽约市律师协会主席期间，他积极鼓动律师利用星期六为需要帮助的人义务提供法律咨询。

“超级律师”出身的赛勒斯·万斯（1917～2002 年）

显然，由于律师在美国政治与公民生活中长久以来的重要作用，律师职业已经成为踏入政坛并不断攀升的坚实台阶。伍德罗·威尔逊（Woodrow Wilson）总统曾一语道破天机：“我选择的职业是政治家，我学的专业是法律。我把法律作为专业是因为我相信它能帮我成为政治家。”（Connelly，1991：51）职业律师需要不断经历跌宕起伏、惊心动魄的场面，面对各行各业形形色色的人士，这对于未来的政治领袖的人力资本的提升非常重要。此外，美国政党没有社会阶层之分，政党与司法制度联系密切，这为律师们参与政治及走上仕途提供了有利条件。

另一组专业人士以大学教授为主。他们是“上得厅堂，下得厨房”的御用学者，经济顾问委员会主席尤其如此。除了几个特例外，这些经济学家出身的政治领袖最初都在美国名牌大学任教。他们在经济学教学与研究过程中密切关注国内外经济发展与政策动向，从而积累了对未来的政治生涯大有帮助的知识与才干。的确，学术研究能够提升研究者的人力资本，包括学识与能力，名望与地位。埃德温·诺斯（Edwin Nourse）、阿瑟·伯恩斯（Arthur Burns）、阿瑟·奥肯（Arthur Okun）与雷蒙德·绍尼尔（Raymond J. Saulnier）四位经济学家的职业生涯便是最好的诠释。

身为第一位经济顾问委员会主席的埃德温·诺斯出生于伊利诺斯州的一个小农场家庭，1906 年在康奈尔大学获得学士学位，1915 年在加州大学完成博士学位，先后在南达科他州大学、阿肯色州大学和艾奥瓦州学院担任经济系教授。在诺斯从事经济学研究期间，加利福尼亚的水果生产者交易所组织给他留下了深刻的印象。在那里，生产者组织联合成立地方协会，然后形成一系列的地区交易所，最后联合成一个中央交易所。根据这个组织的经验、教训，诺斯建立了自己的竞争制度理论。阿瑟·伯恩斯生于意大利，在担任经济顾问委员会主席之前，他曾在哥伦比亚大学进行了 20 年的学术研究。伯恩斯的研究专长为经济周期计量。他与美国经济学家、制度学派的代表人物韦斯利·米切尔（Wesley Mitchell）长期合作研究，他们的学术传统被美国国家经济研究局（NBER）经济周期年代测定委员会传承下来。阿瑟·奥肯是约翰逊总统的经济顾问委员会主席。在耶鲁大学 10 年的教学与研究生涯中，奥肯教授的学术成果数不胜数，这为他后来针对肯尼迪任职时期的减税政策提出著名的奥肯定理打下了重要基础。雷蒙德·绍尼尔（Raymond Saulnier）是艾森豪威尔总统第二任期的经济顾问委员会主席。此前，绍尼尔曾在哥伦比亚大学经济学系任教 40 年，期间撰写了大量著作，内容涉及抵押贷款、联储政策、生产信贷协会以及通货膨胀与信贷控制等方面。

作为学术成就的主要标志，研究成果能够进一步说明教授们的潜心研究为未来的政治生涯积累了必要的人力资本。浏览美国总统图书馆的藏书目录就会发现，学者出身的政治领袖们在教学研究生涯中大都著述颇丰，尤其是在政治经济、公共政策和法律制度等领域。特别值得一提的是 2001 年诺贝尔经济学奖得主约瑟夫·斯蒂格利茨。

斯蒂格利茨 1942 年生于美国印第安纳州，1960 年考入美国东部著名大学阿默斯特学院（Amherst College），毕业后进入麻省理工学院攻读博士学位，师从保罗·萨缪尔森，此后在剑桥大学从事研究工作。1969 年，年仅 26 岁的斯蒂格利茨被耶鲁大学聘为经济学教授。1979年，他获得了美国经济学会两年一度的约翰·贝茨·克拉克奖（John Bates Clark Medal），俗称小诺贝尔经济学奖，1988年，斯蒂格利茨被斯坦福大学聘为经济学教授。自1993年开始，他成为克林顿总统经济顾问委员会的主要成员，并从1995年6月起任该委员会主席。作为一位世界顶级经济学家，斯蒂格利茨为经济学的一个重要分支——信息经济学的创立作出了重大贡献。他倡导的一些前沿理论，如逆向选择和道德风险，已成为经济学家和政策制定者的标准工具。为此，2001年，他荣获了诺贝尔经济学奖。

约瑟夫·斯蒂格利茨（1942年～ ）

当然，学术造诣精深的教授不见得都能成为政治家。这些学者出身的美国政治领袖进行学术研究的同时都热衷于社会交往，尤其是与政府机构、社会团体以及商界联系密切，这对于他们建立政治领袖的“公众形象”和扩大社会影响很有必要。的确，14位教授出身的内阁部长几乎都在大学任教期间担任过行政管理职务，或附属于二级学术、政府或商务组织。美国第一位女性商务部长胡安塔·克莱普斯（Juanita Kreps）的经历就是很好的证明。

作为第一位担任商务部长的经济学家，克莱普斯曾在杜克大学任经济学教授，工作表现非常出色，并于1973年成为这所名校的副校长。克莱普斯并不是那种本分的学院派经济学家，而是与商界打成一片的社会活动家。她在20世纪70年代中期担任美国柯达公司、北卡罗莱纳国民银行、J.C.彭尼百货、雷诺兹实业公司和西部电力公司等著名大企业的董事，并担任过美国纽约证券交易所的总裁——她是任此职务的第一位女性。

胡安塔·克莱普斯（1921年～）

多年的学术生涯使那些具有政治抱负的知识分子，尤其是经济学家和政治学家在专业领域以及公共政策方面造诣精深，从而成为美国政府的得力智囊。同时，担任行政管理职务并积极参与政府机构及其他领域的工作增强了他们的“曝光率”以及对公共事务的责任感。简而言之，学术积累与社会交往是走上政坛的重要阶梯。美国的高校、律所、智库等机构成为那些向往政坛的专家学者的“候机室”。一旦时机成熟，他们便招之即出，一步登天。

■ 商界大本营

有人说，美国的“官场”又是“商场”，“官”与“商”拆了墙就是一家，可谓“白宫像地铁，投币就开门”这话不无道理。在202位政治领袖中，有104位来自商界，其中联储主席、商务部长和财政部长尤其如此。这些商界人士或一开始就投身于商海，或由白领职员或蓝领工人转为企业经营者。那么，商务领域是如何为商界精英通往华府开辟道路的呢？

在来自商界的政治领袖中，工业企业和金融服务业经营者占很大比例，这种身份对于他们进入政坛后的事业发展大有帮助。工业企业经营者集中于钢铁、石油和汽车等行业，例如，乔治·布什1953年与人合创扎帕塔石油公司，1956年创立扎帕塔沿海石油公司，1962年任董事长。经营金融服务业人士多为银行家，尤其是投资银行家，19位财政部长的情况尤其如此。不妨以罗纳德·里根执政期间的财政部长唐纳德·里甘（Donald Regan）（有趣的是，他们几乎同名）为例。20世纪70年代里甘担任美林（Merrill Lynch）公司董事会主席并兼任首席执行官，在公司大张旗鼓地推行多元化经营，业务范围扩展到保险、房地产和银行服务。在激发员工为公司的革新献计献策的过程中，里甘不断拓展自己作为领导者、决策者和管理者的才干与素质，从而能够驾轻就熟地出任里根政府的财政部长。在20世纪美国大企业长期唱主角的背景下，成功运行的工商企业与金融机构的经营管理者具备了“大政府”机制所要求的资历与能力。而他们任职于财政部、商务部、美联储及其他经济决策机构，出于工作职责经常与财政、金融市场打交道。

商界领导者的职责与作用不仅在于经营一个庞大的机构以及对金融市场进行运作，更重要的是，他们还往往兼任其他公司的董事。这从富兰克林·罗斯福到詹姆斯·卡特（James Carter）时期商务人士出身的商务部长的履历可见一斑。这些独立董事在政策制定委员会履职的过程中培养了领导艺术与作风，如在讨论重大问题时进行组织协调而不是压制不同意见。卡特之后几届政府的要员也基本如此。来自东北部的工商企业家马尔科姆·波多里奇（Malcolm

Baldrige）就是一个颇具代表性的例子。波多里奇曾经把经营不善的黄铜制品公司 Scovil 改造成为一个日益兴旺的大企业（1981 年已进入财富 500 强）。为了发挥更大作用，波多里奇曾在 AMF、Acarco、Bendix 和 Uniroyal，Inc. 等几家大公司的董事会任职。此外，他还在一些颇具影响的商会、会议组委会、美国国际商会以及三家重要的社会团体担任职务。波多里奇最终能够成为政治权力精英，主要是因为他对外联系广泛，从而具备了进入政坛的能力与素质。可以说，在商务领域，似乎商务人士经历越多，政治资本也随之增多。在这方面，商人兼学者和政治家的罗伯特·鲁宾做到了极致。他不仅在金融之都华尔街如鱼得水，在政治之都华盛顿也毫不逊色。在高盛 26 年的从业经历、在白宫和财政部的 6 年半政治生涯以及在世界最大金融机构花旗集团 6 年的辉煌历程，从一个侧面展现了这位具有俄罗斯和波兰血统的犹太人如何在强手如林的商场、官场及学术界大放异彩。

仕途进取全记录

“业务能力不行，就去当官吧”，这是美国人的一句玩笑话，其言外之意是“当官”不需要很强的专业能力，但必须懂得官场之道。美国政治领袖必须具备的管理能力与政治才干依职务性质而定。对于内阁级部长来说，行政管理能力尤其重要，因为美国联邦政府的行政部门结构复杂、人员众多，需要严密适时的组织协调。当然，这种能力可以通过相关经历不断积累，如驻外大使的工作对国务卿的执政能力大有帮助，而多年的银行业经验有利于财政部长胜任职务。政治领袖的政治才干或称官场之道，即官员们在政治环境中与各种人物打交道的能力，对于他们的事业成功非常重要。具体地说，内阁部长们必须善于说服与妥协，学会与利益集团周旋，并努力与国会搞好关系。因此，当被问到财政部长执政能力最重要的因素时，并非经济学或银行学科班出身的约翰·康纳利（John Connally）坦诚相告，他当然可以补“专业课”，但官场实际工作最需要的是“政治经济学”，而不是一般的“经济学”（Fenno，1959：75）。的确，曾任得克萨斯州州长的康纳利在多年的政治生涯中出生入死表现非凡，因而能够以一位政治干将的资历成为尼克松时期的财政部长。在布雷顿森林体系陷于崩溃的时候，康纳利说过一句“臭名昭著”的话：“我们的货币，你们的问题。”那是一次美国的公开“赖债”，其放弃了美元和黄金的固定汇率，等

1963 年 11 月 21 日，身为得克萨斯州州长的约翰·康纳利（前）及夫人陪同肯尼迪总统夫妇观光。第二天，肯尼迪总统在前往达拉斯途中不幸中弹身亡，同行的康纳利幸免于难

于凭空从全世界持有美元的人头上收了一笔通货膨胀税。

可见，对于政治领袖来说，行政管理能力很重要，政治才干更重要。政治领袖中有一少部分人最初在政府机关或公共部门，但他们仅仅是公务员而并非从政者；大部分人则是在私营部门或非盈利机构积累了一定的职业经验与专门能力后投身政坛。总体上，政治领袖开始政治生涯的平均年龄为 33.5 岁，而他们升至最高职位，即入主白宫或成为内阁级官员的平均年龄为 54.1 岁。尽管从政者享有华府的地利，但其仕途并非坦途。这些政治领袖平均服务于 3 个联邦政府机构，即白宫、国会和联邦行政部门，其工作职责包括组织专家共商国策、分析汇总不同意见、向总统呈交报告、向国会提出议案，等等。毫无疑问，多年的政府机关工作经历使他们在管理能力、政治才干与领袖特质方面大有长进。“路漫漫其修远兮，吾将上下而求索”，这是政治领袖们仕途进取的生动写照。

■ 在行政部门拓展

在白宫或其他联邦行政部门担任要职的过程中，政治领袖们大都经历了相关职位之间的平级调动。亚瑟·伯恩斯（Arthur Burns）和阿兰·格林斯潘均由经济顾问委员会主席变为联储主席；威廉·米勒（William Miller）由联储主席变为卡特总统的财政部长；查尔斯·舒尔茨（Charles Schultze）由约翰逊的预算与管理办公室主任变为卡特总统的经济顾问委员会主席。乔治·舒兹

(George Shultz）由预算与管理办公室主任变为尼克松总统的财政部长；保罗·沃尔克（Paul Volcker）和默里·威登堡（Murray Weidenbaum）均为尼克松时期的财政部要员，后来沃尔克摇身一变成为卡特时期的联储主席，威登堡就任里根政府的首位经济顾问委员会主席。这些联邦高官的平级调动是为了消除彼此之间的观念差异，从而增强他们的沟通协调能力。不妨把 20 世纪 12 位联储主席的经历与政绩一一道来。

作为美国联邦储备委员会第一任董事会主席，查尔斯·哈姆林（Charles Hamlin）在两年的任职期间展现了特有的组织能力与外交能力——这与他多年的联邦政府工作经历有关。在担任克利夫兰（Cleveland）总统的财政部长助理时，哈姆林在征税方面的工作颇有成效，其组织才能得以施展，因而被麦金利总统任命继续担任财政部长。在 1897～1913 年共和党执政的 16 年间，哈姆林始终热衷于公共事业，积极参与各种国际贸易与关税机构的工作。威尔逊总统上任后，哈姆林继续出任财政部长并继续表现非凡。从财政部长到财政部长，20 年峥嵘岁月，哈姆林的管理能力与政治才干均大有长进，因而成为威尔逊总统就任时联储主席的恰当人选。

哈姆林之后的六位联储主席的仕途稍有不同。威廉·哈丁（William P. G. Harding）在 1908 年担任阿拉巴马州立银行家协会主席期间提高了自己的业务才干与洞察能力。1913～1914 年担任伯明翰商会主席时，哈丁因年轻有为而声名鹊起，具备并显露出联储主席的潜质。丹尼尔·克利辛格（Daniel Crissinger）年轻时代就热心参与政治，曾在几个地方委员会任职，60 岁时成为通货监理官，并以出色的表现赢得普遍赞誉。他扩展了城市分支银行系统，并试图把更多州立银行纳入联邦银行系统。在就任联储主席之前的八年间，罗伊·杨（Roy Young）担任联邦储备明尼阿波利斯地区银行主席，在艰辛与动荡的环境下恪尽职守，并展现了对储备银行政策的驾驭能力。从威尔逊到罗斯福执政时期一直担任要职的尤金·梅耶（Eugene Meyer），在起草战争财政立法修正案的过程中发挥了重要作用，从而战争金融公司再次成为为美国对欧洲出口提供信贷的机构。自 1928 年担任联邦储备亚特兰大银行主席开始，尤金·布莱克（Eugene Black）一贯沉稳而积极地处理地区银行业务。他还善于向哈瓦那银行注入美元储备以稳定古巴市场的美元价格，从而赢得了国际声誉。1929 年大萧条之后，马里纳·埃克尔斯（Marriner Eccles）因发表了关于银行改革的讲话而受到普遍关注。作为负责货币与信贷事务的财政部长特别助理，埃克尔斯在政界建立了广泛的联系。

作为从杜鲁门到尼克松五位总统执政时期的联储主席，威廉·马丁（William Martin）在金融与银行业的威望可与美国联邦调查局的埃德加·胡佛（Edgar Hoover）相提并论，这是由于他担任纽约证券交易所主席、美国进出口银行行长以及财政部负责国际事务的部长助理时表现出色。就任联储主席时，马丁以善于妥协而闻名，但他决不放弃长期物价稳定的金融政策目标。与马丁的经历不同，亚瑟·伯恩斯（Arthur Burns）曾在担任经济委员会顾问的过程中拓展政治才干，并担任过国家经济研究院院长、美国经济顾问委员会主席、美国经济协会主席以及尼克松总统特别顾问等职。威廉·米勒（William Miller）也长期服务于公共部门，曾任美国产业薪金储蓄债券委员会主席、美国-苏联贸易与经济委员会主席，以及波兰-美国经济委员会主席等职。在进入联储委员会之前他担任联储波士顿银行主席，并以出色的表现赢得了广泛关注。

20世纪最后两位联储主席是蜚声国内外的显赫人物。早在1953～1969年，保罗·沃尔克已在财政部声名鹊起并飞黄腾达。总的来说，他对政策的影响恰到好处，一直主张以国际化的方式解决货币问题，并与许多国家的中央银行以及财政部长建立了密切的联系。1987年8月11日，时年61岁的阿兰·格林斯潘被里根总统任命为美联储主席，其后又被老布什、克林顿三次任命，因而成为这个职位上的“四朝元老”，并在美国历史上创造了一个纪录。在掌

1917年美国联邦储备委员会成员会晤

从里根上台到小布什执政，阿兰·格林斯潘一直掌控美联储，可谓四朝元老，笑傲江湖

控美联储之前，格林斯潘已经在政府部门工作多年。1974～1977年，他担任美国总统经济顾问委员会主席；20世纪80年代初担任总统社会安全改革全国委员会主席，这项改革使美国社会安全体系的融资方式有了安全保证。丰富的政府机关工作经历使这位面相老气、样子古怪的长者成为美国经济与货币政策的主要制定者与最高权威，俗称“金融沙皇”。

这13位美国联储主席大都是具有多年联邦政府工作经验的德高望重的经济学家或银行家。他们中6位曾在联邦储备系统任职，6位曾在一些联邦委员会与机构担任顾问职务，4位曾任财政部部长助理，3位曾任地方商会主席。这些未来的联储主席通常在地区银行经受锻炼之后被联邦行政部门或机构委以重任，主要负责货币、财政和经济事务，并有机会建立广泛的政治联系。他们的经历表明了在行政部门和机构之间流动对于美国政治领袖增长政治才干大有帮助。

议员的雄关漫道

政治雄心是美国最高官场的入场券，而参政议政的最高表现是当上议员。议员由各选区投票选出，他们大都是职业的“民意”代表、立法者和辩论家。在202位政治领袖中，担任过联邦或州议会议员的人士约占一半，而在总统和部长中比例更高。那么，在立法机构的工作经历对未来的政治领袖拓展管理能力与政治才干有何作用？回答这个问题须首先搞清美国国会是干什么的。就功能来说，国会并不是被戏称的“橡皮图章”，而是对公共政策影响力巨大的机构。美国宪法把预算审批权交给了国会，这就使得国会合理合法地成为最有权力的机构。显然，国会议员之所以有权，是因为他们掌握着政府财政拨款大权。美国参众两院分别下设几十个专业委员会，拥有对议案的预审权。此外，国会议员们是政府与非政府权力精英之间的重要桥梁；他们作为中间人疏通政府机关和美国社会的权贵阶层，并且把联邦行政部门的领袖人物与产业部门的代表联系起来。

担任参议员或众议员对于美国政治领袖，尤其是最高权势人物的仕途进取是非常难得的经历。难怪在被记者问到年纪轻轻就成为美国总统的感想时，约翰·肯尼迪理直气壮地说，在国会任职 14 年的经历使他的领导能力获得了很大提升，这在美国总统中是少有的。鉴于此，17 位总统中有 10 位[3]曾经担任过国会议员或州议会议员也就不足为怪了。那么，议员们从这一政治色彩浓厚的经历中学到了什么本事？10 位总统中的第一位沃伦·哈丁在华府担任参议员的 6 年间，建树良多、收获丰厚。他曾经提出 132 项议案，其中包括军人退休金制度、鼓励西班牙文双语教育、接济贫民等议案。1916 年，在共和党全国代表大会中，哈丁发表演说，呼吁美国政府要加强国防和激励民众的爱国情操，从而大幅提升了个人威望。哈丁还经常与其他参议员打高尔夫球、看比赛、玩桥牌，在人际交往中学会了处事温和，八面玲珑，遇到可能得罪人的议案就故意缺席。这 10 位总统中在国会议员任期最长的当属从国会众议员一直做到少数党领袖的杰拉尔德·福特。1949～1973 年，福特任众议员 23 年。他

1958 年，约翰·肯尼迪在国会山 362 室自己的参议员办公室

杰拉尔德·福特作为国会众议院少数党领袖向尼克松总统汇报工作

当选后第三年，进入众议院拨款委员会，他是国防拨款委员会中的重要成员。他将他的哲学描写为“在内政上宽容，在外政上国际主义，在财政上保守”。对于在国会山的经历，福特曾如此回忆：

> 到国会不久，一位资深议员教导我说，作为众议员，我有两项工作可选。一是坐在办公室用大部分时间答复选举人的问题并为所在地区服务；二是花些时间在众议院议员席上听取辩论，了解国会议事程序并结识其他议员。我不能两者兼顾。既然有下属处理选举人提交的问题，我便把时间用在听取辩论上。于是我认识了尼克松。(Connelly，1991：138)

于是，福特在这个高端政治舞台上一路平步青云。1963 年共和党将他选为众议院的少数党领袖。在此期间林登·约翰逊指命他为研究约翰·肯尼迪总统被刺案的沃伦委员会的成员。作为少数党领袖，他与著名的伊利诺斯州参议员埃弗里特·德克森（Everett Dirksen）一起召开了一系列非常著名的记者招待会来宣传共和党的政策。许多媒介人士戏称这些记者招待会为“埃弗和杰利演出”(Connelly，1991：138)。在众议院任职 10 年的经历使杰拉尔德·福特不仅在立法程序方面获得了足够的实战训练，而且在政治才干与政党关系方面大有收获，从而树立了自己在两党中的威望。

更值得一提的是林登·约翰逊在参众两院任职多年的经历。作为一个不折不扣的政治掮客，约翰逊掌握了国会的游戏规则。他善于和任何可以结识的人结交并结盟，因此，许多国会议员都欠他的情。他也非常熟悉国会机构程序，这对于他在国内事务方面的成功，尤其是推行伟大社会计划的成功大有帮助。

约翰逊在国会是促成政治妥协的高手

福特与沃伦委员会其他成员向约翰逊总统提交约翰·肯尼迪总统被刺案调查报告

对此，历史学家路易斯·科宁（Louis W. Koening）曾直言不讳地说，“约翰逊是以执著不懈的、咄咄逼人的说服力促成政治妥协的高手”（Beschloss，2003：419）。依靠这种一对一“各个击破”的交往技巧，这位得克萨斯州的“牛仔”顺风顺水、步步为营，最终问鼎白宫。

国会议员的经历是入主白宫的政治砝码，也是登上其他高职显位的重要阶梯。最能说明问题的是农业部长：他们中的八位有担任市、州和联邦议员的经历。当然，在众议院特别委员会任职对行政能力与政治才干也大有帮助。20世纪最后一位农业部长就是很好的例子。在担任美国众议院议员的18年间，丹尼尔·格利克曼（Daniel Glickman）作为农业委员会的成员在工作中积累了很多经验，尤其是在1977年、1978年、1981年和1990年参与通过农场法案的期间。尽管格利克曼专长于农业事务，他也担任过众议院特别情报委员会（Permanent Select Committee on Intelligence）主席，负责调查阿尔德里奇·阿麦斯（Aldrich Ames）间谍案，从而积累了特别的政治经验。

总的来说，美国政治领袖曾经在市、州和联邦政府担任各种公共部门的职务，尽管他们服务的机构数量上相差较多，但不容置疑的是，他们在达到政坛高层时大都积累了很多经验。通过在联邦政府行政机构间调动或在国会任职积累经验，这些从政者都在从政能力到政治才干方面大有长进，为当选总统或进入内阁打下重要基础，同时他们也培养了领导人的风范，赢得了公众的认可。

第六章

解读美国精英塑造机制

一所大学不是数目的简单累积，也不是靠金钱可以催熟的东西。美国的大学在成立之初就绝不是外国体制的翻版，也不会是一株温室植物，它在美国的社会与政治环境中自然、缓慢地成长起来，并体现着受过良好教育的社会各阶层所共有的目标和雄心壮志。

——查尔斯·艾略特，哈佛大学第一任校长

当欧洲人在不断完善其科学研究以达到最高境界之时，美国人正把有用的知识应用到日常工作中：制造农机、发明电灯、修筑铁路等。

——阿瑟·康普顿，美国物理学家

人活着不只需要面包。我亲眼看见有些百万富翁因缺乏人文精神的滋养而面临人性的饥饿；相反，有些所谓的穷人却在精神上十分富有，远非百万富翁所及。

——安德鲁·卡内基，美国慈善家

人才的成长，犹如树木成材，需要特定的“土壤”和“气候”。十年树木，百年树人。美国顶尖人才的成才是一个复杂的系统工程，是个人因素与社会因素长期作用的结果，是美国精英塑造机制的杰作。无论是科学家、企业家或政治家，其人生梦想的实现都离不开美国精英塑造机制。

大师们的足迹

人生如烟，岁月如歌。作为蕴涵在人身上的知识、技能及特质，人力资本主要通过教育、培训、迁移、干中学等途径获得。大师们的串串足迹，使广阔大地熠熠生辉，照亮行者的漫漫征途。让我们循着美国科技泰斗、商界巨子和政治领袖的成长之路，感受家庭、学校、社会如何浓缩了他们的人生精华及其深远的启示意义。

家庭影响

虽然从本杰明·弗兰克林的时代起，立足于反贵族传统的美国价值观一直激励人们坚信：不管出身如何，任何人只要努力奋斗都可以在美国这个没有等级的自由市场秩序中出人头地。但就顶尖人才的成才而言，富贵阶层的优势虽然不是绝对的，却是明显的。从科技泰斗、商界巨子和政治领袖的父亲职业看，商界人士和专业人士为主体，这表明他们大都来自社会中上层或上层。优越的家庭背景对这些未来大师的有益影响体现在三个方面。

首先，家庭的社会经济状况通常在很大程度上决定他们上什么样的学校接受正规教育。中高产阶级利用其经济资源为子女提供更好的正规教育与课外教育机会，从而使他们获得更胜一筹的能力与素质。对于出身富贵阶层的顶尖人才来说，从小到大接受的正规教育使他们在许多方面与众不同。例如，在特殊的私立学校或精英大学里接受教育并且成为知名的兄弟会或女子联谊会的成员，有助于他们具备高人一筹的才能，从而为事业生涯赢得竞争优势。此外，家庭财力为大部分顶尖人才的成长创造了更多增长才干、开发潜能的机会，从各种培训班，到高级夏令营、海外学术旅行，不一而足。于是，创造力、想象力、领导才能、人文价值、艺术品位等综合性素质，成为他们人力资本的一部分。可以说，从学校教育到课外教育，出身优越的顶尖人才处处占先。

其次，中高产阶级通过言传身教为培养下一代社会精英奠定了人力资本的绝对优势。家庭背景的影响往往伴随人们一生一世，但在儿童少年时期最为深刻。孩子小的时候会刻意通过模仿博得父母的认可，如支持同一个棒球队，上同一所棒球学校或进入同一个行业，从而产生“有其父必有其子”的结果。同时，父母的启蒙教育与早期训练对子女的人力资本开发至关重要。因此，大部分顶尖人才的父亲的职业性质与社会地位决定了家庭环境的潜移默化能力。父母有意识的培养大大有助于子女创造性思维、商业头脑与公益热情的早期形成。毋庸置疑，根深蒂固的家庭影响成为顶尖人才事业生涯的重要基础。他们中“子承父业”者大有人在也就顺理成章了。

最后，顶尖人才自儿时起就普遍感受到父母注重其独立意识与个人价值观的培养，这对他们的事业生涯大有裨益。的确，出身豪门的企业领袖并非理所当然地等待继承家族企业，而是从小拓展自己的能力与素质以胜任将来各种机会。一期《福布斯》的封面上，事业有成的父亲正将装满铁锯、扳手、锤子的工具箱交给他的小女儿，孩子举起双手接过木箱——这是典型的美国式继承。在圣经的思想体系下，父母的最大期望是如何按自己的价值观念来塑造子女，教育的重心是如何成为一个全面的人。不管富裕到什么程度，而且越是富有越要按照传统的美国价值观与行为标准教育子女。圣经要求人人勤劳工作，自食其力。因此，美国传统文化认为，如果过分地娇惯孩子，父辈们靠汗水积累下来的财富不久便会付诸东流。由于父母严格恪守这一原则，这些顶尖人才大都很早就打工赚零花钱，高中毕业便学会独立生活，上大学时以半工半读为荣。对个人价值的认同也是美国文化的重要内容。作为美国家庭教育的经典特征，尊重孩子的个性并为其营造发展空间，对顶尖人才的塑造尤为重要。的确，只有爱好才会变得精通，因为只有由于爱好而掌握的知识，才能成为支撑一个人一生的智慧和技术。

总之，尽管有崔琦、萨姆·沃顿、比尔·克林顿等出身贫寒的有志之士靠个人奋斗而成就辉煌、声名鹊起，但他们“从卑微到显赫”的经历并不具有普遍性。家庭影响与美国顶尖人才的事业成功大有关联，这主要在于社会上中层或上层家庭背景为他们中的大部分人提供了向上升迁的阶梯。出身好的人一切都有较高的起点。良好的教育、父辈的人脉资源，这些都为其日后的成功奠定了基础。出身贫寒的芸芸众生只能靠自己的努力向上流动，但美国社会给下中层和下层人民留有空间，从卑微到显赫的美国梦奇迹时有发生。

迁移流动

“人往高处走”这句俗语蕴涵着一个劳动经济学观点：迁移有助于移居者提升人力资本。作为移民心中理想的圆梦之地，美国汇集了世界各地的众多优秀人才。相对于国外出生者占美国总人口的比例，顶尖人才中外来移民的比例总体上高出一筹，但三个群体之间差异很大。

科技泰斗中外来者比例偏高反映了长期以来美国对移民科学家的严重依赖，也表明20世纪美国移民政策对各国科技人才普遍欢迎、来者不拒的态度。这些不同时期移居美国的外来科学家大都已在自己的国家积累了一定的人力资本。尽管他们普遍受到异国文化冲击与不公待遇的困扰，但总体上美国的社会环境对于潜心从事科学研究是非常适宜的。这些移民科学家在美国科学领域找到了自己的归宿，从而可以大显身手并创造奇迹，尤其在原子科学、电子和计算机等方面。

外来商界巨子的比例与美国人口中移民的比例相近，而且他们的出生地分布在五大洲，这体现了美国社会对商海弄潮儿普遍接受的态度。美国商界相对宽松的准入要求激励了大批新移民自主创业，他们中大胆创立企业并成功管理企业的业主型企业家占3/4。外来商界巨子中的“职业经理人”在大型工商企业一步一步升至最高职位，或由于在其他企业的非凡表现被聘为总裁，尽管他们在教育背景方面并不突出。可以说，移民身份并未阻碍外来商界巨子的事业发展与社会流动，相反，热衷于商业冒险的美国文化为有志之士大胆创业并追求成功提供了广阔天地。

政治领袖中外来者的比例远远低于移民占美国总人口的比例，这表明移民身份对于努力争取在政治领域出人头地的人士来说是一个不利因素，尽管美国社会崇尚民主与平等。9位在国外出生的政治领袖均来自欧洲，其中一半为犹太人，一位是天主教徒，一位是女性。如果说犹太人凭借优越的高等教育背景步步高升，那么其他人只能靠“政治正确”的运气得到提拔。值得深思的是，美国宪法关于总统资格的规定使众多具有远大政治抱负的外来移民无法入主白宫，同时盎格鲁·撒克逊白人新教徒意识形态长期主导着美国政治高层的坐席。

总体上，美国顶尖人才中的外来者大都在他们事业发展的最好年华移居美国，这意味着在此之前他们的正规教育与培养费用是由原籍国家承担的。对于美国来说，如此唾手可得的人力资本无疑是一笔“横财”。而移民身份对这些优秀人才的事业发展与向上流动的不同影响，则主要源于美国文化价值观、美国主流社会的意识形态与战略方面的考虑。但不可否认，美国社会对某些少数族裔的歧视与偏见由来已久且积重难返。

高等教育

在美国，正规教育对向上流动的重要性被普遍认同，因此，各行各业的高职位统统由高学历者占据。美国顶尖人才中上过大学的占 90%，大学毕业的占 80%。具体地说，科技泰斗和政治领袖全都上过大学，20%以上的商界巨子和一半以上的政治领袖具有硕士学位，近 1/4 的政治领袖与几乎所有的科技泰斗具有博士学历。第一次世界大战以前，一些美国本土出生的科技泰斗曾到欧洲求学并取得更高学位，但两次世界大战之间，美国的大学开始“独立自主”，并成为学子们继续深造的首选，而且，毕业于一流院校的顶尖人才占大多数。可见，美国一流大学在培养顶尖人才方面发挥了举足轻重的作用。

对于普遍具有高学历的顶尖人才来说，当初的专业选择对后来的事业生涯大有影响。在大学本科阶段，三个精英群体的主修专业差异很大，但大体上分为四类，即人文、行为科学、商业管理和自然科学，其中科技泰斗集中于自然科学，商界巨子和政治领袖各有专业偏好。在研究生阶段，顶尖人才总体上集中于几个专业方向，但三个群体具体情况各异。特别值得一提的是，“名师出高徒”现象在诺贝尔奖得主中非常突出。美国大学的 MBA 和企业家教育课程为美国工商企业培养了大批优秀的职业经理人和自主创业者。简而言之，美国高等院校在培养顶尖人才的专业性人力资本培养方面发挥了重要作用。美国高等院校把具有不同专业背景的优秀人才输送到各自领域继续成才。

从军经历

自美国建立以来，大大小小的战争对美国人的生活产生了深刻影响。成千上万的美国人曾经在战场上冲锋陷阵，甚至为国捐躯。服兵役被视为积累人力资本的一种途径，是因为它能培养勇敢、刚毅、顽强等意志品质。虽然美国兵役制度通常给予富家子弟和高学历者免除兵役的特权，但美国顶尖人才，尤其是政治领袖和商界巨子中很多人曾在军队服役，其中不乏具有良好家庭背景和教育背景的人士。就参军动机来说，一方面，他们受到美国公民精忠报国的光荣传统与国父们表率作用的激励；另一方面，他们希望通过军队这所大学校锻炼意志品质、积累学识、技能与经验，并获得教育及其他方面的优先待遇。特别值得一提的是，政治领袖中有从军经历者比例偏高，这表明相当一部分人希望通过战火的洗礼为未来的政治生涯锻炼意志品质并积累政治资本。不论是出于爱国情怀还是现实目的，服役几年对于这些顶尖人才的成才大有裨益。美国军队为那些勇敢坚强的有志之士提供了训练场。作为一种严酷的训练，军旅生涯对于通用型与专业性人力资本的积累都很重要。

工作实践

无论从事哪个行业，没有什么人能够随随便便取得成功。美国顶尖人才在事业进取中大大增长了学识与才干，但三个精英群体的成功之路各有各的风景。

科技泰斗们的事业生涯比较稳定，他们大都在高等院校或科研院所潜心研究、孜孜以求。虽然只要完成规定的教学与科研任务就能获得教授之类的最高职称，但科技泰斗们的事业追求与工作成就远不止于此。从初出茅庐到成就卓著，这些关键少数人才从事科学研究的心路历程大体相同。首先，他们在事业起步阶段就崭露头角，所发表的论文在数量和质量上都令学界同龄人望尘莫及。其次，他们都为自己一生中爱好与事业合二为一而欢欣鼓舞，因而提升了对科学研究的动力性人力资本。最后，他们大大得益于一流科研机构与团队的环境氛围。

商界巨子的事业生涯体现了美国企业家精神的影响力。不论是以家族继承人、自主创业者还是职业经理人的身份成为成功企业的掌门人，他们都在事业生涯中不断拓展经营。从第一代传统企业家，到大公司职业经理人，再到硅谷新生代知本家，不同历史时期的商界巨子的事业生涯各具特点，但传统的美国企业家精神是他们不断拼搏的恒久动力。

政治领袖的职业经历分为非政府部门与政府部门两大类别。非政府部门的职业集中于专业技术领域，而学术界和法律界的经历为具有政治抱负的专业人士提供了仕途进取的阳关大道。一方面，以经济学家和政治学家为主的学界人士经过多年的潜心研究获得专业性人力资本的巨大提升，并始终站在公共政策研究的前沿，从而成为国家经济决策智囊的得力人选。另一方面，由于法律与美国政治的密切关系，律师行业为政治领袖们进入政坛提供了非常有利的条件。在政府部门的事业生涯中，政治领袖们大都经历了不同行政机构之间的岗位流动或平级调动，而且他们中有相当一部分人曾经在国会任职多年。在官场不断积累经验并增长才干，政治领袖们或平步青云或艰辛坎坷，但都能最终成为美国政坛的核心人物。

社会交往

社会交往也是积累人力资本的一个途径，而且应当受到足够的重视。美国顶尖人才都在各自的领域积极互动，并从广泛的交往中获益匪浅。

科学领域的社会交往大大有助于事业发展。在研究生阶段，未来的科技泰斗通过与导师接触，与同学交流把自己融入一种特有的学术氛围，从而获得人力资本的巨大提升。鉴于此，并不是导师个人，而是导师建立的团队与营造的环境氛围，培养学生成才。在事业生涯中，未来的科技泰斗大都通过与同事合作研究取得了丰硕成果，而这种社会交往随着科学技术的不断进步而越发普遍。参与各种科学机构与团体的工作使科学家有更多机会进行学术交流并在学识与能力方面得到提升。此外，美国的科研体制重在“竞争”，要上一个项目必须得到拨款方的支持。负责这个项目的首席科学家，公关能力是非常重要的。

商务领域的特点决定了社会交往对商界巨子的事业发展非常有利。在开放与自由的社会中，人与人之间，个人、机构和政府之间的社会交往，使未来的商界领袖获得了成功的必要条件。企业领袖的人际交往能力对于搞好企业的生产经营工作，加强企业与各方面的联系，扩大影响，提高企业的经济效益都有着不可估量的作用。领导者的社交是多方面的，其领域也是多层次的，包括政治上的需求，经济上的来往，生活上的娱乐等。企业家们在广阔的社会活动领域中合理运用经营上的各种谋略或手段，在潜移默化、生动活泼、丰富多彩的社会活动中，宣传企业的产品和企业，在各方面的人士中赢得良好的信誉感，真正树立起领导者本人的形象。美国商界巨子十分注重社会交往，从而带来很高收益。他们通常在不同公司兼任董事，从而大大有助于疏通关系、获取内部信息以及建立互助同盟。硅谷创业者的经历也证明，社会交往越来越成为企业家人力资本的重要组成部分。

社会交往对政治领袖的事业发展更有帮助。虽然美国人推崇靠自己的努力获得成功，但如果家族富甲一方，那么进入政界的筹码就高出别人许多。在美国社会中，个人的社会关系网络早在中学时代就已经开始建立起来。上私立学校期间，出自同一家庭背景以及他们共同接受的教育已经让他们结下了“神圣同盟”。许多人由于优越的家庭背景继承了有利的社会关系。许多政治领袖在国会和白宫结交了一些支持者，从而获得更好的发展机会。那些民选政治家最大的本事，不是功课好、学历高，而是善于社会交往，能够“笼络人心”。

归结起来，20世纪美国顶尖人才的成才途径体现出六大特点。其一，“美国梦”的实现与家庭背景大有关联。科技泰斗、商界巨子与政治领袖的成长大大得益于家庭条件优越与父母教育有方。其二，外来顶尖人才通过移居美国获得人力资本与个人价值的提升。其三，高等教育为顶尖人才的事业生涯打下重要基础。他们绝大多数受过高等教育，且大都毕业于美国一流大学，从而获得了稳固的立业之本。其四，服兵役作为一种特殊的培训对顶尖人才的成长大有裨益。其五，在事业生涯中不断进取对顶尖人才增长才干大有帮助。其六，虽然不同领域的顶尖人才交往对象不同，但他们都通过交流、协作等互动方式增长了知识，开阔了眼界、疏通了人脉，从而大大有助于事业发展。

孕育大师的土壤

串起大师的足迹，不禁令我们顿悟：大师之所以成为大师，固然在于天生潜质、家庭影响、后天努力等个人因素，但同样重要的是塑造精英的社会机制与文化氛围。的确，20世纪美国顶尖人才的成才主要得益于五大制度性因素——高等教育制度、科研体制、引才机制、兵役制度以及文化环境，下文将一一呈现。

高等教育制度

如果说到如今美国的吸引力与感召力何在，能够与好莱坞大片、计算机技术、NBA赛事相提并论的便是美国的大学及其蕴涵的美妙人生。根据上海交通大学2004年对世界各国大学的排名，在前20所大学中，美国占17所；在前50所大学中，美国占35所。美国的高等教育在院校规模、硬件设施、师资水平、研究成果、学科范围、课程数量等诸多方面，都是无与伦比的。进入20世纪，尤其是第二次世界大战之后，受过高等教育的美国人口比例越来越大，令其他国家望尘莫及：大约1/3的大学适龄人群具有学士学位，其中1/3的人士继续深造以获得更高学位。在自然科学及其他领域，美国的研究型大学堪称全球最大的学术成果原产地与优秀人才的制造厂。目前美国的大学汇集了70%的诺贝尔奖获得者；全球大约30%的科学与工程类论文出自美国高校。毫无疑问，美国的高等教育在世界上首屈一指，令学子神往，为万众瞩目。那么，这一近乎完美的制度是如何在短暂的历史进程中发育成熟并越发特色卓然的呢？

■ 有心插柳，绿树成荫

美国的高等教育发轫于殖民地时期。1636年，来自英国的年轻牧师约翰·哈佛（John Harvard）创建了美国第一所高等院校——哈佛学院（Harvard College），当时只有1名教师和12名学生。哈佛学院的诞生开创了美国高等教育的先河，因而美国的高等教育史长于其自身历史100多年，“先

建于1636年的哈佛学院到1720年已非常壮观

有哈佛，后有美国”的说法随之而来。

继哈佛学院之后，威廉-玛丽学院与耶鲁学院分别于1693年和1701年成立。1715～1745年，这三所老牌学院共培养了大约1400名毕业生。到1776年美国独立时，全国已有9所高校，几乎所有的主要教派和城镇都建立了各自的学院。这些学院均为由教会创办的私立学府，因而宗教色彩浓厚，1/3的毕业生成为牧师，2/3成为医生、律师、教师、商人、农场主等。1800年，美国已有20多所大学，但都只招收男生。1807年，教育家埃玛·哈特·维拉德（Emma Hart Willard）女士在佛蒙特州的米德尔伯创办了第一所女子专科学校，1821年又在纽约的特洛伊创办了美国第一所女子学院——特洛伊女子学院（Troy Female Academy）。为适应工业化社会的需求，美国高等院校开始增设自然科学专业和院系。1845年，纽约州联合学院开设了土木工程学系，1847年哈佛大学创办了劳伦斯科学学院，同年耶鲁大学创办了应用化学和工程学系，1852年达特茅斯大学和布朗大学分别设立了钱德勒科学学院和实践科学系。到内战前后，全国的高等学府增加到260所（杨会军，2007：460）。

内战以前，高等教育一直被认为是私人、教会、慈善机构和各州的事业，联邦政府既不干预也不资助。1862年，林肯总统签署了《莫里尔法》，因而各州共获得1300多万英亩的公共土地，先后建立了包括加利福尼亚大学、伊利诺伊大学等在内的69所赠地州立大学。1892年，国会又通过第二个《莫里尔法》，批准联邦政府向所有的赠地大学提供年度资助。到1926年，赠地大学在校学生增至40万。《莫里尔法》对美国高等教育产生过深远影响。它敦促政府建立高等学府并从物质上支持其成长，也培育了一种农业教育、研究和传播的机制。此外，它有助于把高等教育机会带给遭受种族隔离的黑人，并使工人农民、普通百姓也上得起大学。

随着美国大企业的兴起，企业家和富商慷慨捐赠高等教育蔚然成风。1867年，美国商人乔治·皮博迪（George Peabody）捐赠200万美元建立教育基金。1868年，电报巨子伊兹拉·康奈尔（Ezra Cornell）出资创办了康奈尔大学。1875年，铁路大王科尼利厄斯·范德比尔特（Cornelius Vanderbilt）创办了范德比尔特大学。1876年，巴尔的摩大银行家约翰·霍普金斯（Johns Hopkins）创办了约翰·霍普金斯大学。1885年，铁路巨头利兰·斯坦福（Leland Stanford）创办了斯坦福大学。1891年，石油大王洛克菲勒创办了芝加哥大学。

1869年，从德国学成归来的35岁的化学家查尔斯·艾略特（Charles Eliot）出任哈佛大学校长。他率先在哈佛实行选修课制度，使高等教育更加适应工业化社会的实际需要。1871～1872年，耶鲁大学和哈佛大学先后从欧洲引进了研究生制度，建立了研究生院。约翰·霍普金斯大学将办学宗旨定为主要培养研究生。1900年1月，14所美国顶尖大学的校长齐聚芝加哥大学召开会议，成立了美国大学协会（AAU），以统一美国大学授予研究生学位的更高标准。这些杰出的教育家曾在欧洲的大学接受研究生教育，因而迫切希望把欧洲的新型学术体系移植到美国，以阻止大批美国优秀人才留学欧洲，同时吸引他们在美国本土继续深造。至此，美国已有150所大学建立了研究生院，其中1/3的高校开设了博士生课程，在读研究生总数达6000多人（杨会军，2007：460～464）。

19世纪末，美国高等教育开始出现两年制的初级学院（Junior College）。第二次世界大战以后，高等教育在美国开始大众化和普及化。1944年国会通过了著名的《美国士兵权利法案》，因而众多退伍军人获得接受高等教育的机会。第二次世界大战之后，两年制的初级学院和社区学院（community college）异军突起，极大地扩展了美国高等教育的招生规模。

经过300多年的发展，美国的高等教育已经由一株纤纤小苗长成参天大树，在世界上规模最大、实力最强、水平最高。到了2000年，各种颁授学位的美国高等教育机构已达4000多所，大大小小的院校百花齐放，各领风骚。

《美国士兵权利法案》使大学招生人数猛增，图为1947年哈佛大学的新生报到现场

特别值得称道的是，一批实力雄厚、长盛不衰的名牌大学，历经沧桑构成美国社会的一个重要支柱，对顶尖人才的培养发挥了不可或缺的作用。

■ 教育理念：成功的秘诀

美国的高等教育虽然发展历程短暂，却创造了世界瞩目的奇迹，其成功的秘诀是什么？答案在于美国人特有的教育理念，即教育立国、有限政府、政府支持、自由竞争、实用主义与普及教育。

重视教育是美国的精神遗产之一。早在17世纪，来自欧洲的第一、第二代移民的教育程度比较高，每40～50家就有一名大学毕业生，多数毕业于牛津或剑桥，他们自然以普及教育为己任。基于此，重视教育成为美国立国思想的一部分。开国元勋们把普及知识与民主制度相联系的言论不胜枚举。托马斯·杰弗逊曾在1816年指出："在一个文明国家，若指望在无知中得到自由，过去从未有过，将来也决办不到。"在杰弗逊的推动下，由弗吉尼亚州带头，东北各州首先通过各种激进的教育立法，包括拨地、拨款、设立基金、训练师资等。杰弗逊希望通过高等教育培养起有别于欧洲贵族阶级的新型精英以担当领导新世界的重任。此外，不断西进的拓荒者来到不毛之地后，生怕自己和所在的社区"野蛮化"，因而迫不及待地建立大学，如今已经有10所分校的加州大学就是基于这种想法兴旺发达起来的（资中筠，2001）。

美国是一个联邦制国家，教育行政制度采取地方分权制，即教育行政的最高权力属于各州，联邦政府的作用十分有限。没有全国性的国立大学是美国的一个独特之处。美国教育部直到1979年才成立，目的是保证美国公民获得平等的教育机会，并推进美国的优质教育。美国的高等教育没有国家最高标准和统一的模式，也无法贯彻政府的教育思想。而即使是州政府，也无权过问州立大学以外的高校。不同于欧洲许多国家，美国联邦政府与各州政府的教育管理部门都从未把教师当作公职人员。有限政府与言论自由这一杰弗逊式的理想在美国早已深入人心，因此各州政府、宗教团体和贤明之士纷纷建立高等教育机构，并努力保护这些机构免于政府的控制与干预。因此，这样既保持了校园学术思想的自由，又维持了学术建树的延续性。1930年，两个拥有亿万资产的兄妹，力邀美国著名教育家亚伯拉罕·弗莱克斯纳（Abraham Flexner），帮助建立一个新的科学研究所。在弗莱克斯纳的建议下，普林斯顿高等研究院于1933年成立，汇集了爱因斯坦、梵布仑、哥德尔等诸多学科的大师。在普林斯顿高等研究院，没有计划，没有任务，研究什么，怎样研究，一切听任学者们自己的想法，研究所只负责向各位学者提供足够的经费。总之，分权制度为美国高等院校带来财富、活力与声望。各个大学努力争取私人捐赠基金的支持，并拥有自主的办学方针和办学特色（李建钟，2003）。

美国高等教育的领先地位还归功于政府的支持。有限政府并不意味着主管部门对教育不闻不问。事实上，联邦政府始终不失时机地推动高等教育蓬勃发展，一系列相关法案与计划便是很好的证明。1862 年的《莫里尔法》，使各州获得大量的赠地，从而建立起 69 所州立学院，专门提供农业和机械方面的教育。1890 年的《莫里尔法》促使一大批面向黑人的政府赠地学院建立了起来。第二次世界大战后通过的《退役军人权利法案》把众多退伍军人送进大学课堂。1947 年，杜鲁门政府的高等教育委员会提出高等教育应该“促使并鼓励每一个公民，不论男女老少，最大限度地获得正式或非正式教育”。随着苏联成功发射“斯普特尼克”卫星以及国内民权运动的高涨，“向贫穷宣战”计划使高等教育机会延伸到更多群体，如生活贫困者、少数族裔和妇女。1983 年里根政府题为《国家在危险中，教育改革势在必行》的报告带来了一场全国教育改革。1989 年，老布什政府与 50 位州长一致贯彻《全国教育目标》，推进美国教育改革。在这一目标的激励下，克林顿政府促成了《目标 2000 年：教育美国法案》。此外，联邦政府一直为高等院校投入巨额资金，主要用于基础工程、科技和研究生教育。美国对每个学生的平均教育投资是经济合作与发展组织（OECD）成员国平均水平的两倍以上。

自主管理当然离不开市场竞争，对资本主义与效率的信念是影响美国高等教育的一大因素。美国人认为高等教育须通过市场竞争而不是中央计划实现高质量、多样化的目标。自由竞争是美国大学不断进步的驱动力。各个大学在生源、师资、资金等方面相互比拼。教授竞争国家研究课题经费，学生竞争助学金或奖学金。这意味着功成名就的学校也不能安于现状，而默默无闻的学校总有机会创造辉煌。斯坦福大学当初不过是一所名不见经传的“乡村大学”，而到了 1985 年却在全美大学排行榜上名列第一。纽约大学曾是一所财力不足又无名气的走读学校，而今已成为一所拥有雄厚资金、广受学子青睐的知名学府，宛如一棵枝繁叶茂的梧桐树不断吸引“金凤凰”竞相筑巢。总之，美国的大学率先进入高度的市场化，从而形成一种公平与择优录取原则有效结合，常青藤名校和社区学院多元共存以及人才培养可持续性的模式（The Economist，2005）。

美国高等院校的教育目标讲求实际、注重实效。早期的美国教育继承欧洲的传统，大学课程设置以精英教育为目的，重视经典的基础知识和广义的人文教育。后来的教育工作者们一反传统，绝不仅仅把大学看成是脱离现实的象牙塔，而是培养对社会有用的人的场所。自20世纪初美国教育制度基本定型以后，实用主义一直是主色调。大学的通才教育逐渐让位于专才教育，学业分科也越来越专，使得文、史、哲在市场竞争中被推到边缘。大学的实用性主要是针对广义的经济建设，高等院校乐于承担国家、社会和企业的研究项目（资中筠，2001）。伯兰特·罗素（Bertrand Russell）在威斯康星大学期间对教授们实用主义作风深有体会并有感而发，“如果哪个农民种的萝卜出了问题，他们也会派个教授过去用科学方法调查清楚”。这种教育应该“带来红利”的理念成为美国学术文化的一个显著特点（The Economist，2005）。美国人开创了把学术界与产业界有机结合的艺术。正如美国物理学家阿瑟·康普顿（Arthur Compton）在20世纪早期所评价的那样：“当欧洲人在不断完善其科学研究以达到最高境界之时，我们（美国人）正把有用的知识应用到日常工作中：制造农机、发明电灯、修筑铁路等。”在美国，搞科研不仅是几个研究人员在实验室里的孤军奋战，社会各界都在各尽所能推动科技发展（Zunz，1998：55）。第二次世界大战以后，美国的高校与产业界更加紧密结合。大学与工业界联合建立了上百个“大学与社会联合体”，如合作研究中心、工程研究中心、科学园区、科技开发区、多学科研究中心等。90年代，在“斯坦福大学与硅谷”模式的带动下，约1300所美国高校与5万个以上大中型企业推行合作教育计划。时至今日，这种合作的规模日益扩大，形式也更加多样化。此外，以哈佛大学为代表的美国高校商学院轰轰烈烈的MBA教育也体现了务实主义精神。

对机会平等和社会流动性的信念也是影响美国高等教育的重要因素。在美国历史上，高等院校一度遵循精英教育模式培养人才，因而大部分人由于性别、宗教、种族、民族以及社会阶层等因素与象牙塔无缘。从19世纪末，美国办大学的观念与欧洲大相径庭，如果说欧洲的传统原则是“宁缺毋滥”，美国则是“有胜于无”（资中筠，2001）。到了20世纪，随着经济的迅速发展与社会的深刻变革，高等教育成为广大劳动者进入中产阶级的阶梯。美国人渐渐意识到：美国要真正成为“充满机遇的地方”，就必须让更多的人进入大学接受教育，因而美国的大学向所有的人敞开了大门。整个20世纪，社区学院作为一种独特的美国式教育机构遍地开花，保证了不同年龄、收入与文化程度的人都能接受高等教育。高等教育的普及有利于社会稳定。按照美国研究学者资中筠先生的说法，一个人经过几年大学教育，视野总要开阔一些，眼光会远大一些，修养会更高一些（资中筠，2001）。

可见，美国高等教育制度的建立在借鉴欧洲模式的同时把创造性、竞争性和公开性恰到好处地融入其中，从而形成了自己的特色，这些特色使美国拥有世界一流的高等教育，并造就出一大批世界级顶尖人才。

■ 慈善基金机制

根据美国教育资助委员会的报告，美国用于高等教育的每10美元之中就有近1美元来自慈善捐赠。的确，美国的大学，尤其是精英大学，可谓富可敌国。这体现了在美国社会蔚然成风的慈善捐赠机制对高等教育的贡献。

美国的慈善捐赠行为主要源于宗教信仰的影响，慈善捐赠成为人们的自愿行为，继而成为大力提倡的社会文化传统。随着第一批移民漂洋过海来到北美新大陆，欧洲的慈善捐赠传统开始在新的社会环境生根发芽。同时，由于地理距离遥远，英国王室对殖民地的管辖鞭长莫及，各殖民地实际处于一种自我管理的状态。当教育的发展被视为社会的责任，人们对大学慷慨解囊就是情理之中的事了。殖民地时期各个大学都利用与英国富商存在的千丝万缕的关系进行募捐活动。殖民地第一所学院——哈佛学院获得了约翰·哈佛（John Harvard）捐款和图书，而伦敦富商埃里胡·耶鲁（Elihu Yale）的慷慨捐赠使耶鲁大学以其名字命名。依靠私人慈善捐赠，一批服务于殖民地的学院先后建立，并为将来的进一步发展奠定了坚实的基础。

尽管慈善捐赠受到社会文化因素的影响，但捐助者的个人动机、价值观念和特定的目的才是其提供捐赠的主要原因。19世纪美国出现了一个以企业家、金融资本家和实业家为主的新兴精英阶级。那些靠个人奋斗发家致富的实业家希望自己的捐助为年轻人提供接受高等教育的机会。这在卡内基的经典文章《财富的福音》可见一斑。卡内基认为，上帝给了他赚钱的能力，他就有责任在满足个人需要之外，为劳苦兄弟谋福利，在巨富中死去是一种耻辱。富豪们普遍认为他们的成功得益于社会，因而希望通过捐赠获得一种满足感，使财富能发挥大的作用。更多的实业家希望对新学科、新专业的资助改变高等院校的守旧传统，使高等教育更好地为社会服务。而一些通过原始资本积累而发迹的工商业巨头将大量财产捐献给高等教育以求获得良心上的解脱。

由于实业家劳伦斯（Abbott Lawrence）的捐赠，哈佛大学设立了动物学和地质学教授席位；实业家约瑟夫·谢菲尔德（Joseph Sheffield）向耶鲁的科学学院提供了巨额捐赠用于基建、设备购置以及设立教授席位；费城制造商约瑟夫·沃顿（Joseph Wharton）向宾夕法尼亚大学提供大量捐赠从而设立了沃顿商学院；这些捐赠拓展了美国高等教育的范围，使学生获得了适应美国工商业发展的实用技能。新兴的实业家还提供大量捐赠建立新的院校，如麻省理工学院、卡内基理工学院、康奈尔大学等。实业家的慈善捐赠成为高等教育向世俗和实用方向发展的动力，从而产生了广泛的经济、技术和社会影响。

一些校友提供捐赠通常是出于对母校的感激或获取个人荣耀。他们通常以建筑为主要捐赠对象，包括学生的生活设施、体育中心和实验室等。1890 年，一部分耶鲁大学毕业生成立了校友基金会，1913 年，校友秘书协会成立，1925 年校友组织协会（Association of Alumni Organization）成立，这些分散的机构于 1927 年合并成立了美国校友理事会（American Alumni Council)。第一次世界大战后校友基金和特殊的募捐运动已成为资金募集的一个重要组成部分。第二次世界大战后各种有组织的校友捐赠在高校资金来源中越来越重要，这与毕业生比较高的收入有关，同时也与捐赠的税收优惠政策有关。

随着慈善捐赠的数量越来越大，慈善基金会应运而生。就教育捐赠来说，基金会的关注内容多种多样，有提高也有普及。例如，卡内基基金会在全美捐赠了 2000 多个图书馆。因此，在美国随处可见免费的公众图书馆，这对普及教育起了很大作用。在众多的慈善基金会中，洛克菲勒基金会、卡内基基金会和福特基金会对高等教育的资助最为突出。

个人和团体向高等院校提供大量的慈善资助既是基于自愿，也是政府政策激励的结果。联邦和州政府为了鼓励企业、慈善机构和个人资助高等教育，制定了专门的税收法律。法律规定，凡是向非营利机构（主要是教会和高等学校）捐赠基金、款项、设备和不动产等的机构和个人都可享受一定比例的所得税优惠，这样就大大促进了非政府机构和个人资助高等教育的热情。

总之，校友、慈善家、各种捐赠会、基金会以及其他组织不断地向大学及其他机构慷慨捐助，并逐渐成为一种传统，深深植入美国人的思想观念之中。同时，大学在捐赠基金的保值、升值以及分配使用上都有一套完整、规范的政策制度。因为有了慈善捐赠的不断滋养，美国高等教育这棵参天大树才枝繁叶茂，正如一句诗所形容的：问渠哪得清如许，为有源头活水来。

科技制度

孟德斯鸠（Baron de Montesquieu）曾经指出，纵观科学的历史，使科学超凡入圣的是体系。20 世纪美国科学技术的世界领先地位，大大归功于美国特有的科学研究机制。这一机制依托于两大支柱：一个是由企业、研究型大学与科研院所、政府机构及基金会组成的科研体系，另一个是有利于科技发展的公共政策。

■ 科研体系

当工业革命在美国悄然兴起之时，各有专攻的发明者和科学家通常以完全不同的方式追求大致相同的目标。随着社会化大生产的深入，19 世纪后半叶美国产业机构的变化与及科技进步使他们很难互不相干、彼此回避。科学与工业必须联合的理念，对美国学术发展及工业生产起到了决定性作用。19 世纪末，美国已建立了一个庞大的科研机构体系（institutional matrix of inquiry），不同领域与机构的研究人员因而走到一起并通力合作。同时，教育工作者们可以利用企业提供的丰厚资助进行教学研究，并为美国高等教育制定能够反映工业国家切实需求的发展规划。政府和企业对科学研究的大力资助促使新的机构不断涌现，从而推动了美国式科研体系的发展（Zunz，1998：4～9）。

作为高等院校、工业实验室与农业试验站三种机构的结合体，美国式科研体系首先得益于美国高校研究生院的设立。19 世纪中叶，美国大学的科研与教育水平相对落后，大多数学校只能授予学士学位。当时美国的年青学者到欧洲，尤其是德国获得博士学位，学成回国后按德国大学模式对美国高等教育进行改革，从而为美国大学争得从事科学研究和培养高级科研人才的权利。1876 年，美国第一所以科研和培养研究生为主的现代研究型大学——约翰·霍普金斯大学成立。随后，哈佛大学、耶鲁大学、哥伦比亚大学、芝加哥大学以及威斯康星大学也纷纷设立了研究生院。美国在“镀金时代”计划建立一个遍布各州的商业网络，这些面目一新的美国大学使得科学知识的专业化大大扩展。

1870～1900 年，全国建立了 245 个职业协会，这表明学术通才的权威在减弱，相互依存的各个专业出现冲突；教授、科学家和工程师也开始“一心多属”(Zunz，1998：4～9)。

工业实验室制度的建立是美国科技体制化的另一个重要成因。从 19 世纪 70 年代起，电信、电力和化学药剂等产业部门的工业实验发展很快，工业实验室应运而生。1876 年，爱迪生在门罗公园（Menlo Park）率先建立了应用研究和开发实验室，开创了工业研究的新时代。因此，有人说爱迪生最重要的发明并不是电灯、印刷机、留声机、蓄电池、电影等实物，而是他的发明工厂。那里汇集了大批数学家、物理学家、化学家和各类高级技术工人，他们以集体研究协作的方式，打造出爱迪生的科技神话（中央电视台《大国崛起》节目组，2006：159)。随着美国工商企业的兴盛，工业实验室成为吸纳不同领域科学家的重要机构，并不断壮大。杜邦公司和 AT&T 公司分别在 1902 年与 1907 年建立了同样的实验室。1921 年，矿业、石油、机械、农产品等行业已经建立起 526 个工业实验室。到了 1956 年，美国 4060 家公司共有 4834 个实验室。科学家受雇于企业，但不直接生产工业产品，而是在企业的实验室中进行科学研究。因此，科学家的社会角色有了更丰富的内涵，从而推动了美国科学体制化的最终实现（Zunz，1998：9，10)。

联邦政府出资兴建的农业试验站是美国科研体系的第三个重要组成部分。1875 年，康涅狄格州建立了第一个农业试验站。1887 年《哈奇法案》(Hatch Act）的通过使州立农业试验站都能够获得联邦资金，这些资金以赠地学院的方式提供。原来这些学院无法将最好的学生留在农场，而这一举措激发了活力与生机。到了 1903 年，全国共有 60 个由联邦政府出资建立的实验站，雇用了大批人员，其中许多人具有博士学位（Zunz，1998：12，13)。

美国的科研体系一经建立便蓬勃发展起来。这一科研体系使研究人员越来越依赖于彼此交流，并建立了科学研究与工农业之间的良好互动，而这种关系又深刻地影响着他们对自己以及对世界的认知。随着美国科研体系不断扩展，频繁的学术交流进一步推动了一些传统院校向综合性科研院校转变，扩大了农业院校的规模，并促使一大批新型研究机构应运而生。最终，工程技术把商业文化、科学及专业化融合在一起。传统思想或许认为，大学、政府及企业为了科学研究而建立合作关系，使美国的学术研究走向庸俗化。实际上，这一科研体系作为一种创新之举，为美国在 20 世纪的崛起提供了有力保障（Zunz，1998：14）。

20 世纪上半叶，美国人不断开拓新的市场并调动国家资源以准备两次世界大战，美国式的科研体系得以发展壮大。第二次世界大战结束至 70 年代末的 35 年中，美国为发展国防力量，建立了前所未有的国防与空间技术研究开发基础，为以后转向民用和国际商业技术的竞争打下了坚实和强大的基础。时至今日，美国的大学大都从政府、企业和其他渠道获得雄厚的资助，积极进行创造性的科学研究。尤其是那些研究型大学，既是当代科学家活动的舞台，又是未来科学家的摇篮，并成为世界学术研究的中心。

■ 科技政策

20 世纪美国科学技术水平保持世界领先地位，固然在于美国人对科学和技术的重视和善用，但更重要的原因是美国政府有一套适时调整的正确有效的科技政策。

早在建国之初，美国宪法便明文规定，“国会有权通过保障作者和发明者对其作品和发现在一定的时间内的专有权，来促进科学和有用艺术的进步”，从此制定了美国最早的科技政策，同时也规定了联邦政府支持科技的责任。如果说宪法使发明权神圣不可侵犯，那么 1790 年《美国专利法》的颁布则使发明权真正转化为鼓励发明创新的动力。专利制度确保发明创新与经济利益直接挂钩，从而为美国的科技进步提供了巨大的推动力。这正如 19 世纪 30 年代德国经济学家弗里德里希·李斯特（Friedrich List）在比较英美两国时所言：“……美国一点也不留恋旧方式，美国人一听到‘发明’两个字就会竖起耳朵。”的确，爱迪生在门罗公园发明工厂的启动基金，就是他第一次转让专利权所得，以后的每一项发明都为下一项发明提供了资金。1836 年，美国专利商标局（USPTO）成立，它的大门上赫然印着林肯总统的名言：“专利制度就是将利益的燃料添加到天才之火上。”（中央电视台《大国崛起》节目组，2006：156～159）

1836 年成立的美国专利商标局

1876 年托马斯·爱迪生在新泽西州门罗公园建立了自己的发明实验中心，这里汇集了许多优秀人才

1915 年，国会成立了国家航空顾问委员会，以促进航空技术的发展。在该委员会的推动下，政府和工业界合作进行航空技术的研究开发，因而当时美国的飞机制造业与外国竞争者同步发展。到 1941 年美国卷入第二次世界大战时，其技术储备和工业基础达到年产几万架战机的程度。20 世纪 30 年代初，美国开始重视利用科技来解决国家经济问题。

1941 年，卷入第二次世界大战的美国人意识到需要依靠科技力量获得战争优势。因此，联邦政府大力支持原子物理学的研究和开发，并于 1942 年启动了“曼哈顿工程”。原子弹的研制成功及其在广岛的投放，使盟军取得了决定性的胜利，从而展现了科技能够改变世界命运的力量。此外，美国还围绕武器的生产，大力发展制造技术。第二次世界大战期间，“大科学的先驱”万尼瓦尔·布什（Vannevar Bush）创建并领导了美国科技研究发展局（OSRD）；第二次世界大战后他主笔的报告《科学——无尽的前沿》是美国科技政策的风向标，至今仍然具有影响力。

万尼瓦尔·布什（1890～1974 年）

布什的这份报告起因于第二次世界大战时期的罗斯福总统。罗斯福认为，战争时期能够集中和调动全国的科技资源，利用现有的科学知识来解决战争中的技术问题。这一团结合作的经验，以及战时开发出的信息、技术和研究经验也应当用于和平时期，以改善国民健康状况和生活标

准，开创新的事业，增加就业。为此，布什于 1945 年 7 月 5 日组织撰写了一篇题为《科学——无尽的边疆》的报告。该报告有三个要点：①国家的健康、经济和军事安全需要新的科学知识；②联邦政府有责任保证基础科学的进步和培养科学人才；③需要建立一个新的联邦机构——国家研究基金会，以促进科学知识、基础科学和人才培养。该报告立即引起极大反响，受到各界赞赏。经过几年辩论，国家科学基金会（NSF）终于在 1950 年成立了，其主要使命是促进基础科学的研究与教育。国家科学基金会成立以来，在促进基础科学研究中起到了十分重要的促进作用（黄宏，1999）。

冷战初期，美国政府一方面大力支持基础科学研究，另一方面加强国防技术开发，同时增强联邦政府机构的科技管理职能。1945～1957 年，联邦政府对国防技术大规模地投入，国防研发开支占整个联邦研发经费的 80%～90%。这不仅为美国的军事力量装备了世界上最先进的武器，也带来了若干年后国防技术在民航、材料、计算机和通信等民用领域的广泛应用。

1957 年苏联成功发射世界上第一颗人造地球卫星后，空间技术的竞争成为美国科学技术政策的一个重要使命。1958 年，国会通过了国家航空航天法，联邦政府成立了国家航空航天局（NASA），以加强美国航空航天科技的领先地位。整个 20 世纪 60 年代，在肯尼迪总统的登月计划的鼓舞下，联邦政府在资金、人力和工业资源等方面慷慨投入。1969 年，美国终于实现了人类登月的伟大壮举，同时在航天、卫星通信、计算机等许多领域取得了巨大进步。

20 世纪 70 年代，美国基础科学研究的重点开始转向服务于社会。值得特

美国国家航空航天局

别一提的是，能源与环境问题引起了政府的高度重视。1974 年，联邦政府成立了能源研究发展局（1977 年升格为能源部），以加强石油、煤炭、太阳能、风能、地热和核能等领域的研究。70 年代中期，国会开始通过立法来加强科技政策制定话语权，通过其预算办公室和技术评估局检查和平衡白宫的权利。70 年代后期，美国的竞争力受到其他发达国家尤其是日本的挑战，导致出口下降，技术产品的市场份额缩小，因此，美国政府开始调整科技政策。

1980～1988 年，美国政府颁布了 9 部科技法规以及减税和扩大贸易的法规，从而大大改善了商业环境并促进了企业的技术研发。整个 20 世纪 80 年代，联邦政府持续增加对研究开发的投资力度，其中国防研发经费增幅最大。这一时期的科技政策措施可归纳为：调整政策、增加投资、拓展市场、加强管理。新政策强调对政府研究成果进一步扩散和进行商业开发，加强商业技术开发，建立联邦、州和地方各级政府与企业之间的伙伴关系以进行共同开发（黄宏，1999）。

随着冷战的结束，美国政府对其科技政策和研究开发结构进行了较大调整。一方面，国防开支迅速下降。另一方面，技术创新不断加速，产品开发周期越来越短。在这种情况下，美国加大对民用工业技术的支持，同时把国防和民用工业基地整合起来，从而既能满足国防要求，又能参与全球市场的商业竞争。

1993 年克林顿就任总统后，更加依靠科技促进经济增长。联邦政府采取了一系列新举措，大力推行政府、企业和大学之间的伙伴关系，减少国防研发开支以保证民用工业研发经费。随着经济全球化的发展，美国政府积极鼓励一些大型跨国公司到发展中国家办企业或设立研究机构。美国与多个国家和地区签署了科技合作协议，如与日本、欧洲和俄罗斯共建国际空间站等，利用各自的资源优势合作攻关、共享成果。此外，克林顿总统还提出了信息高速公路计划，从而带动了美国及全球信息时代的蓬勃发展。

归结起来，美国最早的科技政策被先贤们直接写进宪法，足见美国人对科学和技术的重视。从 1787 年宪法颁布至 1941 年，美国科技政策的重点是保护专利、发展农业技术、建设基础设施、加强教育和制订标准。第二次世界大战是美国科学研究与开发的一个分水岭。战前松散的自由式科技研究，已经让位于政府统筹计划下的有组织研究。美国政府已经把科技政策的制定看作政府整体政策方针的重要组成部分。而布什的报告就是美国战后几十年科学政策的指导性文件。第二次世界大战结束至20世纪70年代末，联邦政府科技政策以促进国防、空间、能源、环境、医学和基础科学为主。此后，美国成为一个在科学知识和高技术方面均占统治地位的国家，一个世界科技强国和经济强国。

引才机制

劳动经济学的一个基本结论是，当预期收益大于流动所需要的心理成本和货币成本时，人才流动就会发生。人才流动的过程是个人价值进一步实现和不断升值的过程。如果一个国家能够持久、稳定地保持对个人价值的尊重，并促进其实现和升值，人才汇集机制就会形成。毋庸置疑，没有任何一个国家像美国那样对地球人有如此巨大而持久的吸引力。

■ 美国移民政策纵览

从拓荒殖民岁月到知识经济时代，外来移民与美国社会发展息息相关，移民政策因而成为美国人才机制的一个重要层面。

自第一个英属殖民地在詹姆斯顿建立，移民先驱从欧洲带来的民主火种便在北美新大陆燃烧开来。殖民地人所崇尚的自我奋斗、民主自由的思想，构成美国立国思想的基础。美利坚合众国初建时，急需引进大量移民开发资源、开拓土地、创造财富，为美国经济建设发挥重要作用。开国元勋们的态度大体一致。例如，乔治·华盛顿总统希望移民带上资本和劳动力开发美国为之提供的土地，更鼓励有技术、有专长的移民为美国的发展发挥更大作用。托马斯·杰弗逊希望从欧洲获得有才干的专家学者来美国当教授以及能教给美国人知识的“有用的工匠”。显然，美国确立了鼓励外来移民的立国思想，充分反映了刚刚摆脱英国统治的殖民地人追求自由平等，建设美好家园的梦想。无须讳言，当时一些政治领导人对外来移民对美国的社会影响与政治作用存有戒心。1790年美国通过第一个《归化法》即反映了对移民的疑虑[1]。

1815～1882年，是美国移民史上的自由开放时期。美国联邦政府对外来移民基本上采取来者不拒、放任自流的态度。由于这一时期的外来移民主要来自西欧和西北欧国家，美国的外来移民政策是一种针对“自己人”的政策，因而比较开放。更重要的是，美国处在经济发展的关键时期，外来移民提供的劳动力资源与技术对美国的工业化进程作用重大。此外，南北战争刺激了美国对劳动力的巨大需求，而战后北方的复兴与南方的重建更需要外来移民参与。从工业化初期颁布《低价统舱客轮法》引进欧洲熟练工人，1862年的《宅地法》吸引移民开发西部，1863年的《鼓励移民法》解决劳动力短缺问题，到1868年由于经济萧条废除《鼓励移民法》，均体现了美国经济利益的需要。虽然由于一己私利与宗教偏见滋生的排外主义情绪形成了限制移民的社会逆流，但未能迫使联邦政府颁布实质性的法律，这表明自由移民时期美国的移民政策中，经济动因占据主导地位。也可以说，民主自由思想的深入人心与国家经济利益的共同作用捍卫了鼓励移民的美国立国思想。

1882～1929年是美国移民政策发生显著变化的时期，对移民进行限制与选择成为贯穿始终的主题。以《1882年排华法案》为开端的限制亚洲移民的一系列法规表明，随着西部开发与工业化建设的结束，美国依赖外来劳动力促进经济发展的动因大大削弱。同时外来移民的大量涌入以及由此带来的人口结构的变化加剧了土生美国人的排外心理，这为种族主义的膨胀提供了机会，从而导致限制移民的法规变本加厉。《文化测验法案》等针对东南欧国家移民的政策充分暴露了美国种族主义者的丑恶心态。随着大批移民的涌入，美国最终在20世纪20年代形成了移民限额制度，确定了限制入境移民人数和选择民族来源的原则。不论是质量限制还是数量限制，都是建立在种族主义，特别是盎格鲁·撒克逊种族优越论的基础上的。至此，美国鼓励移民的立国思想遭到了严重的侵害（付美榕，2003）。

《1882年排华法案》生效后，华工在旧金山入美时受到海关严格检查

即使是在这些限制和排斥外来移民的移民法的框架之中，美国政府依然对美国所需要的人敞开大门。20世纪20年代移民限额法的共同特点就是明确了美国欢迎的对象。它规定美国所需要的专业知识人士，包括艺术

家、工程师、医生、律师、学者、宗教人士以及演员等，在入境时不受移民限额的限制。它还规定了“优先限额移民”的原则，特别鼓励那些精于农业耕作并愿意以务农为生的移民入境，从而缓解第一次世界大战之后美国农业技术人员匮乏的问题。这些立法表明，美国政府始终注意到利用移民政策吸引外国人才、为美国社会发展服务的重要性。

1929～1965 年这段时期可截然分为大萧条、第二次世界大战与冷战三个阶段，国际政治局势的变化对美国移民政策的动因产生了重大影响。从大萧条到第二次世界大战前夕，美国政府致力于国内恢复调整，所以美国移民法没有什么变更。第二次世界大战期间，美国的移民限额制度开始松动，对日本人、亚洲人、犹太人态度的转变反映了美国政治利益的需要。第二次世界大战结束后，美国希望利用所取得的优势地位构建“美国世纪”，实现“美国治下的和平”。为了争霸世界，美国需要动用一切可以动用的资源。因此，美国放松了限制和选择移民的标准，所制定的一系列“爱憎分明”的移民法规，政治目的昭然若揭（付美榕，2003）。

第二次世界大战以后，美国政府和许多大学实施了一系列引才计划。如 1946 年美国实施“富布赖特计划”，通过提供奖学金接受各国学生及学者赴美学习，既培养亲美“精英”，又吸引优秀人才。在冷战的背景下，对人才的需求是美国移民政策变化的一个重要动因。第一个吸引外来移民的重要法律就是《1952 年移民法》。该法规定，全部移民限额中的 50％用于美国急需的、受过高等教育的、有突出才能的各类技术人员。20 世纪 60 年代，美国政府先后推出《共同教育和文化交流》与《国际教育法》，扩大与外国交换留学生的计划。鉴于美国社会、经济和文化的变化，美国国会修订了《1952 年移民法》，其结果是《1965 年移民法》（戴超武，2009）。

约翰逊总统签署《1965 年移民法》

《1965 年移民法》对外国人才的优先考虑，构成了该法最大的特点。在吸引国外技术人才的条款上，该法把受过高等教育、具有突出才能的移民以及美国急需的熟练与非熟练劳工列入限额移民的优先制中，在很大程度上导致移民的来源发生结构性的变化，同时移民素质普遍提高。因此，这一时期来自亚洲的移民中，专业技术人员、管理人员和具有大学学位者占很大比例（付美榕，2003）。

《1965 年移民法》体现的开放性政策精神一直延续到 20 世纪八九十年代。1986 年，里根总统指出："外来移民为其他工人增加了就业机会并提高了生活水平，为他们自己和整个国家都带来了经济上的益处。"对此，继任的布什总统也是"英雄所见略同"。1990 年 11 月布什总统签署了《家庭团聚与就业机会移民法》，该法案几乎涵盖美国所需人才的方方面面，为希望移居美国的技术人员打开了方便之门。因此，90 年代出现了 19 世纪末以来最大的新移民潮，其中一大批来自发展中国家。此外，美国推出了鼓励专业技术人员赴美短期工作的《H1B 签证法》，以解决迅速发展的美国信息产业与科技人才短缺的矛盾。1990 年《H1B 签证法》规定申请者至少具有 4 年大学本科学历，每年配额为 65 000 人。这一政策不仅吸引了高级打工者，而且使外来人才成为美国高科技产业主要的创业者和经营者。1998 年，国会通过了《H1B 签证修正案》，将限额提高到 115 000 人，涉及科学、艺术、教育、企业、体育等领域，大有把天下人才一网打尽之势（付美榕，2003）。

综上所述，基于政治与经济两个根本动因，美国确立了鼓励移民的立国思想。此后的美国移民历史经过了自由开放、限制与选择、放松限制、全面改革几个时期，各个时期的政策措施与当时的政治、经济、文化背景密切相关。美国历史的每一步重大发展都和涌入美国的移民浪潮息息相关。形形色色的民族和人种，受到经济、政治和宗教力量的驱使，源源不断地汇集在这片新大陆，把美国变成永久的家园。

美国移民政策的实质

建国 220 多年来，美国的移民潮一浪高过一浪。他们中有勤苦劳作的普通劳工，也有享誉世界的精英人士。尽管美国十分骄傲地宣称自己是世界各民族的大熔炉以及各国政治、经济难民的庇护所，但实际上，美国的移民政策是选择性和限制性的，对移民的接纳始终遵循"按需引进，为我所用"的原则。

在美国经济发展过程中形成了一种传统观念：移民是廉价劳动力的主要来源之一，因而美国必须依赖外来移民从事生产和服务行业中那些最低级但必不可少的工作。同时，美国对技术熟练工人与各类优秀人才更是求贤若渴。自由开放时期，美国大张旗鼓地吸引外来人力资源。大批移民不仅提供了宝贵的劳动力，而且带来了资本主义的生产方式与先进技术，从而促进了美国工业化发展与经济建设。在严厉限制与选择时期，美国移民法规对有技术专长的移民实行优先原则。如苛刻的排华法案对华人学者、商人和各种专业人员则不予限制。在第二次世界大战前夕的严峻形势下接纳大批科技精英则充分表明了美国对优秀人才的重视。从限制松动时期美国颁布的一些政治色彩浓厚的难民法条款中可以看出，美国接纳难民的一个重要考虑因素是难民本身所具有的利用价值。通过安置难民，美国轻而易举地获得了大批的人才，并利用他们的智慧、技术和资本来推动美国的发展。全面改革时期，美国的移民政策兼顾政治与经济动因，最大限度地引进所需要的人才，对科技人才更是敞开大门，他们中诺贝尔奖得主大有人在。显然，外国培养了有潜能的人才，美国把他们争取过来，进行“后道工序”的“深加工”，使美国的经济发展与科技现代化不断输入新鲜血液，以保持旺盛的活力。这既节省了近乎天文数字的教育经费，又轻松地得到了国外人才的智慧、知识和技术。世界各国人才在美国安居乐业、创造财富、贡献智慧，因而美国的国力大增并日益强盛（付美榕，2003）。

毫无疑问，多年来美国的移民政策是非常成功的，尤其是在招贤纳才方面，这展现了一个成熟的人才汇集机制的特点。首先，美国吸引世界优秀人才的政策，从根本上是一种法律行为，它是为美国的国家利益服务的。美国移民法经历了第二次世界大战后三次重大的变化，其重点和目的越来越明确，那就是最大限度地引进美国需要的各类人才，为美国的强大繁荣准备强大的智力资源，20 世纪 90 年代中期以来美国社会围绕移民政策改革所进行的辩论，也突出体现了这种趋向，这表明了美国对当今世界范围内人才争夺形势的清醒认识和战略眼光。其次，为了更好地实施吸引人才的法律，美国政府还出台了一些配套措施。这些措施既是对美国移民政策的补充，也充分体现了对人才的重视（戴超武，2009）。

经过几个时期的演变，美国的移民政策已形成比较完整的法律体系。尽管美国立国思想中民主、自由、平等的政治主张仍有一定的社会基础，但不足以成为美国移民政策的贯穿始终的动因。尽管美国对外来移民的文化和技术素质的要求越来越高，政策上的标准和宽严程度也会发生变化，但是有一点不会改变，那就是美国把不需要的人士会毫不留情地拒于国门之外，而对所需要的人才，特别是那些在经济、科技、国防和文化等方面涉及美国重大国家利益的人才，则通过各种政策法规和措施大力引进。简而言之，吸引和鼓励世界各地的优秀人才移居美国，是美国移民政策的永恒主题。在自由女神像下刻着一首诗："都给我吧，把那些疲惫的人，穷困的人，渴望呼吸自由的人，无家可归的人，都送到这里来。我在金门之侧高举明灯迎接。"实际上，美国人把这些激动人心的诗句演绎成"把那些腰缠万贯的，上过大学的，幸运的人们交给我吧"（中央电视台《大国崛起》栏目组，2006：181）。

军事制度

由松散的民兵组织成长为当今世界最强大的武装力量，美国的军队是根据国家军事战略需求并顺应美国社会、经济和政治的潮流发展起来的，其短暂的历史分为殖民地时期（1607～1775年）、大陆扩张时期（1775～1898年）及海外征战时期（1898年～）。无论战争时期还是和平年代，美国军队为众多有志之士提供了一种报效国家的方式，一个磨炼意志的阵地，一所专业齐全的学校。

■ 兵役制度的演变

200多年来，美国根据国家安全需要适时调整军队规模，战时扩军，战后裁军，经历了几起几落，不同时期采用过民兵制、单一募兵制、单一征兵制、征募混合制和全志愿兵役制。

美国早期的常备军规模不大，主要由志愿兵组成。1792年5月国会通过《基本民兵法》要求年龄在18～25岁的所有美国男性白人公民就地登记，自备武装弹药，听从国会用于本土的军事派遣。南北战争期间，政府通过"贿赂"式征兵未能奏效便转而实施义务兵役制，从而导致民众不满并引发暴动。此后，北方修改了征兵法案，赋予公民因政治、宗教和种族因素拒绝服兵役的权利。美西战争期间，美国国会曾试图恢复义务兵役制，却未能付诸实施。第一次世界大战期间，由于人民普遍反战，军队无法扩编到额定的规模，威尔逊政府说服国会于1917年5月通过了《选征兵役法》（Selective Service Act），美国开始实行普遍的义务兵役制。第一次世界大战结束后，1920 年，国会通过了《国防法》，正式实施自愿兵役制度。1940 年，国会又通过一项法案，规定21～35 岁的成年男子必须到当地征兵部门进行登记，此后通过全国抽签方式决定谁服兵役。越南战争期间，拒绝服兵役的人数急剧增加，因此政府决定逐步建立完全自愿基础上的职业化军队。从 1973 年至今，美国实行的是志愿兵役制度。美国军队进入劳动力市场，与其他雇主争夺人力资源。

现行的志愿兵役制度既强调爱国主义，强调为国家、社会、制度和美国价值观效力，又通过较高的工资津贴、优厚的福利待遇、充足的职业发展和高校深造机会来吸引社会上的优秀人才加入军队，献身国防事业。在全志愿兵役制度下，军队与个人之间构成雇用与被雇用的关系。美国虽然实行的是全志愿兵役制，但役龄公民必须依法进行兵役登记，这是公民的义务。美军兵役分成现役和后备役。现役士兵包括新招募的志愿兵和选留超期服役的士兵。美军军官属联邦政府公职官员，主要来源于五大军事学院，候补军官学校和军官培训学校，以及后备军官训练团。特别值得一提的是美国预备役军官训练团（ROTC）。

第二次世界大战期间，10 多万预备军官训练队的毕业生作为陆军与海军军官奔赴前线，打败了德国和日本的优秀职业军人。艾森豪威尔、尼米兹、马歇尔等高级将领高度评价后备军官训练队的表现（魏宗雷，2005：65，66），从 1946 年开始，预备役军官训练团在许多大学校园重现。目前美国有 3000 多所公立学校引入初级预备役军官训练团计划，国防部每年要从各州挑选 50 万名青少年进行训练。这些学校从军队聘请教官，向训练团学员灌输尚武精神，从而培养更多具备军人作风的高素质人才（魏宗雷，2005：65，66）。

美国弗吉尼亚大学预备役军官团训练营

西点军校

纵观美国征兵制度，战争动员规模越大，兵役负担的分配越公平，但富人与特权阶层往往有办法逃避服役。第一次世界大战时期美国的征兵政策就允许富人及特权阶层免服兵役，而当时美国作战部队中，非洲裔美国人、移民以及教育程度较低的人比例偏高。第二次世界大战与朝鲜战争期间，美国军队在兵源上呈现出社会阶层同质性，即非常富有与非常贫困的人群比例都很小。越南战争时期的参军人数只占婴儿潮一代的很小一部分，但也为特权阶层提供了逃避兵役或免上战场的途径，例如，加入国民警卫队，申请成为“有良知的反战者”（conscientious objector status），或者因教育、职业或健康原因延期服役（Segal，2004）。

除了战争时期，在美国历史的大部分时间里，只有不到1%的美国人在军队服役。美国现役军人的比例为总人口的2%左右。在军队服役的美国公民可以享受一定的福利待遇，这是国家与社会对履行军人义务的勇士们表示认可与敬意的一种方式。例如，第二次世界大战结束后，《退役军人权利法案》使成千上万的退伍军人进入大学接受教育，从而获得立业之本。而对于许多人来说，美国军队是一所大学校。军职部门包括新闻宣传、步兵训练、物资供给、后勤保障等，同时开办各种学校和培训项目，在军队中学到的本领可以运用于未来的职业生涯。更重要的是，从军经历大大有益于品格和精神的塑造。

寓兵于民的政治传统

当欧洲先民漂洋过海来到北美大陆，面对一片洪荒的原野与印第安人手持锐利斧头不分青红皂白的袭击，他们不得不拿起武器，学会保卫自己和亲人。在征服大自然的过程中，他们学会了狩猎，后来又必须防范海上之敌西班牙人、荷兰人和法国人的入侵，同时对付神出鬼没的盗匪。因此，在殖民地初期的北美大陆，人人是战士、个个好枪法，从而造就了一个全民皆兵、善打善战的国度。

尽管美国的军事思想与实践有欧洲的遗风，但美国的军队是为了满足国家的战略需要，这与英王詹姆士二世保留大量常备军的做法格格不入。独立战争期间美国拥有一支国家军队，但战争结束后，国会于1783年解散了这支英勇善战的大陆军，只留下80名士兵与一些低职位的军官守卫西点镇和皮特要塞的军事仓库（Segal，2004）。国父们认为，美国南北邻邦势单力弱，又有海洋屏障抵御外敌，这一得天独厚地理条件使美国仅凭边界和国界就可以确保自身安全，因此，军队建设在当时并非国家大计。

根据1818年美国国会通过的《武装法令》：身心健全的自由公民，每个人必须自备武器，在地方军官组织下定期进行军事训练，一旦有战事，可招之即来，走上保卫国家的岗位。该法令确定了美国军队的基本模式：全部由男性组成；战争期间动员民兵、志愿队及征召新兵组建军队；战争结束后遣散军队。这一模式持续到20世纪中期。时至今日，美国仍保留着民兵制度，这就是各州的地方部队——国民警卫队。它即是民兵组织，又是预备役部队，同时肩负着维护地方治安、抢险救灾、平叛并防范恐怖活动的重任。此外，美国军事政策规定国家平时保留很小规模的正规部队，而在紧急状态下招募公民入伍。美国政府有权紧急动员增加兵力，因而每个18岁以上的美国男性公民必须为下一次征兵做好准备。可见，美国寓兵于民的传统国策得到了很好的传承。

虽然北美殖民地最初大都免除富人的兵役义务，但当时的民兵组织总体上涵盖社会各个阶层。自独立战争开始，服兵役与公民义务紧密连在一起，成为衡量个人与国家关系的一个因素。服兵役是男性公民的义务，但有时也使非公民很快获得公民身份（Segal，2004）。事实上，军队成为某些弱势群体在美国社会向上流动的跳板。例如，19世纪40～50年代的欧洲移民，特别是犹太人，曾经以满腔热血为国效力。他们的从军经历被视为效忠美国的实际行动而大力宣扬并载入史册。因此，历次战争中应征入伍的移民总是“超员”。

国父乔治·华盛顿的精忠报国模范行动激励了美国人树立“公民参军义不容辞”的光荣传统。华盛顿政治生涯是以戎马生涯为基础的，他凭借在法印之战与美国独立战争中的非凡表现大大提升了自己的威望与社会影响。更重要的是，华盛顿在这个年轻国家扮演着一个德高望重的国父角色，因此他作为公民士兵的英雄形象深深扎根于美国人民心中，并成为决定未来国家大计的参照系，而兵役问题后来经常被政治舌战者拿来说事儿也就不足为怪了。总之，作为军人出身的杰出领袖，与“深受民众爱戴的第一位总统”，乔治·华盛顿确立了美国社会中军事与政治的密切关系，从而奠定了美国“全民皆兵”的政治传统。的确，国父华盛顿精忠报国的光荣传统激励了一代又一代的美国人，他们把服兵役视为天经地义并大有裨益的事情。第二次世界大战时负责驾驶埃诺拉·盖伊号战机轰炸日本广岛的飞行员保罗·提贝兹（Paul Tibbets）曾经表

北美殖民地为大陆军征召士兵

华盛顿在美国人民心中享有崇高的声望，被称为“战争中的第一人，和平中的第一人，同胞心中的第一人”

达过当时人们的普遍觉悟：生活在这个国家的每个人都要为之有所付出，那就是参军打仗、保卫国家。

美国全民皆兵的政治传统源于三个因素：对英国军事体系的厌恶、移民的参军热情以及乔治·华盛顿的表率作用。服兵役是美国公民报效祖国的一种方式，也为那些希望加入美国国籍的人们提供一个展示价值与忠心的机会，而那些纪念美国军人浴血疆场、英勇善战的传记、歌曲、节日及墓碑都饱含公众的感恩之情与政治激励双重意义。爱国主义与英雄主义作为一种不朽的情怀，已经深深植根于美国文化之中。

总而言之，美国的军事制度是美国文化与生活方式的体现。欧洲军事传统、本国的地理环境、民主主义理想与价值观念以及自身的发展历程等一系列因素，共同塑造了美国军队，使之成为美国社会生活中的一个独特制度，一个职业化与平民化的巧妙结合体。

文化环境

毫无疑问，美国的人才机制植根于特定的文化，并深受这一文化的影响。美国文化是指美国人代代相传的一个群体的生活方式，是通过成长环境和家庭耳濡目染学到的，它包括大多数美国人共有的基本信仰、价值观、思维模式及世界观。美国顶尖人才成才的文化环境主要体现在美国人的核心价值观与多元文化理念。

■ 核心价值观

从发现新大陆开始，美国一直被视为充满机会的宝地，吸引着世界各地的移民安居乐业、创造奇迹。美国核心价值观，即美国人的人生观，是对生活的向往和追求、感悟和诠释，与美利坚民族的社会发展和民族构成有着千丝万缕的联系。

个人主义 美国式个人主义的真谛在于无论一个人选择了什么，都是基于个人的自由选择。自我观在美国人的思想中占据主导地位，它以个人主义的形态渗透到人们的行动中。个人主义有利于调动个人的积极性，充分发挥个人的智慧和潜力，从而促进整个民族与国家的振兴和发展。

努力工作 美国社会是建立在艰苦工作基础上的。北美大陆的早期移民认识到，必须努力工作以生存下去或生活得更好。这就形成了这样一种价值观，工作不仅是人们谋生的手段，而且是人生在世必须履行的“天职”。赫伯特·斯坦（Herbert Stein）曾经把美国的崛起与强盛归因于“一亿美国人每天早起为自己和家人努力工作”，这不只是对美国人工作态度的一个简单概括，更是一种寓意深刻的见解。

实用主义 殖民地时期的险恶环境与繁重劳动使早期移民对缺乏效率和不够实用的工具与武器耿耿于怀，并努力寻求符合实际的解决之道。美国人比较注重技术，不愿意追求长远的、不切合实际的目标。美国人的实用主义具有行动、实效、进取的特点。它强调人的行动与实践是人类生存的根本手段，并主张人的行动和奋斗是一个不断探索的过程。

乐观主义 作为一个年轻国家的建设者，美国人不迷恋过去，对现状较少满足，更乐意展望未来，创造更美好的“明天”。正如亨利·福特所言：“我们想生活在现在，而唯一有什么价值的历史，是我们今天正在创造的历史。”因为心中装着“明天”，美国人能够乐观豁达地面对人生道路上的种种艰难险阻，此外，作为西方理性主义的信仰者，美国人认为，人是大自然的主人，能够掌握自己的命运。这种乐观精神使美国人精力旺盛，也有助于完成各种事业。

公民自由 对美国人而言，自由意味着行为不受约束，又代表着一个明确的、完全的自由体制。美国的公民自由，例如，言论自由、出版自由、宗教自由等，已经在《宪法》和《权利法案》确定。虽然美国人也接受一些限制，但对过分强权的政府则完全不信任。

崇尚竞争 美国在政治上的自由主义思想、经济上的自由放任哲学和社会上的民主平等观念为人们之间以及群体之间的竞争提供了理想的条件和最根本的基础。竞争作为一种价值观，影响到美国人生活的各个方面。可以说，美国是竞争最自由、最残酷，老板炒雇员最无顾忌的国家。而竞争促使每个人为追求卓越而奋斗，进而推动美国社会长盛不衰。

倡导平等 新大陆的早期移民大多来自中下层阶级，他们极力反对等级秩序。北美殖民地丰富的自然资源提供的充足供应增强了殖民地人民的平等观念，这充分体现在《独立宣言》中。美国人的平等观念并不意味着人人应该平均享受社会物质财富，而是指人们的机会应该均等。平等观念使美国人坚信，只有和他人平等相处才能最有效地发挥自己。

希冀成功 当移民先驱来到北美大陆时，这片有着无穷无尽自然资源和许许多多成功机会的土地驱动着他们努力追求梦想。因此，美国人有很强的成功意识，非常注重个人成就。美国社会对成功者赞誉有加，尤其是那些通过自我奋斗创造奇迹的人。成功欲望与各种机会驱动着美国人不断进取、锐意创新，其奋斗、成功、再奋斗的模式使美国社会充满了活力并迅速发展。

乐善好施 在美国人看来，人与人除了竞争还有互相关心、互相爱护、互相帮助的一面，这种认识主要基于他们对资产阶级人道主义的理解。鉴于此，乐善好施行为的要义是，人生来本该是平等的，但由于一些人为的或非人为的因素，社会中的一部分人失去了平等的条件。人类同伴有义务从精神上和物质上支持帮助他们重新找回人的尊严和人的价值。

毋庸置疑，这些核心价值观作为美国人世代相传的人生准则，在大多数美国人，包括那些顶尖人才的成长过程中，有着潜移默化的影响。例如，美国社会赋予人们最广泛的自由，这种开放与宽松的环境使诸多新制度、新机构得到检验并发展起来。对于科学界的精英来说，自由意味着一种激励创造性人才成长的环境，一个自由、开放的社会是技术创新与科学发现的温床。对此，爱因斯坦感受至深，并在从纳粹德国逃往美国时高声疾呼：

> 我所以要采取这些措施，是因为我不愿生活在个人享受不到法律上的平等，也享受不到言论和教学自由的国家里……只要我还能有所选择，我就只想生活在这样的国家里，这个国家中所实行的是：公民自由、宽容以

及在法律面前公民一律平等。公民自由意味着人们有用言语和文字表示其政治信念的自由；宽容意味着尊重别人的无论哪种可能有的信念……在激励社会进步方面，我感到只有在美国才能实现人生最宝贵的部分，即人们自身及其创造力的拓展。(Zunz，1998：54)

美国文化对个人价值的尊重也激发了美国人的冒险精神和创新热情，从而造就了亨利·福特、J.D. 洛克菲勒、安德鲁·卡内基、比尔·盖茨等一大批白手起家、富可敌国的大企业家。崇尚自由的价值观使企业家自由选择、追求梦想、不断创新、勇于失败。总之，在激励创造力方面，没有任何制度可以和美国媲美。同样重要的是个人成就的价值观。在美国，那些努力进取并且获得成功的人士被称为赢家，正是这一价值观的体现。美国的移民传统增强了社会阶层的流动性，并促使人们坚信"只要勤奋努力，就能获得成功"。对"美国梦"的信念不断吸引更多的人来到新大陆，一浪高过一浪的移民潮因而构成美国人才汇集机制的核心和基础。

尽管美国人的生活方式经历着变革，但美国的核心价值观持续下来。每个价值观背后都蕴含着丰富而复杂的文化遗产，仅仅是粗略的讨论不足以领悟其内涵。几乎所有的美国人都认同这些价值观，它们组合起来使美国在文化上与众不同。

■ 多元文化理念

世界各地的人们带着自己的文化汇入美国社会，从而形成不同文化的融合；移民通过放弃自身的许多不同之处以适应美国社会主流而变成这个文化的一部分，这就是人们熟知的文化熔炉论（melting pot theory），之后由此派生出盛行一时的文化沙拉碗理论（salad bowl theory）。随着美国社会的发展与人口结构的变化，绝大多数美国人不再认同熔炉论或沙拉碗，而是把美国文化描述为拼画或织锦般的多元文化：在一幅拼画或一块织锦中，每个颜色都是独特的，并且是整体美的组成部分。一个人可以既保持自己的特点，同时也成为整体社会的一部分；性别、种族、原国籍、宗教及性取向等诸方面的差异都得到接受，人们不必再为了获得实现人生目标的同等机会而将它们放弃。这便是文化多元主义（multiculturalism）[2]。

根据文化多元论，美国不再是一个民族大熔炉，而是一个成为多元和继续

美国文化大熔炉

美国文化沙拉碗

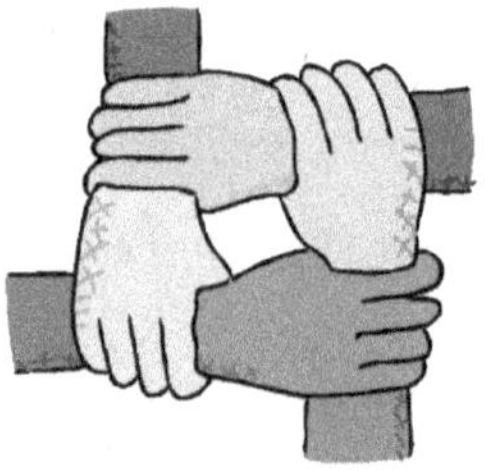

美国多元文化

成为种族、民族、国家和宗教术语的国家。多元文化主义，或称文化多元性，是多种文化在一个地方共存而无任何一种文化占统治地位的现象。多元文化主义主张使尽可能多的人最大限度地接受人与人之间的差异，从而避免种族歧视、性别歧视和其他类型的歧视。建立多元文化意味着创造一种真正的大众文化，一种具有包容性而不是排他性的文化。美国由多种文化和多个种族交织融合而成，这正是多元文化主义的体现。非洲黑奴的后代、中国城的华裔移民、爱尔兰血统的波士顿天主教徒以及新奥尔良的科利奥尔人，都是美国社会的一部分，同时也为美国文化增添光彩。

美国多元文化主义假定美国有多种文化，这对于美国这样一个移民国家来说不无道理，因为新移民的不断涌入带来了各自不同的文化习俗。对于新移民，尤其是有色人种与非欧洲移民来说，相对于以欧洲为中心的单一文化，这种更民主的文化认同代表一种进步。的确，很多欧洲国家就是基于单一民族即单一文化建立的。例如，法兰西代表着一种语言、文化和历史，不懂得法国文化、历史和语言的人就不算真正的法国人，从而移民成为与法国社会格格不入的边缘人。法国人须保持法国性，不能改变太多。其他欧洲国家也大都如此：本质上保守与内敛，注重自身的文化认同与文化传承。而美国则代表一种全新理念。任何人都能成为美国人，不只是名誉上，而是真正意义上的美国人。例如，像奥尔布莱特、基辛格、格林斯潘这样的外来移民虽然生于别国，却能在美国政坛身居高位。这在欧洲是难以想象的，但在美国，愿意接受这一理念并身体力行的人就可以做到，因为不同文化、宗教和种族可以共存，并可以持续发展并繁荣兴旺。总之，欧洲人对自己的文化感觉良好并津津乐道，而美国的多元文化模式为不同种族、宗教、信条和肤色的移民提供着诸多自由和机会。

美国多元文化主义的核心价值在于它容许人们从不同角度看待事物，因此，多元文化在很大程度上促进了美国的繁荣富强。的确，美国的多元文化对于营造一个激励少数族裔奋发向上的社会环境至关重要——犹太裔人才辈出的现象便是最好的诠释。犹太人来到美国后，发现自己处于一个与欧洲完全不同的氛围之中。这是一个“新大陆”，没有欧洲“旧大陆”固有的传统和历史包袱，对所有外来者都是开放的，充满自由而又注重实效，一切都在多元的竞争机制中运转。正是在这样一种环境里，古老的犹太文明与美国价值观和文化习俗亲密接触、水乳交融。犹太人自古就有重视教育、尊重知识的传统。犹太人长期生活在欧洲，那里的教育由国家主导，带有浓厚的基督教色彩，对犹太教徒普遍歧视，因而犹太人或被挡在校门外，或被迫接受基督教而背离本民族的文化传统。相比之下，美国的多元化和免费的公共教育制度，为犹太人提升人力资本提供了一种非常有利的社会环境。犹太裔美国人之所以获得巨大成功，是因为美国有适合他们生存与发展的社会条件。

文化多元主义作为以包容性为特征的意识形态是20世纪的产物。在实施社会工程的同时找到一种保持美国文化丰富性的途径是美国一代知识分子及社会名流的当务之急，他们中有哲学家约翰·杜威（John Dewey）、最高法院大法官路易斯·布兰代斯（Louis Brandeis）、政治学家阿瑟·本特利（Arthur Bentley）等。这些开明的改革者们深知20世纪初由大型工商企业主导的经济会使美国人的生活空前地统一。随着这一趋势逐渐明朗，他们再也不能想当然地认为自己所熟悉和珍惜的多样性依然存在，因而欣然接受了多元主义（Zunz，1998：117）。而当时移民的大量涌入促使文化多元主义者相信，美利坚民族作为一个不同肤色、语言、国籍与文化的人群组成的多元化社会，应该表达自己的诉求。多元文化主义对20世纪的美国社会产生了重大影响，它引领美国人把握自己“与众不同”的权利。这是一种妥协，但顺乎潮流，充分体现了美国在尊重差异方面的适应性与包容性（Zunz，1998：128～135）。

美国多元文化的包容性表现在三个方面。首先，在美国各种政治思想并存。17世纪英国资产阶级思想家和18世纪法国启蒙运动学者的“天赋人权”对美国人产生了深刻的影响。杰弗逊在《独立宣言》中对自然权利学说的阐述便脱胎于约翰·洛克（John Locke）的学说。其次，美国容纳了各国文化的精华，并且各种文化相互渗透、彼此交融。例如，德国文化的许多文化特征，如圣诞树、汉堡包、复活节等，已经成为美国文化的一部分。亚洲文化，尤其是中国文化和印度文化对美国文化的影响也是巨大的。遍布全美的中国城与印度式集市就是很好的例子。最后，美国文化对不同宗教信仰宽容兼纳。美国的启蒙运动灌输一种普遍化的梦想，各个特定的宗教信仰总是声称适合所有的人，从而产生了对宽容的需要。正如杰弗逊所言，“……左邻右舍崇拜一个上帝、20个上帝或不崇拜上帝都无关紧要”（李其荣，2005：20～29）。

美国多元文化已经渗透到社会各个领域，并成为美国社会进一步发展的趋势。第二次世界大战以后美国移民结构的变化和20世纪60～70年代民权运动的高涨，以及广阔的国际背景推动了美国文化多元化的进程。美国文化的多元性承认文化的丰富性和多样性，但各种文化并非孤立存在（李其荣，2005：14）。历史和现实都表明，不同民族与种族保持各自的历史传统和优秀文化，这种兼容并蓄的社会环境，使得美国文化丰富多彩，这对于美国优秀人才的培养非常有利。

在美国多元文化形态中，一个人能够既保留其文化传统、民族、宗教或种族特征，同时也依然是美国人。墨西哥裔美国人、爱尔兰裔美国人、非洲裔美国人或美国黑人、阿拉伯裔美国人、穆斯林美国人、美国印第安人，等等，把美国凝聚为一体，正是这一特征的反映。另一个重要特征是，差异不仅受到欢迎，甚至受到珍视，少数族群不必为了迎合主流文化而不得不放弃自身特征。总之，多元文化的美国社会包含并包容不同种族民族、不同宗教信仰以及不同性取向的形形色色的个人与群体。

本章对20世纪美国顶尖人才成才背后的美国梦境进行解读，是在解读本书的标题：为什么美国盛产大师？至此，答案已经呈现，可以概括为五大要素。第一，先进的高等教育制度造就了一大批世界一流的大学，这大大有利于顶尖人才的涌现。第二，实力雄厚的国家科研体系与政府的大力支持是优秀科技人才层出不穷的可靠保障。第三，美国的移民政策吸引世界各国人才到美国继续发展并为美国服务，这是美国人才战略中最成功的部分。第四，基于精忠报国传统形成的美国兵役制度是使胸怀远大的年轻人锻炼意志、增长才干的重要途径。第五，美国的文化价值系统为优秀人才的成长提供了适宜的社会环境。显然，美国的人才机制包括本国人才的培养与外国优秀人才的吸纳，这一机制不仅使美国拥有世界上最庞大的高素质人才队伍，更重要的是造就了一大批奇才与大师，从而能够保持其经济、科技的领先地位及综合国力长盛不衰。

悖论与异化：几点忧思

毋庸置疑，美国社会在塑造精英、招贤纳才方面的优势是他国难以企及的一大强项。然而，世界上没有不带瑕疵的珍珠，美国也不是理想和完美的化身。本书作者对美国的人才机制其现实的和潜在的问题有几点忧思，犹如骨鲠在喉，不吐不快。

■ 美国顶尖人才中女性比例很低：高等教育的投资浪费谁之过？

关于男女平等的讨论，似乎总在进行，却又永远无解。在三个顶尖人才群体中女性所占的比例显而易见地远远低于男性。具体地说，科技泰斗中女性占2%，商界巨子中女性占3.95%，政治领袖中女性占5%。实际上，美国的各种机构与行业领域普遍存在着高端职位女性比例偏低，与男性相比严重失衡的问题。这不禁令人感叹：女人怎么了？女强人哪里去了？一些专家学者从不同角度对女性“难成大器”的问题进行过研究。例如，劳埃德·华纳（W. Lloyd Warner）和其他两位耶鲁大学教授在1963年对美国联邦政府机关军职与文职高级雇员构成情况做了一项细致调查。他们发现，在政府机关，尽管副总统和最高法院大法官被直接任命，所有重要职位中女性仅占8%左右。女性比例稍高的职位包括大学、基金会和文化交流机构的理事，但即便在这些部门，女性领导者的人数也远远少于男性。商务领域的情况也基本如此，例如，托马斯·戴（Thomas Dye）1986年的研究表明，1980年美国前100家大企业中仅32家的最高管理层包括女性成员。令人遗憾的是，美国企业高管中的男女不平等状况正在加剧。根据总部设在纽约的妇女促进会的一项调查，2005～2006年，在《财富》500强企业高管中，美国女性所占比例从16.4%降至15.6%；而在这些企业的高薪职位中，美国女性比例从6.4%升至6.7%。

既然女性从总体上在学历背景方面并不逊色于男性，而且具有博士学位的女性越来越多，为什么取得惊人成就或升到高端职位的女性比例远远低于男性？通常的解释是，女性在行政管理与制定决策方面往往谨言慎行、优柔寡断；女性需要相夫教子、照顾家庭；女性难以接受公开批评与舆论压力，等等。另一种似乎合理的解释是，女性通常得不到“晋升概率高”的工作任务与充分展示才能的机会，他们不能像男人那样驰骋高尔夫球场、出没于夜总会或其他“高端”场所，从而失去了一些通过“干中学”开阔眼界、扩大交往的途径。但是，为何在相对“低调”的科学界也少有女性出类拔萃、成就斐然？不妨以女性诺贝尔科学奖得主为例探讨这个问题。

1901～2000年，共有28个国家的475位科学家荣获了诺贝尔自然科学奖，其中10位为女性，占2%；而获此殊荣的美国科学家有199位，其中6位为女性，占2%。还有几位具备诺贝尔奖水平却不幸被遗漏了的女科学家，包括数学家爱米·内特、物理学家丽斯·迈特纳（Lise Meitner）、物理学家吴健雄、生物化学家周芷、生物化学家罗莎琳德·富兰克林（Rosalind Franklin）、天文物理学家约丝琳·博内尔（Jocelyn Burnell），等等。虽然大量主修科学的女性以优异的学业获得博士学位，且在科学界力争上游，却只有少数人登上事业高峰。值得注意是，自1964年以来，美国逐渐改善了女性的教育机会、工作权利和就业环境，并为女性科学家提供更好的研究条件和与环境的情况下，但竟然没有女性物理学家和化学家获得诺贝尔奖的殊荣。是什么阻挡了女性科学家的登顶之路？美国医学物理学家罗莎琳·雅洛（Rosalyn Yalow）1977年12月10日在斯德哥尔摩接受诺贝尔生理学或医学奖之后为当地大学生留下如下感言：

> 在大学生中的妇女的人数，按人口比例也算不少了。然而，在世界的科学家、学者和领袖人物中，妇女却是凤毛麟角。至今没有任何客观测验表明这种悬殊是由于智力的本质区别……妇女不能进入领导层，多半是由于妇女存在着社会的和职业的歧视。过去，很少有妇女去争做一番事业，而在事业中成功地就更是寥若晨星了。我们现在仍然生活在一个世界上，有相当多的人，包括妇女本身，总认为妇女的活动范围只限于家庭小天地，而且相信妇女也只想在家庭小天地活动。（王渝生，2002：222）

雅洛的感言表明了女性科学家难以获得诺贝尔奖的部分原因。实际上，女性在科技领域难有突出成就的问题很复杂，对此，台湾学者戴明凤提出了以下几个原因。

1. 受制于女性数理能力差的传统认识

传统观念认为女性的聪明才智平均低于男性，特别是数理、逻辑与空间概念，因而常被认为不适合学习科学和工程。父母或老师通常对孩子定性，如女孩应该选择学习比较软性、感性的人文或社会学科。这就使得女性在有机会真正接触并广泛认识科学之前，未能获得基本科学知识和工程技能的训练，并失去对科学研究的自信心和强烈欲望。这种不正确的传统角色定位严重侵害了女性对事业的选择权，更拉大了女性与男性在科学研究的参与程度和研究成果等方面的差距，并导致人们对女性科学家事业成就的评价标准有失公正。虽然在高等院校不乏成绩优异的女学生，但人们普遍认为杰出的女科学家很难脱颖而出，甚至对女性从事科学研究的能力持怀疑态度。前哈佛大学的校长劳伦斯·萨默斯（Lawrence Summers）的一番言论即代表了这种态度。2005 年萨默斯在一次校内学术研讨会上论及科学与工程领域中女性人数和比例远低于男性的原因时，认为女性的先天数理能力平均而言低于男性，所以女性"不适合"从事科学与工程工作。此言一出，众人哗然，多位女性学者当场离席以示抗议，此后唤起全国女性学者的严正不满与声讨，从而导致萨默斯于 2006 年辞职。这一事件表明，一位世界著名大学的校长居然怀有女性不适合学习数理与工程的偏见，一般人的想法又会如何（戴明凤，1996）！

2. 难以摆脱家庭的责任与义务

美国物理学会第一任女会长吴健雄说过，"不要因为家里的碗碟没洗就不去做实验"，以激励女性为科学事业付出更多精力。但实际情况并不这么简单。传统社会要求女性必需扮演的家庭角色和应尽的责任义务，对职场女性来说一直是个棘手的问题，对女性科学家更是莫大的压力。特别是"生儿育女"更是无法逃避的责任和长期耗时的工作，也是男性唯一无法替代的社会义务和责任。一般科学家通常在 25～35 岁这段创造力最旺盛的年轻岁月，致力于研究和创业，并为在特定领域的事业发展打下坚实基础。然而，这段时期与女性生育的最佳年龄正好重合。一些优秀的女性科学家曾因专心投入研究而选择独身，诺贝尔医学奖得主芭芭拉·麦克林斯托克（Barbara McClintock）和核裂变的发现者之一丽丝·迈特纳便是如此（戴明凤，1996）。

3. 缺乏女性科学导师作为典范

对于希望成为科学家的女性来说，一位好的女性导师是职业上的指导者，而且能够传授自己在以男性为主导的科学领域奋斗的经验与体会。更重要的是，女性导师可以现身说法，帮助年青一代如何协调家庭与事业的矛盾，从而实现自身价值。在一个男性主导的机构中，女性导师的鼓励和支持，以及适当的推荐，将有益于年轻女性科学家迈向成功之路。

4. 遭遇职业歧视与不公

女性科学家在职业生涯中普遍遭到严重的性别歧视，尤其是20世纪20年代以前。虽然有许多女性以优异的成绩完成了高等教育，但她们无法在高等学府担任教职或研究员的工作。例如，玛利娅·梅耶（Maria Meyer）担任编制外教员长达30年，甚至在担任正教授以后依然如此；芭芭拉·麦克林托克曾当选遗传学会主席，但因不能获得大学工作而离开科学一段时间。此外，在男人主导的工作环境中，家长式管理作风、性别歧视或性骚扰等因素，严重阻碍女性展现工作能力与研究成果。因此，在合作研究的过程中，作为弱势族群的女性往往湮没无闻。例如，物理界第一位脉冲星发现者是约丝琳·布勒尔，而因这一发现获得诺贝尔物理学奖的却是她的导师；早期医学界一直认为发展放射性免疫测定的主要贡献者是罗莎琳·雅洛的男性合作伙伴，而忽略了真正的实验者雅洛女士（戴明凤，1996）。

毋庸讳言，由于性别差异，女性的职业选择和职务晋升被一层玻璃挡着，可望而不可及。“玻璃天花板”将女性隔离在职业阶梯的底部，让她们沉积在那里，从事着支持性、辅助性的工作，而这其实可以看作女性扮演服务、照顾性的传统家庭角色在职场上的延伸。也许职业女性难以成就大业是世界各国的普遍现象。然而，对个人价值的认同是美国文化的核心，正如英国学者查尔斯·特纳（Charles Turner）所言，美国文化的精神是鼓励每个人“发挥潜力，实现自我，美梦成真”。因此，众多富有才华的妇女被埋没，被扼杀在性别歧视的漩涡中，这是美国女性的悲哀，更是美国社会的悲哀。对此，罗莎琳·雅洛曾在诺贝尔奖颁奖台上大声疾呼：

1968年哈佛大学法学院教师均为男性

1998年哈佛大学法学院教师有女性点缀其中

> 我们不能指望在不久的将来，所有决心寻求“机会均等”的妇女都能达到自己的目标。
>
> 但是，我们妇女必须开始向自己的目标迈进，我们必须相信自己，否则就没有人会相信我们；我们必须意识到人人都有为后人开拓道路的责任。如要解决当今许多困扰我们的问题，世界决不能浪费它一半人口的才能。（王渝生，2002：229）

显然，如何改善美国的人才机制，从而使众多优秀女性充分发挥高等教育投资带来的人力资本，是一个值得特别关注的问题。

■ 种族歧视根深蒂固，有色人种登顶受阻

美国顶尖人才中女性比例偏低的状况也发生在少数族裔身上。具体地说，在202位政治领袖中，有4位有色人种少数族裔，1位日本人和3位黑人，仅占2%；他们的职务仅限于商务部长、农业部长以及管理与预算局局长，并且都是20世纪最后10年之中就任的。在479位商界巨子中，非洲裔人士仅占1%的比例，而199位诺贝尔奖得主中非洲裔人数为零。以上情况表明美国社会的种族歧视根深蒂固，因而少数族裔，尤其是有色人种，在升迁方面遇到很多无形的障碍。

美国是一个移民国家，多数美国人的祖先来自世界各地，众多民族与种族形成一块拼图，其中黑人的比例为10%左右，亚裔移民数量也不断增加。此外，整个20世纪的改良运动的重要内容之一就是争取种族平等，从而人们的思想观念和少数族群的社会状况都有了很大进步。然而，遗憾的是，美国社会一直存在着比较强大的种族歧视力量，这一痼疾有时陷入怪圈，令人难以摆脱。例如，由于美国中小学是就近入学的，中上层白人的“孟母三迁”精神造成大城市的9年制、12年制学校种族分野相当普遍，因而贫苦黑人的子弟很难得到良好的基础教育（资中筠，2001）。即使在文明程度很高的大学校园，也一直笼罩着种族歧视的阴影。职场上的“玻璃天花板”是美国社会种族歧视的突出表现。尽管美国人推崇“平等竞争”，但一些少数族裔人士无论如何优秀，上层的位置总是可望而不可及，亚裔人士是最突出的受害者。美国劳工部公平就业委员会的数据显示，美国亚裔的平均教育水准是各个族裔中最高的，但高学历并没有和升迁率形成正比。与同样职位的其他美国白人相比，亚裔升为管理人员的机会只有前者的一半或更少。即使在华裔科技人才聚集的硅谷，软件公司的高管多为土生土长的美国白人。如果以私人企业、大学和联邦政府三类进行比较，任职联邦政府的亚裔获得升迁进入管理层的比例最低。

1993年2月，华盛顿的一个基金会的报告列举了20世纪90年代初期盛行于美国的种族歧视现象，并得出结论说，25年以来，美国各种族之间的不平等不仅没有改善，反而进一步加剧了。奇怪的是，大家都知道种族歧视不好，但都会有意识无意识的犯种族歧视的毛病。就在这样的怪圈中间，美国的种族歧视仍然继续。

美国社会的种族歧视之所以积重难返，其根源在于“白人至上”的思想统治了几个世纪。对此，资中筠女士有如下精辟阐述：

> 美国是以种族主义起家的，从一开始就把原住民印第安人赶尽杀绝，然后又从非洲贩来黑人做奴隶。各式各样的后来的移民，从爱尔兰、意大利、犹太人等白人到亚洲的有色人种先后都受过不同程度的歧视，在“熔化”之前都当过二等、三等公民。先来者根据自己需要在移民法上做文章，以决定接纳还是排斥后来者。在这个信奉自由民主的国家，对种族平等的观念却接受得很晚，过程曲折而痛苦，这一观念真正进入主流思想是在60年代的激进运动之后。但是直到现在，根深蒂固的种族歧视仍然时隐时现。美国的种族矛盾大于阶级矛盾，而且要深刻得多。在美国的主流人种之外，生存能力较强，对美国的发展贡献最大的有两个族裔，一是犹太人，一是华人。犹太人过去曾受歧视，现在已经完全汇入主流，不再有区别；穷苦的拉美移民是照顾对象，但是其中的白人一旦进入高等社会，就不再被区分出来。而华人却似乎仍是黑白人种以外的“外来者”。尽管已成为美国公民，甚至是生于美国的第二代，职业和经济地位都属于高等社会，仍然不免被另眼看待。究其原因，一是肤色，二是文化，三则受中美关系的影响。（资中筠，2001）

2003年8月23日，马丁·路德·金（Martin Luther King，Jr.）的儿子马丁·路德·金三世（Martin Luther King，Ⅲ）在林肯纪念堂、也就是他父亲当年发表演讲的台阶上，对参加纪念活动的人群说：“我知道我父亲的影响远远超过了一个梦想。40年过去了，我父亲的梦想仍然没有实现，美国仍然存在严重的种族歧视。”或许这一次反种族歧视的呐喊能够唤醒更多美国人珍视少数族裔的价值与才干，如今奥巴马当选美国总统或许是变革的开始。

■ 美国人才强势面临危机

20 世纪美国大国崛起与长盛不衰的神话，主要缘于一个以人才为中心的良性循环机制。政府为教育和科研投入大量经费，不遗余力地为人才成长创造良好的氛围；从教育、科研机构走出的大批人才带着大量世界领先的科技成果进入了美国大大小小的企业，帮助企业生产出最具竞争力的产品，并创造出大量的财富；企业和国民的富足导致政府收入的增加，这反过来又保障了政府对教育和科研事业的持续推动。无疑，在美国日益强盛过程中发挥重大作用的一大批顶尖人才是美国社会人力资本生产制度的产物。然而，在迅速发展、激烈竞争的世界里，固有的矛盾与潜在的问题使 20 世纪运行良好的美国人才机制受到严峻挑战。

首先，美国高度依赖外来科技人才保持科技领先优势的重要条件难以维系。长久以来，发达的高等教育吸引了大批外国留学生到美国学习，学成后至少有一半留在美国。在微软、苹果等美国高科技企业中，来自不同国家的优秀人才为美国的科技和产业发展提供了坚实的人才基础。随着经济全球化的扩展，其他国家越来越清醒地意识到加强科学与工程是保持 21 世纪科技与产业实力的基础，因而正在努力在扭转人才流失。虽然仍有众多年轻学子热衷于到美国求学，但许多国家和地区，尤其是亚洲的迅速发展提供了前所未来的机会。在各国角逐科技优势的背景下，外国科技人才不必选择留在美国，这势必对美国的人才优势地位产生不利影响。对此，美国国家科学委员会的报告指出：“美国一直以来依靠其人民的发明与创新来参与世界市场的竞争。自然科学和工程学专业人才的充足供给是保持国家竞争力的重要基础。即使我们立刻采取措施改变当前的不良趋势，也只能在 10～20 年之后看到效果。如果这种发展趋势继续下去，到 2020 年我们会发现，美国研究与教育机构的革新能力已经受到损害，并失去世界科技领先地位。”（弗里德曼，2006：263）意识到事态的严重性，1996 年国家教育目标委员会报告提出一个严肃的问题，如果大批外国科学技术人才回国，或不到美国留学或工作，那么由谁来替代他们支撑美国科技发展？

这的确是个棘手的问题。实际上，美国本土学生攻读科学与工程专业的研究生数量不断减少，其主要原因在于美国的高中生往往轻学业、重体育，热衷于出风头，而头脑出众的学生都愿意学商学、法律，为的是以后轻松挣大钱；他们普遍认为科技与工程类职业费力费时且收入不高，因而对科学和技术类专业的兴趣越来越低。美国国家科学委员会的报告显示，美国科技领域新培养的博士人数在 1998 年达到最高值，随后逐年下降。2003 年，在全世界授予的 280 万个理科和工程学学位中，有 120 万个被亚洲各大学的亚裔学生获得，83 万个被欧洲人获得，而美国的年轻人只获得 40 万个。而在工程学专业，亚洲各大学目前每年培养的本科毕业生数量是美国的 8 倍（弗里德曼，2006：263）。

其次，美国中小学科学与数学的落后状况加剧了美国后备科技人才危机。尽管美国是第一个保证义务教育的国家，公立教育从幼儿园大班一直到 12 年级是完全免费的，但长期以来美国中小学科学与数学课程落后于其他发达国家，其落后程度在国际性竞赛中显而易见。造成美国中小学生学业水平下降的因素何在？青少年心理学专家劳伦斯·坦伯格（Laurence Steinberg）及其同事通过 10 年的研究得出结论：美国中小学生学业落后状况，与其归因于他们在校内的表现，倒不如说是校外活动的影响。此项研究表明，美国孩子平均每周用于做功课的时间仅为 4 小时，与其他发达国家的平均每天 4 小时相去甚远。美国学生反映，他们的同学会嘲笑那些用功学习的学生。因此，美国孩子把大量课外时间用于打工、交际、看电视以及上网等活动。此外，当今美国中小学生教师所推崇的理念是学校教育的主要作用是让学生们“自我感觉良好”，“学校教育首先应该令学生们快活”。针对中小学教育的不良状况，美国政府及相关各方都正在想方设法予以改进。

1983 年，里根政府发表了题为《国家在危机中——迫切需要教育改革》的国家报告，拉开了 20 世纪 80 年代美国教育改革的序幕。然而，10 多年来美国中小学教育质量指标表明教育改革措施的收效甚微。国家教育统计中心对高校入学补课的调查表明，1995 年，78%的高等院校为新生开设阅读、写作或数学的补习课程，这表明美国的高中毕业文凭并不表明学生达到大学入学水平。1996 年国家教育目标调查报告显示，老布什政府制定的《美国 2000 年教育战略》中提出的各项全国教育改革目标几乎少有实现。明确的危机感促使美国政府加速教育改革的步伐。克林顿从上台不久就打出振兴教育的大旗，并且以多项立法来保障这一政策的推行，因而获得“教育总统”的称号。小布什政府似乎更强调推动教育改革，2001年上台伊始即出台了“不让一个孩子掉队”的重大举措，旨在提高公立学校的教学质量。这项举措以考试作为衡量学校的主要尺码和标准，以提高学生学习成绩，缩小或消灭学生间劣势群体和非劣势群体学业成绩差距。事实表明，该法案大大增加了对公立学校教学质量上的压力。以得克萨斯州为例，所有的公立学校都以每年州统考成绩为主，将学校分为四等，模范、出色、合格、不及格，每年进行评估并把详细数据公之于众。连续3年不及格的学校就要强制关闭，学区必须负担学生转到其他公立学校的交通费用和其他可能出现的附加费用。然而，布什的教改方案实施7年来可谓举步维艰，怨声载道，几乎所有老师家长提到“不让一个孩子掉队”都是咬牙切齿。用中国人的眼光来看，美国的老师和学生都被宠惯了。的确，推崇快乐教育的美国人，谁愿意受这份罪呢。

总之，令人遗憾的是，20多年来美国基础教育的质量并没有提高，学生成绩平庸的情况日益严重，这必然导致美国本土学生攻读科学与工程专业的研究生数量不断减少，从而加剧美国科技后备人才危机。随着全球化人才竞争的加剧，基础教育的严重缺陷将改变美国的人口素质，腐蚀美国赖以强盛的顶尖人才优势。

此外，适宜优秀人才成长的美国文化环境正在异化。美国的中小学教育状况表明一个悖论：政府投入不断增加令其他国家望尘莫及，但学生的学业质量令世人不敢恭维，同时逐步升级的教育改革却收效甚微。实际上，美国基础教育问题的根源在于第二次世界大战以后高消费文化对美国人的思维方式与生活方式的影响，这是任何“教改”所无能为力的。

回顾过去的几十年，随着生产力的提高，美国的物质生活水平大为改善，因此，政府花钱大方，百姓尽情消费。与此同时，消费者喜欢舒适、方便、清洁和新奇，厂家和商家极尽所能投其所好，从而形成了十分发达的大众消费文化，相伴而生的是享乐主义、铺张浪费、互相攀比、追求个性等显著特点。在这种情况下，20世纪美国顶尖人才赖以成才的主流文化价值观，如艰苦奋斗、勤俭自律、自立自强、坚韧不拔、诚实守信、不断进取等，不再主导人们的行为。

导致美国的主流价值观发生异化的另一因素是美国移民形势的变化。随着第二次世界大战以后“马赛克”取代“大熔炉”以及1965年之后移民的大量涌入带来美国人口结构的重大变化，美国的种族融合变得越发困难。的确，新世纪美国移民形势的变化，不仅是人数上的增长，而且还有移民文化背景、素质、宗教信仰特别是语言上的变化。因此，美国主流社会担心，移民的增加会改变美国的主流价值观。在20世纪即将结束时，美国总统克林顿感叹道：今后的30～40年，美国将不再有哪个种族占人口的多数，我们必须有这个思想准备。作为总统，克林顿谈的是种族之间相互宽容和多元文化问题，而其他美国人则更关注美国作为以WASP为主的文化遭遇分化的状况。正如萨缪尔·亨廷顿（Samuel Huntington）在《我们是谁》中所言，美国传统价值观已经受到挑战，美国正面临“国将不国”的现实。或许亨廷顿处心积虑的观点有些危言耸听，但不可否认的是，与过去移民愿意成为“主流美国人”的情况不同，新移民中许多人拒绝接受美国传统价值观。这意味着，对20世纪美国顶尖人才成长非常有利的文化环境正在经受冲击。

第七章

反思中国的差距

美国教育体制的特征就是挖掘天才的潜力，这对于任何竞争性的经济来说都是非常重要的。

——巴里·温格斯特，美国斯坦福大学高级研究员

中国教育主要是教孩子服从，不准叛逆，培养的是守业人才，结果失掉了达尔文和爱因斯坦。

——理查德·尼克松，美国第37任总统

一流的教育培养一流的人才。三流的老师，不可能教出一流的人才。

——李开复，Google公司前大中华区总裁

衡量一个国家的人才竞争力指标包括人才队伍、人才投入、人才产出和人才环境四方面要素。根据《2006年人才蓝皮书》的统计数据，中国的人才国际竞争力仅相当于美国的48%、日本的62%和德国的75%，总体差距明显，顶尖人才的差距更明显。这一严峻现实不禁令人反思，中国如何迎头赶上，尽早从人口大国变成人才强国，真正实现中华民族的伟大复兴？美国精英塑造机制的动力因素在于社会对个人价值的重视和保护，这一机制不是针对少数人士、少数地区，而是为全社会的每个人实现自身价值提供平等的机会和条件。反观中国的社会现实，虽然科教兴国、人才强国的口号早已深入人心，科技与教育投入持续增长，人才队伍不断扩大，但是目前教育模式陈旧落后、科研体制弊端重重、文化环境浮躁喧嚣等诸多问题，严重阻碍着顶尖人才脱颖而出。本章基于笔者作为一个“传道授业解惑”者的冷眼观察聚焦中国的教育，针砭时弊并抛砖引玉。

基础教育的歧途

中国基础教育强于美国，美国大学教育强于中国，这是一个被普遍认同的观点。从官员到记者，从老师到家长，芸芸众生长久以来对“十年寒窗”造就出来的“优秀学生”赞赏有加。《人民日报》一位高级记者2006年6月21日在人民网上撰文称：就基础教育而言，中国学生总体上无疑是最优秀的，这也是全世界公认的。一些到美国走马观花地考察过一两个星期的中学校长和老师也纷纷表达同感。而另一个被国人达成共识的观点是，中国学生的基础比美国学生好，但创造性与研究性能力不如美国学生。这显然是一个令人迷惑的悖论。为什么“基础不好”的学生反倒有更好的创造性，而基础扎实的好学生却往往成为低能者？让我们直面发人深省的悲哀现实。

迷失的课堂

关于中美基础教育孰强孰弱的问题，如果就数理课程的学术性难度进行比拼，中国学生肯定超过美国孩子。如果比的是教育的效果、学生的实际能力特别是创造力，则美国基础教育的优势是显而易见的。在美国，教师一般不会在课堂上进行大量知识的灌输，而是使用实验、案例、讨论、互动交流等多样化的方式调动学生的学习积极性。此外，教师非常注重培养独立思考的能力，因而鼓励学生大胆提出自己的设想和建议。美国孩子张口闭口就是“我认为”，“根据我的思考”，“我的理论是……”，“我的结论是……”，在中国人眼里，这些乳臭未干的毛孩子口气好大。此外，鼓励不断挑战和冒险的教育方针贯穿于美国的中小学教育中。老师对于同学们提出的问题，往往不会给予直接的回答，而是鼓励他们到有关的书籍中自己去寻找答案。他们还经常引导学生通过到图书馆查找相关资料或者亲自做实验的方法去寻求答案、解决问题。通过这样的方式，学生会在若干时日后发现自己所得到的收益比预想的要多得多。这种因人施教、鼓励创新的教育理念体现了美国教育思想的先进性，是值得中国教育工作者借鉴的。

中国基础教育的特点是进度快、难度高、知识点多，但这意味着教学过程省略了很多东西。就理科而言，教育专家上官子木的研究表明，中国的数理化教学往往是老师把基本概念、定义、公式直接传授，学生看到的科学概念都是以简练的方式，合乎逻辑地推演出所要求的结论，从而误认为科学的理论体系就是如此简洁、完美。显然，这种方法省略了让学生发现许多重要定论从混乱变为有序的创造性研究过程。与之相反，美国的学校教育鼓励学生参与研究过程，促使他们在没有现成答案的情景下通过试误的方法寻求问题解决的途径，这大大有利于培养学生的探究能力、独立思考能力及合作研究能力。例如，美国小学四年级涉及热空气上升原理的课程教法是：指导学生自己动手制作一个热空气气球，失败了再重新做，整个过程需要一个星期左右的教学时间。学生们在这一过程中不仅训练了动手能力，而且激发了学习兴趣和动力。而中国学校同类课程的教法通常是，教师照课本讲原理，学生听后背熟即可，只需20分钟便完成任务。我国的科学课程讲授得太快是因为省略了很多实验过程，多数实验是教师做演示，学生只是观看。由于省略了动手制作的环节，中国学生既未尝试成功也未体验失败，更重要的是失去了思考与选择的环节，取而代之的是学习书本上抽象概念的枯燥乏味过程，学生们则要依靠硬背的方式来死记实验的结果（上官木子，2008）。

如果说中国基础教育的课程比美国难，也只难在理科尤其是数学题解上；在社会人文课程方面，美国学校的要求更高。上小学就开始学习按规范要求查文献、写论文，搞社会调查、写调查报告，这对于美国孩子来说很平常。例如，美国老师布置给小学生的一份作业是“论述美国 19 世纪经济的繁荣与危机”，要求有数据支持，还要有详细的资料证明，而且起码要有三种以上的资料来源，规定 4000 字以上。美国学校对小学生作业的要求已经如此严格、规范，对更高年级的标准可想而知。经历如此正规化的学习过程，学生不仅可以提高写作能力与处理信息的能力，也学会了科学研究的基本方法（上官木子，2008）。相比之下，中国的基础教育在人文素质培养方面严重亏欠，这恰恰是影响创造力发展的根基性缺陷。为了应付繁重的课业，孩子们根本没有自由阅读的时间和精力。值得注意的是，中小学语文重语法、轻文学，讲课文时总要学生找出文章的中心思想，因而令学生感觉到文学高深莫测，渐渐地失去对阅读的兴趣。的确，功利性阅读败坏了中国孩子的阅读品位和胃口，甚至导致他们怨恨读经典作品。孩子们手中放不下来的书籍，多半是课本、习题集、作文选、动漫作品、校园故事、恐怖小说等。阅读方面的偏差必然导致中国学生写作能力的缺欠。英国文化委员会公布的数据显示，近几年来中国雅思考生写作单项的平均考试成绩是全球最低的（上官木子，2008：27）。

美国基础教育非常重视通过科学实验与社会实践活动锻炼学生的实际生活能力。美国的中小学还开设大量贴近生活、实践性很强的课程，如园艺、电脑、缝纫、烹饪、木工、机械、摄影、绘画、乐器等丰富多彩的实用专业课程，以帮助学生在提高动手能力的同时领悟职业、行业与谋生的含义。美国的中小学课程还含有很多非常实用并且学生无论将来干什么都用得着的内容，包括如何在最短时间里介绍自己、如何说服别人、如何倾听别人的意见、如何在众多可能性面前恰当地选择等。相比之下，中国基础教育的缺陷还在于教学内容与实际生活的联系太少。2006 年，北京航空航天大学的高等工程学院理科实验班招生面试的一个题目是：什么是圆锥曲线？大部分考生会背诵圆锥曲线的定义，但面对茶杯中的水面，却不知道茶杯壁可被看做圆锥侧面的一部分，水面可以被看做平面。在他们的脑海中，只有书本上、考试卷子上的平面和圆锥才符合数学概念。显然，中学教材上所有的数学题目都是从数学到数学，没有引导学生放眼到现实生活中去观察和体会，从而导致中国学生缺乏运用数学知识处理实际问题的能力。把现实生活中的问题提炼出来，变成一个可以通过研究解决的课题，这是科学研究的基本能力。尽管中国学生擅长数学，也只体现在解题技巧上，而不在用数学思维来解决实际问题上（上官木子，2008：27）。

长期以来我国中小学教学内容集中于书本知识的灌输，忽略了培养学生适应社会的多方面能力，包括自我表达的能力、理解他人的能力、人际交往与沟通的能力。在这方面最令人遗憾的是中小学英语教学的失败。世界上没有哪个国家像中国学生那样花如此大的代价学英语，但实际应用能力却弱得可怜。麦肯锡 2006 年的调查表明，中国内地不到 10％的大学生具备英语沟通能力，这反映了中国的中小学英语教学在口语训练方面的严重不足。何以至此？一位中学英语老师的如下描述很有代表性：

> 我们的课堂教学时间大多数是在给学生讲解语法，学生的课余时间大多数是用来背诵单词。有的学生花在英语上的时间，远远超过语文、数学及其他所有学科。有的好学生，可以把一个学期的英语课本从第一课背诵到最后一课。但是，如果拿走课本让他讲几句英文，或者让他直接和教师就生活中的一些事情进行对话，则比较困难。因为我们的教学方法，教会学生的是背书，是死背硬记，没有联系实际，没有注重语言的主要功能是用于人与人之间的交流。（林温容，2007）

从幼儿园到高中，中国孩子的英语学习贯穿于基础教育的各个阶段，并且大学阶段一如既往，还要通过四、六级考试。然而，中国学生的英语实际应用能力依然差的可怜，包括那些所谓的优秀学生。2005 年，一位在美国耶鲁大学攻读博士学位的学生被导师认为英语口语欠佳而拒绝指导。基于对中国学生英语应用能力的不良印象，耶鲁大学自 2007 年开始要求中国学生留学耶鲁要先接受语言训练，这是耶鲁历史上第一次对国际学生进行语言强化训练课程。为此，申请到耶鲁大学研究生院就读的中国学生被安排在北京外国语大学英语学院接受为期一个月的封闭式英语培训，培训的重点是听、说、写能力，以便那些优秀学子能够很快适应在耶鲁的学习生活。面对接受培训的那些被耶鲁“万里挑一”选中的中国大学本科毕业生，我的北外同事们困惑不已并深感不安。

创造力是人类综合智慧的产物，需要多方面能力的支撑，而“基础教育”时期的“空间”很重要。美国的教育给孩子以较大的空间，使学生能够选择自己感兴趣的课程与学科，有利学生充分开发自身的潜力，这正如 1992 年诺贝尔生理学奖得主埃德蒙·费希尔（Edmond Fischer）教授所言："美国的中学教育从表面看似乎不太好，但学生到大学能有良好的学习状态，而且这种学习状态比欧洲任何国家都好，主要是中学时期他们的想象力没有被限制，这是中学时代打下的基础。"（陈帆波，2004）然而，中国的基础教育是通过强制手段将知识灌输给学生，致使学生缺乏发展想象力的空间。孩子们在远离社会生活实践的狭小天地里，仅培养了一种通过记忆手段完成学习任务的能力。因此，中国学生虽然学得难且深，但独立学习的能力没有得到训练，必然导致后劲不足，这不能不说是一种缺陷。这种教育模式在批量制造庸才的同时阻碍顶尖人才脱颖而出。

可见，对于"中美基础教育孰强孰弱"这个问题，须注重考察两者在个性与创造力的培养方面的差异。1914 年诺贝尔物理学奖获得者、德国物理学家劳厄（M. von Laue）说过："重要的不是获得知识，而是发展思维的能力。教育无非是一切已学过的东西都遗忘的时候，所剩下来的东西。"美国的学校注重保护和开发学生的创造才能，适应孩子的天性和发展需要。在美国基础教育中，课堂教学没有大量的书本内容灌输，而是引导孩子们畅游无边无际的知识海洋；教师们不要求学生死记硬背大量的公式和定理，而是启发孩子们独立思考并寻找答案。反观中国的基础教育，那些课堂上正襟危坐的孩子们，那些沉重的课程、繁多的作业、严格的考试……无不令人感到巨大的压抑和束缚。无需否认，中国学生的基础知识和基本技能比美国同龄孩子扎实得多，但中国的基础教育在追求快、难、多时，省略或舍弃那些妨碍这一追求的东西，而这其中包含很多对增长智慧和发展创造力来说最需要的条件、最根本的基础。丘成桐教授尖锐指出："如果你认为教育成功的标志是会解多少道难题，那么你会变本加厉地将学生淹没在题海里。所谓'扎实'的基础，完全是反教育的。这是多少年来可怕的自我麻醉!"（端木，2004）基础教育对一个人的心智发展，具有不可小视的塑造作用。中国的基础教育的确出了问题，而问题的症结在于应试教育制度。

昏暗的花季

从孔夫子门人三千的"有教无类"，到封建社会的科举制度，直至近代中国兴办洋学堂后，才终于有了"知行合一"的新教育思想。中国教育在几千年的历史进程中，留下了艰难曲折的轨迹。1977年恢复高考，在“分数面前人人平等”的大旗下，人们似乎感到了一种教育公平。然而，经过30年的泛滥之后，高考制度已经演变为普遍的应试教育制度，并且掉头走向自身的反面，成为中国建设创新型社会的障碍（朱大可，2007）。

考试本来是选拔人才和评价学生的手段之一，然而，中国当今的教育完全成了考试的“奴隶”！应试教育的最主要的动因在于教育评价体系以单一标准的考试衡量一切。通过了这些考试，就能进入更好的学校，找到更好的工作。至于为了考试所学的内容和一个人工作、成才有没有多大关系，很少有人过问。冗长的考试链，分布在从幼儿园、小学、中学、大学本科、硕士直至博士的生命线上，纠缠着人生三分之一的岁月；在这条考试链周围，还环绕着儿童乐器考级、外语考级、计算机考级以及各种成人的职业考试、职称考试和行业证书考试等，由此形成庞大的考试网络（朱大可，2007）。总之，中国的教育已深陷应试教育的泥潭难以自拔。

这个冗长考试链上的最庞大群体是正值花季的亿万中国青少年。他们的发展可能被强力禁锢在考试、升学一条路上，从而失去在成长过程中对生活的多彩体验。看一看全国各地中学的普遍状况吧！从初中到高中的六年时光，有几个孩子不是在为了考试而读书，哪些教师不是为了提高学生的考试成绩而诲人不倦，又有多少家长在意全面培养孩子的综合素养？的确，学校领导最注重的是学校的升学率，老师们互相攀比的是学生的考试成绩。辛勤苦干、呕心沥血的园丁们的教学法宝就是挤压学生的课外时间。家长的期望，老师的压力迫使他们放弃了室外的花花草草，割舍了少年时期的业余爱好。许多孩子除了跑步之外其他的体育运动项目都不会。整个初三、高三年级几乎都是在没完没了的模拟考试和试卷评析中度过的，再看看学生们课桌上摆放的各种名目的复习资料，还有教室里布置的高考宣传标语，你就会明白我们的应试教育已经发展到了何种火热的程度。

归纳题型和填鸭式的教育，是应试的最有效方法，但同时却让学习的过程变得了无生趣。因为中国的高考是统一进行的，课标是衡量中学教育水平的唯一标准，从而导致中国将高考成绩和升学率作为评价学校和教师是否优秀的唯一标准。教案和教师教育方式的刻板僵化，正成为中国基础教育的通病。在课堂上老师恨不得把所有的解题方法都列在黑板上，以便学生多掌握一些知

在“痛苦一阵子，幸福一辈子”的标语下拼搏的高三学生

识，可是这样的学校经历致使中国孩子形成了不提问、不质疑、不冒险的习性，遏制了学生自主思考、实际应用与创新意识。的确，应试教育把大批学生培养成为考试机器，有多少人在这种令人窒息的教育中感受过快乐？对此，爱因斯坦有一句非常生动的感言：“我相信，如果谁用鞭子强迫一只动物吃食，不管它饿与不饿，那么，他就甚至能剥夺它所固有的贪婪兽性。”（亚伯拉，2007：160，161）可悲的是，很多学生失去了发现自然科学乐趣的机会。虽然“长大要当科学家”曾经是许多孩子心中最热门的理想，但随着时间的推移这个理想就像小火焰一样慢慢被吹熄了，与它一起离开的还有探求未知的心情。一种缺少视野的教育方式令科学难以展现其魅力：高中生被简单地分为适合学文科或是理科，成为非A即B相互摒弃的对立面；选择文科的人因而错过了科学所蕴涵的双面含义，只能行驶在狭窄的单行道上（王文章，丁亚平，2002：89）。

在应试教育体制下，中国的中小学校普遍以学业成绩为主要评价标准，这对学生的成长与成才产生了极大的负面影响。把自我能力的评价仅仅局限于学业能力，把智力评价标准仅仅局限于考试分数，不仅忽视了学生的整体发展，而且导致他们在对分数的追求中丧失求知的乐趣。更严重的是，一些孩子在付出了很大努力后，仍然达不到学校规定的理想目标，往往陷入压抑状态。据2006年3月23日《中国新闻周刊》报道，中国17岁以下的儿童与青少年中，至少有3000万人受到各种情绪障碍和行为问题的困扰。显然，仅以学业成绩为依据的评价标准难辞其咎。

此外，应试教育培养的学生所具备的知识是畸形的，所具备的能力也是畸形的，即只是具备了与考试有关的知识和能力（上官木子，2008：47）。孩子们为此丧失童真、想象力和原创力。应试教育制造出的“人才产品”，露出刺眼的时代特色，即“应试型人格”。这种人格擅长模仿、抄袭和剽窃，以作弊和应付的方式完成工作；擅长放弃主体性，拒绝独立的价值判断，服从威权，按别人的思路行走。反叛、挑战、怀疑和否定，是创新机制形成的精神基础，而一个无法容忍、欣赏和接纳这种精神的民族，又有什么创新可言？毋庸置疑，“中国制造”的环球产业危机，与应试教育有着必然的因果关联。一味抄袭、模仿和拼贴，就是中国工业产品无法超越廉价怪圈的主因（朱大可，2007）。

应试教育体制，扼杀了青少年最宝贵的时光、个性成长的黄金阶段。从小学到高中，学习是一种被动的过程，而且习惯成自然，到了大学便茫然无措、六神无主。身兼本科生的学业指导老师，笔者对此有深切体会。在最近的一次谈话中，一位已上大二的女生仍然对自己将来的道路困惑不已，因为她的高考志愿是父母的选择。为了千百万饱受煎熬的家庭，为了孩子们的多彩花季，为了顶尖人才的成长空间，是彻底反思应试教育的时候了！

中国的基础教育已步入应试教育的歧途，这似乎已经成为社会各界的普遍共识。因此，近些年来，“减负”、“课改”等改革举措不断推出，并且在一些地方已经初见成效。然而，更多的学校喊出了素质教育，却看不到行之有效的实际行动，有些地方素质教育甚至还被简单地理解为文娱体育活动的教育。中国的基础教育并没有真正地改善，考试与升学至上的教育之风却愈演愈烈。这正如中国教育界的最高行政长官 2006 年在全国人大常委会会议上所坦言：目前尚未从整体上改变应试教育的倾向，学生课业负担依然很重，几经努力仍未能有效扭转。那么，素质教育为何不见起色？应视教育为何仍然动力十足？不妨引用两个案例加以说明。

2004 年 7 月，南京一家著名的晚报刊登了一篇题为《南京的“高考之痛”》的文章。与许多其他大城市一样，南京的中小学在执行教育政策方面比较规范，尤其是思想道德教育与减负工作一直很有成效。例如，南京教育部门严令禁止中小学假期补课，禁止周六周日上课，是层层检查落实的；在课改、教师专业发展等方面也采取了一些举措。但是，高考录取率的下降引起家长的不满和社会的关注。一位原本成绩不错而未被第一志愿学校录取的学生抱怨说："高中三年学习中，学校教学只有 80％时间和高考有关，……学校用上课时间给我们组织社会调研、第二课堂等素质教育的内容，占全部学习时间的两成多，但这些对高考没有用，我真后悔当初浪费了太多时间。"

2004 年 5 月，湖北省某县农村教育中小学教学质量滑坡的问题引起当地教育部门的关注。他们普遍认为取消了小学阶段的考试是问题的关键。取消了考试，但对老师的评价措施没有适时更新，"干多干少一个样，干与不干一个样"的心态使园丁们不再那么辛勤，从而导致教育质量大幅度滑坡。同年 8 月高考结果公布之后，该县县委、县政府、县人大、县政协联合召开大会，并要求县教委直属学校的所有老师列席。如此兴师动众是因为该县 2004 年的高考成绩是"'文革'以来最差的一次"（钱林晓，王一涛，2006）。

这两个案例表明，在应试教育的主旋律下，单纯强调教育改革，加强素质教育，不可能减轻学校的应试压力。高考作为一根魔力指挥棒，使得全国各地的中小学都紧随它疯狂旋转，声势之大不可阻挡。显然，"高考"是中国教育的一个"瓶颈"。从小学就开始准备，好像教育除了"升学"没有别的目的。而一旦升学成为唯一目的，应试教育就成为一种趋势、一种潮流，如洪水猛兽一样肆虐。

如果说素质教育改革难以推行的根源在于"高考决定论"，那么，改革高考制度选拔人才的标准是否能够奏效？近年来，一些高校推出了自主招生计划，其初衷是采用有别于统一高考的灵活的标准为那些特殊人才开偏门。然而，实际上他们注重选拔的是考试的高分获得者与学科竞赛获奖者，很多高校以学生在高中学习成绩的年级排名作为报名资格。这意味着，学校成绩和竞赛成绩被中国的大学视为优等生的标志。这显然与不拘一格选拔偏才的初衷相背离，没能起到自主招生与高考互补的作用，当然难以促进素质教育，更不利于创新型人才脱颖而出。2006 年 4 月，山东师范大学附中学生潘立群发明的"可解决色觉障碍的交通信号灯"在国际中学生创新成果展上获得工程学的一等奖——"最佳国际项目奖"。这是中国选手首次获得此项赛事的最高奖。然而，从展览举办地哥本哈根回来后，潘立群面临一个冷峻的现实：他即将参加当年的高考。由于在高三痴迷于发明，加上在国内外比赛耽误了大量时间，潘立群的学习成绩下降了，结果高考只得了 379 分。他试着向全国各地一些自主招生的高校推荐自己，但因自主招生工作早已结束，没有一所学校破格录取

哈佛的校训是：与柏拉图为友，与亚里士多德为友，更要与真理为友。它教导学生们不仅要学习知识，而且要不断地创造出新的知识。哈佛大学的校徽也显示哈佛的办学方针，其主体部分以三本书为背景，分别印刻有“VE”、“RI”和“TAS”字母，“VERITAS”的拉丁文是“真理”的意思

他。潘立群的经历引起一些教育专家的忧虑：在建设创新型社会的今天，一个富有创新能力的学生，仅因为一次考试失利，就被大学拒之门外，这看似公平，实际上并不公平。毫无疑问，像潘立群这样的学生，如果能有机会进入氛围好一些的大学深造，凭他的能力和兴趣，将来会搞出更大的发明（何勇，2006）。因此，自主招生应该探索一个真正能不拘一格选拔优秀人才的录取制度，从而打开束缚人才成长的高考“镣铐”。

相比较，美国的大学，尤其是常青藤盟校的招生录取对学生的综合能力要求很高，因此高分学生未能如愿者大有人在。例如，哈佛大学每年都收到不少SAT（大学入学考试）满分学生的入学申请，但只有不到一半的申请者被录取。哈佛的解释是，除了“硬分数”之外，个人特长、创造力、社区服务和领导才能等“软能力”同样重要。这意味着，哈佛大学录取的不是一个分数，而是一个完整的人，即更看重申请者的综合素质。如果一个学生某项特长很突出，哈佛校方就组织专家组进行评审，通过评审即可被录取。因为这样的录取标准，有志申请名校的高中生们都会利用假期和课余时间参加实习和社会服务工作，以增加社会经历，开阔视野，并提高实际工作能力。

在20世纪90年代教育改革的大潮中，许多人认识到，能不能取消高考，是关系到中国能否在21世纪成为发达国家的大问题。然而，如今高考作为举国第一大考的热度不减当年，唯“分”是从的惯性思维使人才评价制度改观依然如同镜花水月，因此，中国建立创新型社会的宏大目标面临着巨大挑战。中国高考改革缺少的不是高考制度本身不断优化和改良的探索，而是从本质上做转变的勇气。治疗应试教育的病症，首先从学校教育评价体系入手，修正“以考试应万变”的教育方针：减少考试次数，取消各种无聊的考级项目；最终取消高考，代之以高中会考；从幼儿园开始，把想象力、创造力和反叛性，作为考核学生的重要指标。作为牵动社会各界眼球聚焦的高考改革，必须加大力度并落到实处。自主招生作为高考改革趋势的新的发展方向，既然是大势所趋，既然承载着民众的关注与期待，更要好为之、善为之，并且要在公平、正义的前提下，用渐变的过程和公众能够接受和认可的方式做到和谐过渡。特别需要强调的是，教育绝对不仅仅是教育界的问题，真正革除应试教育的弊端，需要中国家长们从观念和行动上鼎力配合。为此，周国平在其新作《善良　丰富　高贵》中诚恳有加地提出了忠告，不妨引述如下：

> 我想在这里强调，对于弊端的革除，家长们也有一份责任。事实上，你们的恐慌也助长了弊端的肆虐，二者之间有一种共谋关系。我要向你们讲两个很简单的道理。第一，在恐慌心理的支配下，你们驱策孩子学各种班，互相攀比，这样做只会在总体上加剧不良竞争，而被录取的人数不会增加，结果多数孩子的班是白学了，获利的只是办班的机构。第二，即使你的孩子在不良竞争中获胜，付出的代价也太大，牺牲掉的是童年的幸福。从长远来看，孩子将来是否有出息，身心的健康生长远比一纸文凭重要。所以，你们自己要保持清醒，拒绝恐慌，拒绝不良竞争，倘若中国的多数家长都有这样的觉悟，现行教育体制想不变也难了。（周国平，2008）

高等教育的困境

2006年11月20日9时许，国务院第四会议室。面对六位并肩而坐的大学校长和教育专家，国务院总理温家宝说：“有几个问题，一直在我脑海里盘旋。今天向大家求教。去年看望钱学森时，他提出现在中国没有完全发展起来，一个重要原因是没有一所大学能够按照培养科学技术发明创造人才的模式去办学，没有自己独特的创新的东西，老是‘冒’不出杰出人才。我理解，钱老说的杰出人才，绝不是一般人才，而是大师级人才。学生在增多，学校规模也在扩大，但是如何培养更多的杰出人才？这是我非常焦虑的一个问题。”对于总理的问题，六位校长无一人作出正面回答。或许，他们都有难言之隐。但这表明他们都认同总理的说法。

1977年恢复高考以来，中国的高等教育得到了长足发展。到2008年，全国普通高校招生计划为599万人，这是一个规模何等庞大的人力资源。而如何提高教育质量，培养更多的顶尖人才，是中国高等院校面临的挑战。教育是人力资本投资的主要途径，但如果没有良好的运行机制，再多的期望，再多的投资，也达不到相应的要求。那么，就培养顶尖人才而言，中国高等教育的问题何在？

体制痼疾

回顾过去的30年，中国的经济体制改革取得了巨大的成就，然而，教育体制改革并未与时俱进。在中国经济越来越开放，各个领域争相与国际接轨的今天，教育体制却停留在计划经济时代，高等院校还是政府的一部分，这一体制弊端严重束缚高等教育的发展，阻碍顶尖人才的成长。

首先，大学自主性不足。高等教育的许多重要资源，从办学经费、校长人选、职称评定到博导名额，一直由教育部进行分配（郑永年，2004）。因此，高等院校要想成功，就必须把自己精心包装，以获得官僚的首肯和大量的国家经费。在国力不足的情况下，校长们粉墨登场，利用民族主义的大国情怀为自己寻租。大量的国家拨款涌向北大、清华等少数几所大学（薛涌，2005）。教授们为了课题分配疲于奔命，“跑部钱进”，因为评审过程所包含的腐败已成为“潜规则”。和政府的紧密关系意味着高校缺乏自治自主性。当大学听从教育部门支配的时候，政府的评价也就成为教育界追求的指标，从而失去了教育本身的目标。这个恶性循环不打破，教育改革就没有希望。只有当高等院校发展出自主性的“行规”来约束自身和评价自身的时候，才有可能成为高质量的大学，培养出众多优秀人才。

其次，教育机构缺乏平等竞争。在美国的自由竞争机制下，私立大学成为高等教育的核心力量。中国尽管有各种类型的民办学校产生，但在招生政策、师资配备、专业设置等方面受到很大的限制，因而只能在夹缝中求生存。对此，“反智的书生”薛涌在《谁的大学》中猛烈地抨击道：

> 由于长期以来集权体制的庇护，北大、清华等几个（所）大学在市场竞争中无疑有不公正的垄断性优势，因而，一直理直气壮地要求政府不断投入和政策“倾斜”。中国需要削减这样的优势，而不是通过国家拨款扩大这样的优势。这样，各种各样的大学，就会在一个相对接近的水平和规模上展开竞争，优胜劣汰。那些在教育上最有创意的，最终才能够成为众望所归的“一流大学”。（薛涌，2005）

最后，高校管理官僚化严重。美国的大学一般只有正副校长1～3人，他们对全校教师情况了如指掌。而中国大学里，校长、书记各1人，副校长、副书记多达10人；学校的常设处、部、室多达30～40多个，即便精简也是把几小盘菜装进一个大盘，实际上人数没有减少。还有自上而下的团、工会系统，有各级学术机构——学术委员会和学位委员会。毫无疑问，高校的核心资源是它的学术制度与学术成果，而支撑核心资源的主体是教员，行政系统是为教学一线服务的。在美国，大学教师有很高的社会地位，有良好的待遇，是知识分子梦寐以求的职业，因为“大学教授就是大学本身”，这是哥伦比亚大学教授、诺贝尔奖得主拉比当年直截了当地告诉他的校长艾森豪威尔将军的。清华大学校长梅贻琦先生也曾说过，“与教授相比，校长并不重要，校长只不过是率领职员给教授搬凳子、椅子的人”。然而，在中国，高等院校管理官僚化大行其道。校长们被定为部级、副部级之类的官衔与级别；行政官僚把持着许多教学与科研的决策，教师和科研人员反而居于次要位置；资深教授们只是“高级雇员”，难以充分发挥在教学科研决策方面的主体作用。2008年11月，中国大学迎来了校长换届的高峰。应给教授搬凳子、椅子的人正在全国范围内互换坐椅。耐人寻味的是，在中国的广大村民都可以选举村委会主任的当下，大学教授们对于校长的产生，不仅没有决定权，而且连有效的建议权都没有（都市文化报，2008）。在官僚化体制下，高校的行政部门是领导者，是对教员发号施令的。以简单的政治行政命令对教研人员的束缚仍旧像一条无形的绳索，扼杀了他们的创造性。在行政官僚的把持下，高校教师的工作条件难以得到应有的改善。一些著名大学的教授竟没有一间科研或教学办公室，因而无法在课外更多地对学生授业解惑。此外，许多大学图书馆的馆藏匮乏与服务质量令人心寒，教研人员不得不耗费大量精力寻找资料、搜信息，从而大大影响创造科研成果的数量与质量。对于高校官僚化依旧的局面，2008 年 3 月，中国人民大学政治系主任张鸣在博文中痛陈：

> 现在的部门一把手就是县太爷，机关行政人员是六房胥吏，教师们是三班衙吏，学生是百姓，完粮纳税还战战兢兢，老师们看来还能呵护一下这些学生，其实自己在这个衙门里也属于贱民一类。官老爷保持学校的一切，学校一评级别，那些最高一级的职称都是官，他们掌握各种权力，决定学校里教师拿课题、评奖……现在已经形成一个利益集团，你得罪其中的一个人，就得罪了一个大链条。

美国大学无论在数量还是质量上都在世界上占领先地位，即使是最偏僻的小镇，也不乏一两所不错的大学。一个重要原因在于，各种近似繁文缛节的教育制度和条款规则，使美国高等教育真正做到了事无巨细皆有章可循。中国要培养人才，尤其是大师级人才，需要一个良好的制度环境。因为只要大学校长继续拿着校长当官做，绝大多数有创造性的学者在中国的大学内都将会碌碌无为地度过一生。如果不能在体制上对教育作根本的改革，即使中国经济再持续增长数十年，中国的教育制度也很难赶得上先进国家。因此，政府必须痛下决心，尊重教育规律，纠正以行政手段管理教育的倾向，从而真正提升大学的水准，造就更多优秀人才。毕竟，教育是百年大计，人才竞争场上的失败永远弥补不了其他方面的伟大成功。

精英误区

高等教育对社会的最大贡献在于培养人才，创造物质与精神财富的人才，而高水平的大学是造就精英人才的主力军。近年来，中国的大学发展得太快，招生规模膨胀了近十倍，然而，精英理念、管理水平与人文传统并没有跟进。虽然全国数以十万计的大学生还依靠助学贷款与勤工俭学来完成学业，虽然高尔夫运动对于众多中国人来说还只在电视电影中得以一见，北京大学却向国家有关部门提交建立高尔夫球练习场的申请，而厦门大学却要将高尔夫球列为学生选修课与必修课程，从而体现承担培育社会精英的责任。这不禁令人感叹，中国人曾经避谈“精英”，如今不避讳了，却走向了另一极端。精英培养不是一些事关精英的技能培养，譬如会打高尔夫，精英意识首先是人文精神、科学素质和社会责任，其次才是个性气质修养。

不论是老牌名校还是后起之秀，高水平的美国大学体现了洪堡所创立的三原则：教学与研究相结合，学术自由，以及自由教育。就教育目标来说，美国的大学本科教育是一个自由人最基本的教育，即通识教育，它注重培养具有理性思辨能力和批判精神的健全人。“与柏拉图为友，与亚里士多德为友，更要与真理为友”，这是哈佛的校训，也反映美国大学自由教育的真谛。在自由教育系统中，学生通常需要学习艺术、历史、哲学、人文、社会科学、自然科学等领域内的课程。积累了足够广泛的学识之后，学生根据自己的兴趣选择一个专业方向进行深入学习，从而在毕业时成为文理兼通的综合型人才。因此，美国名牌大学的本科学院统统没有商学院和法学院，其合理性在于，职业教育只有在完整的本科通识教育基础上才能继续进行，否则放任美国的反智主义，只能培养出一批又一批的市侩之徒。的确，优良的本科教育使得美国商学院与法学院的实用人才最终成为“有责任感的社会精英”。虽然当今科技发展日新月异，新学科、新问题层出不穷，但美国的大学，尤其是一流大学，依然紧抱传统，正如薛涌在《美国是如何培养精英的》中的如下阐释：

> 越是精英的大学，越务虚不务实。全美大学生，有20%以上选择商学为自己的本科专业，学历史、文学的寥寥无几，凑不出个百分点来。但是耶鲁大学的学生，选历史专业的竟达15%左右，高居第一。政治学和经济学紧随其后。接下来的热门专业则是英语。商学这个专业在本科教育中根本不存在。明摆着，这些精英将来是要统治世界的。教育给他们的是价值观念、社会理想、对未来的远见、对人类命运的关怀，而不是怎么在那里数钱。（薛涌，2008）

由于历史文化与社会制度背景不同，中国的大学教育被定位成培养某一领域或行业人才的专才教育。把大学办成职业培训场，只教给学生一些狭窄的专业知识，从而大多数学生心目中只有就业这一个可怜的目标，只知道作为谋生手段的这一种不快乐的工作。从经济发展的角度看，一个文明社会更需要心智自由快乐的成员，还是只知谋生的劳动者，答案不言而喻。许多企业也已经强烈地感到，只有专业技能而欠缺综合能力与素质的大学生不是适合其发展需要的人才。高等教育应该培养出真正的精英人才，从而为社会增添活力并推动人类进步。

当然，精英人才不仅学业成绩优异，更重要的是对社会有着深厚的人文关怀，对民众有着悲悯情怀，是时代的弄潮儿，是能够推动人类历史发展的英雄，处理任何事件，都能居高临下，游刃有余。美国的大学衡量精英的另一个准则是看学生在多大程度上能够参与基层社会的生活，有多大的现实感和解决实际问题的能力。学生通过做义工了解了社会，有了使命感，强化了公民的政治参与意识。美国的大学在行政、组织和文化上，都鼓励学生出去当志愿人员。不少学校把志愿服务包括在正式的学术课程之中，或者帮助学生在当地社区找到当志愿者的机会，通过实践看看自己究竟能为社会提供什么服务，或者面对社会的需求和挑战，自己还缺少什么本事和素质。例如，耶鲁大学每年都鼓励学生到纽黑文最差的学校作义务辅导，并为此设奖。一位教授在解释耶鲁为什么培养了这么多总统和政治家时自豪地说：这里有最优秀的教育资源，又有一个最贫困破落的城市。美国的一切社会问题都展现在学生眼前。这反映了美国大学的精英理念：精英人才需要学会如何与下层社会建立联系，如何深入基层，如何体会百姓的生活——这是成为领袖的基础。

反观中国大学的精英教育，真正符合德、智、体、美全面发展标准的人才并不占多数，而缺乏治学精神、合作能力、诚信品格以及社会责任感的毕业生却大有人在。一些大学生虽然在期末考试前的宣誓活动中一本正经地签了名，但一上考场居然肆无忌惮地作弊，以便拿到学分。功利性阅读习惯也从中学延续到大学。每年临近全国四、六级英语考试，外文书库的借阅率远远高于平时，全国计算机等级考试也使电脑类图书阅读量成倍增长。许多本科生，除了教材或一些流行的畅销书之外，居然没有仔细欣赏过一部经典著作。而就学业本身来说，大学生的学术意识普遍欠缺，他们的毕业设计或学术论文大都是找工作、忙实习之余匆匆完成的，其学术质量可想而知。可叹的是，四年宝贵时光，有多少人对大学生活流连忘返？为了混一个毕业证，为了找一个报酬丰厚的工作，是中国大学生的普遍目标。令人感叹的是，任凭全国各地需要人才，但大批毕业生宁愿挤在大城市承受生活与工作的巨大压力，而不愿去西部、中部，不愿去小城市、中等城市大显身手。

美国的大学致力于把追求杰出与贴近社会大众这似乎冲突的目标融为一

体，内蕴于这努力之中的，是与民主社会主流价值相契合的精英观：社会精英是能够引领国家向正道而行的中坚分子，无论处在什么位置上，能力、责任、平民心态或平民情怀都是不能少的。如果毕业生大都是缺乏竞争力的平庸者，这是大学的失败；如果学生经几年大学生活浸润一个个变得优越感十足、自以为高人一等，同样是大学的失败。中国人民大学斥资数百万元为食堂安装户外观光电梯，许多大学花数百万元建造豪华校门，云南某党报和某企业联合包专机送考上北大、清华的学子赴京报到，厦门大学把开设高尔夫球课作为必修课……这些近期的新闻事件表明，许多大学渐渐失去精神与文化的引导作用，沦为一般的生产与创收经营性“工厂”，甚至在追逐物质性时尚与潮流，这样的状态连一般性的人才培养都成为问题。显然，中国的大学要培养精英人才，首先大学管理者自身要有精英意识，懂得精英的生成方式、条件、环境，从整体上把握精英对社会的价值与意义。精英首先需要“精神”，而在担当社会责任方面，它则要有“英雄”的风范，它要在创新与社会思想进步上有所作为，要引导社会向自由和谐方向发展，而不是附庸风雅，远离布满泥泞的底层生活。

大师难觅

2008年7月，美国《科学》杂志发表题为《美国研究生教育：头号博士培养学校现在来自中国》的文章，开头写道：“夏季奥运会下个月才开幕，可中国的大学已经在一项全球高校的重要竞赛中领到了金牌和银牌。”该文把清华、北大比作“最肥沃的美国博士培养基地”，因为这两所大学是美国名牌大学博士生的主要来源。或许那些被美国大学录取的中国学子对新生活心驰神往，但对于中国来说，这并不是太光荣的事。多年来中国一直是美国等发达国家的消费品加工基地和污染物堆放场所，现在居然被视为“最肥沃的美国博士培养基地”，这绝不是因为中国盛产“未来的美国博士”。改革开放30年来，中国政府把大量人力物力财力投入名牌大学，目的是要为本国现代化建设培养人才。高等教育以大量人口为基数，以巨额资金和层层筛选为代价培养了一些尖子学生，他们却最终一走了之，且很可能一去不返，这是中国最大的悲哀。悲哀之余，我们不得不仔细反思一下中国的研究生教育与美国的差距。

美国之所以在创新与竞争力方面一直处于世界顶尖地位，主要是由于美国的研究生教育、研究型大学和基础研究能力超群绝伦。相比之下，中国的研究生教育在创新型人才培养方面存在巨大差距。这种巨大差距的根源在于应试教育扼杀了中国学生的创新意识，而研究生阶段提倡创新为时已晚。的确，在美国，从小学、中学一直到大学都是以素质教育、创造性为主，这种个性鲜明的学习也贯穿到了研究生培养中；而中国传统的“填鸭式”教育对研究生教育造成了难以克服的影响。虽然中国的一些高等院校在组织结构、课程设置、培养方法上，尽量地改善并学习其他国家先进的教育方式，但始终没能将“创造性”贯穿到每一步。即使中国和美国的大学培养科学探索精神这一教育目标是共同的，但实际的教育过程和结果仍有很大差别。近年来，中国高等院校的研究生数量以每年 25%以上的幅度增加，2007 年在校博士生和硕士生为 110.5 万人。无论从数据还是从现场看，中国目前的研究生教育，似乎一路风景亮丽光鲜：学子云集、学科众多、楼宇气派、设备先进。几乎任何一个大学的负责人，在可能的时间地点，都会如数家珍地列举自己的学校有多少个博士点，多少个硕士点，多少个一级学科，多少个重点学科。然而，说到研究生教育的质量，尤其是创新能力与综合素质，恐怕高等院校的管理者们就不会那么底气十足了。即使学校的基础很好，也难以承受这种大跃进，更何况，中国的大学扩招带来的大学合并、盲目扩张等结构性问题，又加重了大学的内伤。

美国大学的研究生教育注重培养创造性研究的素质，首先从新生录取就可窥一斑。美国的大学在选择研究生候选人时，不仅要看申请人的学历、学位、教授推荐意见、考试成绩和社区服务经历等“常规”条件，还非常重视通过面试、加试、笔试等方式来考察其创造性思维能力、分析表达能力、应变适应能力等素质；相比之下，中国研究生的入学是以分数定乾坤的，学生只要跨过研究生考试的门槛便几乎大功告成。令人尴尬不已的是，外语成为研究生考生的一大“难关”，专业课反而次之；在被录取的考生中靠死记硬背二外和政治科目考出高分的“低能者”不在少数。

在课程学习方面，中国与美国大学的差别也非常明显。在美国研究生的常规课程学习中，教师讲课非常精炼且具有启发性，以激励学生进行更深入的研究。此外，美国的大学教授注重培养研究生的学术敏锐性。他们会把自己的最新研究成果，或是科技界近期的研究进展及时补充到课程中。在授课风格上，美国的教授会通过各种办法使学生加深对课程的理解，如鼓励跨学科课程的学习、经常性的课堂讨论、课程小论文等。通常在课堂上，五六个或十几个学生与教授围坐在一起，就自己的查阅的资料和思考的结果各抒己见，教授只是起引导协调的作用，学生的讨论才是最重要的课堂内容。这就是所谓年轻人智慧的互相激励。学术自由带来的积极结果，就是一个学生想往哪个方向发展，都会受到教授的鼓励和帮助。没有任何框框的束缚，也没有锁死的框架，也没有无端的限制，这对于一个人思维素质的培养具有非常重要的意义。由于近年来的高校扩招，中国当前的研究生课程的教学方式无法改观，课堂教学仍然沿用本科大课“教师上面讲，学生下面记”的模式，创新、思考的能力未见进步，做笔记的功力倒有所增长。更可叹的是，研究生选课有些“混”的感觉，一些学生争先选择容易拿“高分”的课，教授为了吸引更多学生竟一味降低课程难度。在一些学校的研究生课堂教学中，一学期未见主讲教授的情况也屡见不鲜。

美国大学的研究生教育对学术研究中有高标准及严格的程序把关。研究生一入学便在导师指导下开展科研工作。博士生修完课程学分后，必须通过资格考试才能进入学位论文研究阶段。研究生在完成学业的过程中，所接触的不仅仅是入学时选定的一位导师，而是一个教师集体。这样一种由个人和集体共同形成的学术环境，有益于研究生在接受教师指导及学生之间的互相切磋中博采众长。相比之下，中国大学的研究生教育似乎比较“省事”，很多研究生几乎处于“放羊”状态，一名导师带 20～30 名研究生的情况并不罕见。对此，美国华裔物理学家李政道博士有感而发：

> 就培养顶尖人才而言，师生间“一对一”的教导至关重要。我们如果考察一下科学史上优秀人才的成长经历，可以很清楚地看到这一点的重要性。比如 20 世纪上半叶为物理学作出过重大贡献的科学家，大都有很好的老师，而且大都接受过“一对一”的指导。我当年在美国芝加哥大学读研究生时，导师费米每周都要花半天时间和我单独聊天，凡是基础性的重要问题，我们都会深入讨论，这些指导使我终生受益。我后来带研究生也是“一对一”。所谓“一对一”，并非一个老师只能带一个学生，但是老师必须对学生实行面对面的教育，如果他带的学生过多，怎么能做到因材施教？（李政道，2006）

在中国的大学，一些导师忙于自己“赚外快”和“做学问”，与学生面对面地交流机会太难得了。更可悲的是，为了完成导师交代的项目，研究生需要付出相当多的精力，但课题和研究方向往往是为了项目本身。因此，研究生的科研水平和论文质量普遍不高，大学校园弥漫着浮躁、浅近、轻飘的学风。实际上，许多人接受研究生阶段的教育，无非是为了得到一个文凭，为自己镀一层金，以便于今后的升迁。在某种意义上，中国的研究生教育基本上还是严进宽出，只要考进来，差不多都能毕业。

中国的研究生教育在师资方面差距更大。美国高等院校的一个“助理教授”职位，有上千名青年博士申请。而一半的助理教授将被大学的“终身制度”淘汰掉，只留下最优秀的，成为“副教授”。在美国的许多大学，老师的知识绝对比学生丰富，而且越年长的学者知识越丰富，绝没有赶不上科技演变的情况。老师不但教学生新的知识，而且能够启发学生创新。老师拥有学生的信任，老师是学生所仰慕的。“名师出高徒”这句中国谚语便是美国大学顶尖人才成才途径的生动写照。2004 年诺贝尔物理学奖得主的 3 位美国科学家：加州大学圣巴巴拉分校的戴维·格罗斯（David Gross）、加州理工学院的戴维·波利策（David Politzer）和麻省理工学院的弗兰克·维尔切克（Frank Wilczek）获奖依据是 31 年前发表的两篇文章：其中一篇由当时在普林斯顿大学任助理教授、32 岁的格罗斯和他的博士生 22 岁的维尔切克所写，另一篇为当时在哈佛大学做研究生的 24 岁的波利策所作。毫无疑问，他们的创新成果大大得益于研究生阶段的创造性研究：导师们鼓励弟子提出超出他们知识和经验的问题，思考那些还未得出答案的问题和事物。

人们一直在关注，中国本土的科学家什么时候才能获得诺贝尔奖，但也许更需关注的是什么时候才有这样的老师吧！或者，用前微软公司副总裁李开复的话来说，三流的老师，不可能教出一流的人才。前微软亚洲研究院院长沈向洋曾经是南京工学院的研究生，博士毕业于美国卡内基-梅隆大学，他对中美研究生教育的差异，尤其是大师的作用有如下体会：

> 我觉得中国的研究生教育真是非常失败的。研究生的教育从理论上讲，是培养中国科研的主力军，但事实上没有做到这一点。用中国一流名校培养出来的研究生，跟美国一流名校的研究生相比，差距是不可逾越的。我不相信是中国的学生差。像清华这样的学校，能够进去的学生，无

论如何都是非常了不起的一群人。可是中国名牌大学的校长敢不敢说，20年之内我的学生中有人可以拿“诺贝尔奖”？麻省理工的校长是一定敢说这个话的。所以差距还是很长远。有人说是因为中国穷，不如人家那么有钱，但我觉得更重要的差距在师资上。中国的大师在哪里啊？没有大师你怎么培养顶尖学生？所以大学里是一定要有大师的。（凌志军，2008）

“所谓大学者，非谓有大楼之谓也，有大师之谓也”，梅贻琦先生当年在清华大学校长就职典礼上留下的这句话，多少年来一直成为界定大学价值的最好诠释。大学乃大师之学，无大师则无大学。毕竟，大学的精神底蕴和文化是大学的灵魂，如果缺失这样的价值与气质，大学精神只能趋于迷失，只会功利主义膨胀，最终导致大学功能的异化。与大学的规模不断扩大、学生不断增多、学费不断攀高相比，大学里的大师却越来越少，像样的创新成果却越来越少。更糟糕的是，按现有制度选拔和培养出来的研究生质量也受到社会和用人单位质疑。博士们照抄照搬书本知识、遇到实际问题不懂如何解决，在人才市场的受欢迎程度远不如刚毕业的本科生，“呆博士”、“傻硕士”已经成了一些高学历者的自我解嘲。

在如此浮躁和功利的学术氛围中，中国的大学何以能够培养出诺贝尔奖得主？的确，中国要成为学术文化的大国，前面的路还很漫长。大学不仅需要学者们洁身自好的勇气，更需要政府的胸怀和远见；毕竟一流的大学或一流的学术，不止意味着一流的人才，也是一流制度和一流政府的体现。如果中国有10所大学跻身世界排行前100名，中国的大学拥有成千上万世界一流的教师，如果远在贵州、西藏等地的大专院校能够吸引并留住优秀人才安心任教，那么中国本土科学家获得诺贝尔奖就为期不远了。

文化根基的残垣

在看重实力与学历的美国，具有注重教育文化传统的少数族裔往往如鱼得水，表现非凡，堪称“模范”。世界上有两个民族最重视教育，一个是华人，一个是犹太人。因此，在美国的一流大学里，华裔与犹太裔佼佼者屡见不鲜。犹太人的教育观激励了犹太裔后代充分利用美国的人力资本制度优势努力向上流动；中国文化对教育的高度重视促使华夏子孙发奋读书，并取得了优异的学业与骄人的学历，中国学生因而成为美国科学与工程学长期依赖的人才资源。然而，就美国顶尖人才来说，华裔的人数比例远远低于犹太裔。尤其令人遗憾的是，在本书考察的202位政治领袖中居然没有一位华裔或具有华裔血统，而犹太裔的比例却高达11.6%，大大超过犹太人占美国总人口的比例；在华裔精英荟萃的科技界，犹太裔泰斗的阵容也是无与伦比的。的确，犹太人比华人成功，也比世界上绝大多数民族成功。放眼全球，1500万犹太人只占世界总人口的0.3%，但犹太裔诺贝尔奖得主的比例却是其他民族的100倍。除了自然科学外，经济、思想、文学等领域出现的杰出犹太人士也比比皆是。马克思、弗洛伊德、爱因斯坦、基辛格、格林斯潘、索罗斯、默多克都是犹太人。有一个国家元首在离职时感叹道，当今社会犹太人控制了世界。因为美国控制着世界，而犹太人控制着美国。犹太人之所以有这么强大的实力主要依靠那些财力雄厚的犹太财团，这些财团团结一致可以影响美国国会的政策走向。全球财富在美国，美国人的财富在犹太人口袋里。犹太裔美国人仅占美国总人口的2%，而他们在美国富豪排行榜中的比例则高达25%。可以说，20世纪，全球在很大程度上笼罩在犹太人的影响之下。那么，这一巨大影响的动力之源何在？答案是犹太文化传统、宗教信仰与民族精神。犹太人聪明过人，富于创造，韧性十足。他们遭遇现实，面对现实并战胜现实。相比之下，中国文化的劣根性与理念的偏差阻碍着中国人的登顶之路。

教育观

说到中国文化注重教育的传统，可以想到一个预测刚满周岁的孩子未来志向的抓周仪式。在周围摆放的玩具、书本、笔墨，食物、算盘、钱币等物件中，父母多半希望孩子的小手抓到书本笔墨，因为那表明他（她）将来会好好读书，走上品之路。犹太人也有一个古老的习俗，父母经常把蜂蜜涂在犹太法典或圣经上给孩子吃。小孩喜欢吃甜食，吃得多记住的字就多，同时把甜蜜和书本联系在一起。这是一个非常聪明的开发智力的方法，抓周才一次，字母糕点却常常吃。这两个例子表明犹太人和中国人都有注重教育的传统，但两个民族的教育观在本质上有很大的不同。

中国人虽然非常重视教育，却把读书学习作为手段和工具而不是人生的乐

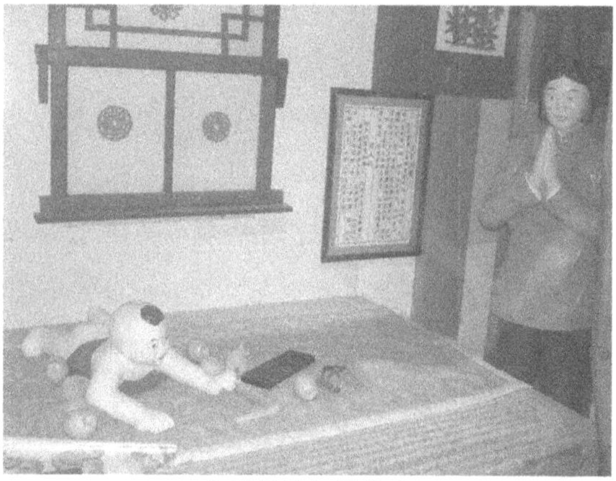

中国传统抓周仪式

趣。父母鼓励孩子好好学习是为了考上大学，为了出人头地，为了升官发财，为了将来有份好工作。而一旦达不到目的，就会走向反面，变成读书无用论。追根溯源，中国人这种功利性教育价值观由来已久。中国古代特有的科举考试制度，鼓励读书人“学而优则仕”。这种通过考试选拔文官的制度，需要考生阅读和背诵无数的经典文献，掌握并理解大量的知识与典故，因此教师往往要求学生“两耳不闻窗外事，一心只读圣贤书”，同时灌输给他们“劳心者治人，劳力者治于人”的思想。激励学生学习的动力是金榜题名，是“十年寒窗无人问，一举成名天下知”。宋真宗赵恒的《励学篇》有“书中自有千钟粟，书中自有黄金屋，书中自有颜如玉，书中车马多如簇”的诗句，表达了“吃得苦中苦，方为人上人”的主题，对读书人的影响广泛而深刻。时至今日，这仍然是许多教师在课堂上勉励学生的箴言，而且更有一些类似的创造：不要让孩子输在起跑线上。

经过数千年儒家思想的浸润，对教育的重视以及读书学习的功利性已经融入中国人的血液中。怀着“万般皆下品，唯有读书高”的执著信念，许许多多贫穷的父母甘愿砸锅卖铁也要让孩子能够得到良好的教育以期有朝一日“出人头地”。近些年来，随着生活水平的提高，中国的父母为了孩子的教育更是不惜代价，从绘画钢琴舞蹈各种培训到英语数学语文全面辅导，花样百出、用心良苦，只为考上更好的学校。为此，父母们的“教育竞赛”从选择幼儿园就已经开始。不少父母认为“热门小学”学习量大、学习难度高，因此希望幼儿园能教孩子识字、写字、做加减乘除，最好还能协助父母帮孩子提前进入小学学习状态，甚至以毕业能进一流小学人数的多少来权衡幼儿园教育质量。曾几何时，打出双语教育、识字写字、乐器艺术等“特色牌”的幼儿园深受中国家长的青睐。

显然，把读书学习当作敲门砖，当作追逐名利的手段和途径，背离了对知识和真理的追求。可叹的是，现代中国人依然对传统教育观情有独钟，从而导致举国上下教育功利化后果相当严重。功利化教育的最大害处在于，人们逐渐丧失学习与钻研的快乐、兴趣与动力。经过十年寒窗苦读的高中生对那种服刑式的生活已经到了忍无可忍的地步，因而，进入大学之后便以“十八岁革命成功”的姿态走向另一个极端，心安理得地享受伊甸园般的美好生活。他们睡懒觉、逃大课、交网友、谈恋爱……但就是不肯认真读书，能沉下心做学问的学生越来越少。知识分子也很现实，很多人马马虎虎凑够学术成果评上职称就完事大吉；一些教授或科学家借着学术上的一点成绩就抛下专业去当官，从而追求更多的钱和权！因为教育投资的回报不会立竿见影，政府也就没有动力加大教育投入，所以，到 20 世纪末教育投资占 GDP 4%的目标至今仍未实现。

与中国人截然不同的是，犹太教育观把学习当作目的，而不只是手段。犹太人认为，学习不但是有用的，而且是给人生带来甜蜜和快乐的。他们把学习看作人生的乐趣，因而一旦对某个领域产生兴趣能终身投入其中。基于这种教育观，家长和教师在培养孩子对学习的爱好方面注重因材施教与积极鼓励，因而犹太人普遍保持终身学习与酷爱读书的习惯。在犹太人的家中，可以没有高档的家具，但不能没有书橱书架。犹太人还有一个世代相传的习俗，就是书橱一定要放在床头，而不是床尾。他们视书为高洁之物，若放错了位置，就被认为对书不敬而受到指责。联合国教科文组织的调查结果表明，每年阅读书籍排名第一的是犹太人，一年平均是 64 本，上海在中国排名第一，也只有 8 本，而中国 13 亿人口，扣除教科书，课外阅读平均每人一年读书一本都不到。一个重视教育的大国，全民却没有养成读书习惯，不能不说是个极大的尴尬。

犹太人重视教育并崇尚知识，因而十分尊敬有知识的学者和传授知识的教师。犹太经典《塔木德》有一句话：学者的地位高于以色列王，因为如果一个学者死了，没有人能替代他；而如果一个国王死了，所有的犹太人都可以胜任。如果犹太人的家族出了议员、部长、将军，这种荣耀并不被看重，但若是出了博士、教授、科学家，才是真正的荣耀。犹太人还流传着这样的格言：

"教师比父亲更重要"，"为使女儿嫁给学者，即使变卖一切家当也值得；为娶学者的女儿为妻，纵然付出所有的财产也在所不惜"。这足以表明犹太人对学识的尊重。在犹太文化中，学者远比国王伟大，也远比富翁伟大。犹太人永远把教师看做是他们的精神指导者，享有近乎神圣的地位。在他们数千年历史中，无论民族发达与沦落，从来没有斯文扫地的情形发生。相比之下，中国文化历来看重权贵、王侯、富豪，并把他们的地位置于学者和教师之上。虽然中国也有尊师重道传统，但中国人尊师是随着形势变化的。教师可以是天地君亲师，也可以被嘲笑为"家有二斗粮，不当孩子王"的教书匠，或被当作"臭老九"游街示众。

犹太人不仅喜爱读书，渴望知识，而且重视才能。他们把有知识而没有才能的人比喻为"背着很多书的驴子"。与中国人相比，犹太民族最宝贵的特质在于崇尚创新，善于求异。他们认为，没有创新的学习只是一种模仿，学习应该以思考为基础，要敢于怀疑，随时发问；怀疑是开启智慧大门的钥匙，知道越多，就越会发生怀疑，而问题也就随之增加。犹太人流传这样一句俗语："两个犹太人，三种意见。"对于一个事物，犹太人鼓励各持己见、见仁见智，因为任何人都不是真理和神圣的化身。"以聪明顶天"和"以智慧立地"是犹太崇智主义的本质所在。而"求异"和"异端"思想，带来更多智慧。基于这种认识，犹太人的家庭教育注重与孩子进行思想交流，孩子既受到大人的教诲和指导，也可以参与谈话和讨论，甚至可以争论不休。孩子们越会思考，提的问题越多，争论的水平也就越高，这才算增长了才干。对于中国人来说，"求同存异"是解决问题的一个通则。对此，王小波在《沉默的大多数》中刻画得可谓入木三分：中国的老百姓是最善于忍耐的一群，不管遇到什么情况——专制、集权、奴役、压榨、欺骗、流言、敲诈、勒索、贪污、腐败……大多数人总是非常优雅地保持"沉默"。实在忍无可忍的时候，才逼上梁山，起义、革命、造反、被迫着发出最后的呐喊。于是，自秦始皇以来2200多年的中国文化始终处于这样一种周而复始的循环之中（亚伯拉，2007：106）。

美国的科技水平高是与教育分不开的，美国的人才正是受益于提倡独立思考以及鼓励创造力的教育。美国的学校鼓励学生"向一切发问"，老师也充分给学生提供提问的机会。相比之下，中国的孩子是在一个不提倡思考的教育环境下长大的，而成功的教育应该是培养出能够独立思考、自主获取知识并创造知识的人。对此，2000年获诺贝尔化学奖，美国宾夕法尼亚大学阿兰·德尔米德（Alan Diarmid）教授曾深有感触地坦言：

我在宾夕法尼亚大学教本科生达48年，那里有不少中国的留学生。我对中国学生的印象是，中国学生在学习上比其他国家的学生有更高的热情。中国学生和日本学生很相像，都对学习投入极高的热情。我所关注的现象是：大家太忙于学习了，没有时间提问题。在中国、日本及其他国家，我做报告时通常提出如下建议：不要盲目地、简单地相信我讲的话，或盲目地、简单地听老师教的东西，不要盲目地相信书本、广播里得到的信息。要向一切发问：为什么？为什么？为什么？有学生问我：如何获得诺贝尔奖？我回答说：提出一些很简单的、像孩子一样提出的简单的问题，然后去工作、工作、工作，然后再还像孩子一样提出一些简单的问题，再工作、工作、工作。在美国，当老师要求学生做什么的时候，有更多的学生会问“为什么”，中国学生往往不会，好像学生不该对老师提出的问题怀疑。（上官木子，2008）

总之，以学习作为人生快乐和甜蜜的来源，以鼓励独立思考作为开启智慧大门的金钥匙，是犹太教育的显著特点。喜欢思考宏观的、深层次的问题，喜欢抽象，喜欢逻辑，铸成了犹太人教育观的核心。这是犹太人成功的法宝，却是中国人的教育观最缺乏的。

民族性

说到世界上最古老、历史最悠久的民族，我们欣喜地发现犹太民族和中华民族是现在仅存的历史文化不曾断裂过的两个民族。与中华民族不同的是，犹太民族自产生不久便过上了长达千年的流亡生活，并不断遭遇欧洲人的歧视、驱赶甚至屠杀。难能可贵的是，犹太人不但保持了自己的文化传统，而且培养出一种在恶劣环境下生存与发展的能力。当年肆虐中欧和东欧的民族主义和种族主义的妖风迫使犹太人纷纷向西迁移。1885～1914年，弹指一挥间，美国成为犹太人另一个世界的家园，讲英语的犹太新文化就此建立，并在半个世纪的岁月中不断发展壮大，影响日益深远。只要10个人组成一个祈祷班，很快就会出现又一座犹太教堂。尽管一些犹太人希望融入美国文化，但更多的犹太人渴求在美国的多元文化中拯救自己以及渊源长久的犹太教（手岛佑郎，2004：188）。而犹太民族的生存智慧凝聚在犹太经典《塔木德》中。

如何在流亡状态下保持自身的文化传统？这是犹太民族曾经面临的一个严峻的问题。以法利赛为代表的犹太知识分子勇敢地担当起挽救犹太民族的历史重任。他们中的代表人物最初在一个被称为贾布廷的犹太学院聚集，引领犹太民族从文化层面入手，逐步建立起一套完备的文化防备机制，把犹太人重新塑造成以文化生活方式为自我认同标准的民族。于是，犹太民族编撰出了《塔木德》，为犹太文化的千年大厦树立了中心支柱。经历了这一过程的犹太民族终于成为人类历史上一个不朽的、以文化为认同准则的"圣书之民"。此后，《塔木德》成为犹太民族智慧的基因库，并将全世界的犹太人联成一体，避免了犹太教在拉比犹太教时期的分化和瓦解。犹太教作为先知的创造物，重点不在抽象的概念，而在人，人的生活和人的良心和意志。对此，利奥·拜克在《犹太教的本质》一书中指出："犹太教将宗教和生活紧密联系在一起：宗教通过生活被证明，生活为宗教所充盈。宗教信仰不在生活的日常行为中得到确证就没有虔诚。同样，也只有在宗教戒律被忠实地履践的地方，才有合法的日常行为……"更重要的是，犹太人主要通过学习律法和法律完善自己，犹太民族也由一个神启的民族转化成一个理性的民族。这正如爱因斯坦在《犹太人的理想》一文中所评述的：

> 为知识而追求知识，几乎狂热地酷爱正义，以及要求个人独立的愿望——这些都是犹太人传统的特征，并使我为自己属于它而感到庆幸……历史给了我们艰巨的任务；但只要我们仍然是真理、正义和自由的忠实勤务员，我们就不仅像现在的最古老的民族那样生存下去，而且要像以前一样，用创造性的工作所产生的成果为提高人类的精神境界而作出贡献。（亚伯拉，2007：91）

不可否认，大多数中国人是功利、现实的。这种功利性突出体现在中国人缺乏信仰上。虽然有很多人信佛教、信鬼神，但那是因为他们想祈求得到现成的利益，并没有把宗教当作一种信仰，而是怀着一种功利的心期待得到好处。西方的很多宗教的戒律是让人受苦的，例如，犹太男孩生下来第八天就要行割礼，这样的宗教在中国是没有市场的！实际上，中国古代不乏信仰，当时儒教处于主导地位，大部分人都信儒，也有信佛信道的。在近代历史中，西方文明打破了中国的传统文化信仰，中国人普遍很迷茫，也就普遍没了信仰。一个民族没有信仰，是很可怕的：上不怕天，下不怕地，道德无约束，行为无禁区。社会各个领域自由主义当道、个人私欲泛滥、浮躁盲从盛行，从而假文凭、伪科学、垃圾论文满天飞。缺乏基本的诚信，没有精神追求，芸芸众生便生活在混沌之中。中国人常说“凭良心做事”，但遗憾的是，现在良心也受到污染，中国社会潜藏着思想道德危机和信仰危机。鉴于此，“和谐社会”建设非常必要。

中国人的功利性还体现在男女老幼着眼于短期行为和现实利益。众所周知，我国中学生奥林匹克竞赛代表队历来都是披金戴银，凯旋而归。而荣誉的背后的代价令人咂舌，这从数学奥林匹克便可见一斑。每年 10 月，中国数学奥林匹克委员会都要举办一次全国高中生数学联赛，每年参赛的学生超过 10 万人。次年 1 月，大约 120 位竞赛优胜者进行中国数学奥林匹克冬令营培训，之后从中选出 25 人进入东北育才中学的培训基地，最终精选出 6 人组成代表队参加国际数学奥林匹克竞赛。参赛选手要集中培训并进行大量的模拟练习，由精通竞赛的教师专门辅导。相比之下，国外学校对于学生参加学科竞赛的重视程度差得太远了。他们没有层层选拔、集中培训、名师辅导、模拟比赛之类的活动，而只是告诉参赛学生到指定网站查阅历年比赛的题目。显然，中国学生参赛属于有着强烈民族意识的国家行为，从而能够借助成年人的力量成为赛场高手。这种参赛充满了功利性，因为竞赛不仅纳入应试教育范畴，还与高考挂钩。这促使学生参赛主要不是出于兴趣爱好和发展学科能力的目的，而是为了生存和改变命运的需要。拿到奖牌，不仅意味着为国家、为学校争了光，也意味着拿到了名牌大学的录取通知书。这种功利化的行为最终造成学生们创造动机萎缩、创新欲望泯灭。这一过程尽管能培养出具有高超解题技能的学生，却很难培养出献身于这些领域的创造型科学家（上官木子，2008）。

人际敏感是中国人最具本土特色的性格特征，即个体对自我的判断往往取决于他人对自己的态度，这是功利性的另一个成因。的确，对人际关系的注重、对获得他人好感的追求，使中国人普遍存在着对来自他人指责的恐惧，对相互攀比之风的追随，导致中国人自我意识的发展受到抑制，盲从浮躁心态盛行。面对自己的孩子，即使是那些受过良好教育的父母，也会感到无所适从和焦躁不安，这种感觉随着孩子的成长越来越强烈，到高三阶段就会达到顶点。是什么让父母焦躁不安？是什么让孩子压抑、沉闷和痛苦？是父母对孩子的期望值。一项对高三学生的调查发现，当这些学生每天放学走进家门的时候，父母第一句话说得最多的是："今天考试得了多少分？"而这正是大多数孩子最厌烦的问候语。中国人爱攀比、讲面子、望子成龙，这种心态不仅造成父母之间的"军备竞赛"，更为孩子的心灵留下阴影，从而影响个性思维与创新能力的形成。

令人不解的是，中国人盲目攀比造成的浮躁心态也在高等院校蔓延开来。近年来，各个大学争抢所谓的高考状元，上演着一出出华而不实的闹剧。如果说广告商利用高考状元推销产品已经俗不可耐，堂堂高校也贸然跟进就让人心烦了。在建设一流大学的号召下，高等院校盲目求"大"而"全"，各地教育主管部门动用行政力量推波助澜使许多高校成为"恐龙"。为了实现"一流大学必须大"，"必须有医学院"，"必须有一流人文学院"的目标，各地高校专科升本科，学院变大学，更名成风，从而造成一大批高校经过几代人积累的一定影响力付诸东流。反观美国的顶尖高校，哈佛大学、普林斯顿大学、麻省理工学院、加州理工学院等，个个校园高楼稀少，风格古朴，但无论哪个学院都人才济济、大师云集，形成富有大爱的学术环境与英才辈出的氛围。毋庸讳言，今日的学校乃至整个社会存在着严重的急功近利倾向，对于培养人才不是一个有利的环境。

功利性是中国人劣根性不可忽视的一部分，且深深植根于中国文化，一时很难改变。但如果国人能够不断反思，也许会有所改观。20 多年前，柏杨先生出了一部专著——《丑陋的中国人》。他以巨大的政治勇气、刚毅的学者风骨和强烈的社会使命感，警醒世界各地的中国人深刻反思自己的性格、思想、精神和行动。如今，中国已经全面小康，中国的文化和思想业已冲破了大一统的桎梏，形成了众声喧哗、百花齐放的多元景象。鉴于此，我们更应该反思，同样都是古老的伟大的民族，为什么一个过去遭受无数苦难的民族可以在现代社会远远地胜过我们？显然，由优秀知识分子主导的国家与官僚当道的国家发展状况是不同的。中国要在现代社会走得更远、更稳，就一定要有强大的研发能力，那么研发能力从何而来？如果中国十几亿人能够锐意进取，自立自强，科学上求发明、技术上求发现、思想上求创造、艺术上求创新，那么中国会到处阳光明媚、欢声笑语、激荡着生命的活力与尊严。

捐赠风气

美国的教育事业大大得益于社会慈善捐赠机制。美国的大学，尤其是名校，都有一笔巨大的捐赠基金，这是学校实力的基础。美国的慈善事业之所以成熟发达，其文化的引导作用功不可没。美国慈善文化的本质主要是基于一种理念，即富豪的财富并不完全属于个人，因而多余的财富应该有利于社会，正如美国钢铁大王卡内基所言："在巨富中死去是一种耻辱。"

相比之下，中国的教育事业普遍受到资金困扰，教学单位囊中羞涩，条件设施捉襟见肘，这反映了中国文化缺乏慈善捐赠风气的现实。中华慈善总会的统计资料表明，中国内地富豪对慈善事业的捐赠小于15%，而他们拥有的社会财富在80%以上。用中华慈善总会副会长徐永光的话来说：中国的人均GDP与美国相差38倍，而中国的人均慈善捐款和美国相差7300倍。如此巨大的差距，不禁使人产生疑问，中国的企业家为何如此吝于捐赠？

一个首要原因在于中国是一个重亲情、重伦理的宗法社会，人们的谱系传承意识非常强烈，因而十有八九会把财产遗赠给后代。但这种传统观念并非必须固守。自20世纪50年代以来，中国香港、中国台湾以及海外华人富豪纷纷解囊，回报社会，体现了"兼济天下"的儒者风范。邵逸夫、李嘉诚就是尽人皆知的典范："逸夫楼"遍布于大学校园，"长江计划"之类的助学和助教项目如春风送暖。如今的香港，慈善事业已并不只是富裕的象征而已成为一个城市的文化特征之一。或许，在慈善捐赠这个问题上，短时间内暴富的中国内地富豪们显然还没有在精神上得到认同。对于只有付出没有利益回报的事情，他们宁愿沉浸在数钱的喜悦和摆阔的快感中。对富豪们不愿意捐款的另一解释为，中国本来具有"乐善好施"的儒家传统，但由于种种原因，文化出现了断裂，传统遭到了压制与打击，"乐善好施"则成了爱出风头千夫所指。因此，需要一种慈善捐赠机制来激励国人慷慨解囊。

实际上，中国的公益慈善事业已经建立，但一直存在一些制度缺陷。从慈善事业的组织者——基金会来说，目前中国有近千家大小不一、名目各异的基金会，有的比较正规，有的则不那么让人放心，企业捐给它们的善款很多都"下落不明"。因为缺乏透明的财务制度，基金会丑闻也屡见不鲜。尽管绝大多数的基金会也都很努力地募捐，但从整体上看，中国的基金会在民众心目中的社会公信力还很不够。从慈善事业的管理者——政府来说，基金会创办门槛偏高、税收制度不予倾斜、管理不够科学，也是让民间慈善力量难以发展壮大的重要原因。而目前的慈善组织浓厚的政府色彩，往往会挫伤人们的积极性，因为没有人会喜欢“压力捐赠”。中国的公益慈善事业还存在一些问题，如中国的企业，把捐款和提高自己企业的知名度简单联系在一起，捐款成了变相的广告行为。这样做也许可以救一时之急，但是从长远来看却是不健康、不利于发展社会公益意识的。

当然，近几年来，中国的公益慈善事业已经进步很大。企业界已经有意识地在倡导企业公民观念，强调企业家的社会责任，并且有不少相关的研究机构、论坛、网站等，从各个方面来促进和宣扬非营利组织和社会公益的观念。民间公益人士和组织在艰难曲折中发挥了创造性和独特智慧，使社会公益慈善事业逐步发展起来，成为整个社会中不可忽视的新事物。人才离不开教育，教育离不开投入。《中华人民共和国教育法》中明确规定了国家财政性教育经费占 GDP 的比例到 20 世纪末达到 4%的目标。即便如此，我们必须认识到，要改变中国“官办教育”体制，实现百年树人的大计，适当发挥社会力量不但有益而且必要。虽然热心公益事业的人士越来越多，但中国的捐赠文化还没有形成气候和氛围，仍需各界共同努力，培养企业和人民的捐赠热情。

一位美国教育家所说，凡不曾培养真正受到良好教育公民的国家不能成为泱泱大国，凡不能把公民社会的基本价值观传给下一代的国家不可能是好的国家，若不能把本国青年置于最优先考虑的地位，任何国家都不能强大。经过几百年的积淀，美国的人才机制形成了自身的特色，它为世人提供了借鉴但绝不是可以照搬的模式。中国能否真正强大起来，大大取决于是否能够培养出更多科学精神和人文情怀兼备的大师级人物。中国的教育有很长的路要走，但是，千里之行，始于足下，只要开始了，就会有到达的一天。

注释

第一章

[1] “美国世纪”的说法源于美国传媒巨头亨利·卢斯（Henry Luce），他于1941年2月发表了一篇题为《美国世纪》的文章，宣称“20世纪为美国世纪”。

[2] 鉴于此，被考察的科技泰斗为两组科学家。第一组为1901～2000年间获得诺贝尔奖的199位美国科学家，包括70位物理学家、48位化学家、81位生物学家或生理学家；第二组为1900～2000年间担任美国科学院院士的4000多位科学家，其研究领域包括物理、数学、计算机科学、环境科学、生命科学与工程学。

[3] 成为考察对象的215位政治领袖是20世纪美国经济决策人物，包括17位总统、28位国务卿、29位财政部长、28位商务部长、23位劳工部长、23位农业部长、19位经济顾问委员会主席、12位联邦储备委员会主席与26位预算局（后来改为管理与预算办公室）局长；除去职务重叠因素，实际人数为202。

第三章

[1] 美国统计局把职业分为五大类别：专业工作者、工商业者、白领工人、蓝领工人、

农业劳动者。专业工作者指研究人员、医生、律师、工程师、牧师、编辑、中小学教师、教务人员、药剂师等；工商业者包括公司管理者、私企经营者及店铺所有者；白领工人包括推销员、办事员、神职人员等；蓝领工人指技能型与非技能型工人；农业劳动者包括农场主与农场工人。

[2] 朱棣文的父亲朱汝瑾1943年来到美国马塞诸塞州技术学院学习化学工程学业，之后在华盛顿大学任教；母亲李静贞1945年在美国马塞诸塞州技术学院学习经济。

[3] 按照美国统计局的数据，20世纪美国人口中国外出生者的比例不同时期各不相同，最高值为15%，最低值为5%，中间值为10%。

[4] 这里宗教信仰指科技泰斗的家庭宗教传统。在具有新教背景的人士中，长老会（Presbyterian）、圣公会（Episcopalian）、路德教会（Lutheran）信徒多于浸礼会（Baptist）或正统基督教会（Fundamentalist）成员。

[5] 犹太教的教法认为必须母亲是犹太人或皈依犹太教才是犹太人，但也有人支持双亲之一是犹太人即可。广义的犹太人包括出生在犹太家庭的人，或者信仰犹太教的人，或者祖上有较为明显的犹太血统的人。这里采用的是广义的犹太人概念。

[6] 他们是罗伯特·霍夫施塔特（Robert Hofstadter）、阿诺·彭齐亚斯、利昂·马克斯·莱德蒙（Leon M. Lederman）、杰罗姆·卡利、赫伯特·艾伦·豪普特曼（Herbert A. Hauptman）、阿瑟·科恩伯格和尤里乌斯·阿克塞尔罗德（Julius Axelrod）。

[7] Steven Weinberg（1933年～），美国核物理学家，他与谢尔登·格拉肖及Abdus Salan（1926～1996年）共同获得1979年诺贝尔物理学奖。

[8] 理查德·费曼（1918～1988年），美国物理学家，因对量子电动力学的研究而获1965年诺贝尔物理学奖。

[9] 他们分别为1994年诺贝尔生理学或医学奖得主阿尔弗雷·吉尔曼和1990年诺贝尔化学奖得主伊莱亚斯·科里（Elias Corey）。

[10] 英国生物物理学家，曾获1962年诺贝尔生理学或医学奖。

[11] 他们是阿尔瓦雷、贝斯、布拉登、德尔布拉、张伯伦、拉比、科拉纳、沃森、雷恩沃特、彭泽斯、格拉肖、罗姆勃根、威尔逊、弗里德曼、泊尔、帕拉德、巴尔的摩、柯麦科和吉尔曼。

[12] 他们是塞格雷、戴维森、加塞、科恩伯格、鲍林、沃尔德、拉姆齐、吉尔伯特、考恩、泰明、盖杜谢克。

[13] 即两次获得诺贝尔物理学奖的奇才约翰·巴丁（John Bardeen）。

[14] 弗里兹·哈伯（1868～1934年），德国化学家，因化学合成氨而获1918年诺贝尔奖。

[15] 他们是物理学家阿瑟·康普顿，欧内斯特·劳伦斯、费利克斯·布洛克（Felix

Bloch)、尤金·维格纳、朱利安·施温格、默里·盖尔曼；遗传学家托马斯·摩根（T. H. Morgan）和乔舒亚·莱德伯格（Joshua Lederberg）。

第四章

[1] 这与哈佛大学商学院2000年的研究结果相吻合。该研究对860位20世纪美国企业领袖的考察结果表明，来自上层和中层家庭的分别占41.2%与34.7%，来自下层的只占24.2%。

[2] 表中职业指商界巨子被抚养过程中其父亲从事的最主要职业；“其他”指18岁以前失去父亲的企业巨头；“商人”包括大大小小的公司经理与私企老板。

[3] 他们是王安实验室的王安（1951）、ITT的哈罗德·吉尼恩（Harold Geneen）、本迪克斯（Bendix）的迈克尔·布鲁门索（W. Michael Blumenthal）、雅虎的杨致远（Jerry Yang）以及海星软件公司的菲利普·卡恩（Philippe Kahn）。

[4] 在86位犹太裔商界奇才中，企业创始人、家族企业继承人以及企业并购人的比例总计为72.1%，而在信奉天主教和新教信徒中，企业的创始人、家族企业继承人及企业并购人的比例分别为46.8%和58.6%。

[5] 这些数字是以他们的最高学历计算得出。

第五章

[1] 在215位联邦政府决策者中有13位曾经担任两个或以上内阁部长级别职务。

[2] 威廉·埃利奥特教授毕业于英国牛津大学，信奉黑格尔，是哈佛的一个传奇人物。

[3] 他们是哈丁、柯立芝、罗斯福、杜鲁门、肯尼迪、约翰逊、尼克松、福特、卡特和老布什。

第六章

[1] 该法案规定只有“自由白人”可以成为美国公民，且必须发誓放弃对外效忠，放弃爵位。1798年美国又接连制定了《国籍法》、《外侨法》、《处置敌对外侨法》，和《处置煽动叛乱法》，目的是把威胁美国政治的颠覆分子、无政府主义者以及罪犯、娼妓、传染病患者、疯子、赤贫者、乞丐等社会渣滓排除在移民之外。

[2] “文化多元论”源于约翰·杜威（John Dewey）的民主多元思想，但霍勒斯·卡伦（Horace Kallen）于1924年最先使用“文化多元主义”一词。

参考文献

陈帆波．“给学生空间”非常重要——两位诺贝尔奖获得者谈教育．中国教育报．2004-05-24

戴超武．美国吸引世界优秀人才的政策措施及其影响．华东师范大学校报（电子版），第1455期（2009-12-16），第01版：综合新闻

戴明凤．过去与现代女性科学家的困境——从女性诺贝尔科学奖得主谈起．物理双月刊，1996，29（2）：546～562

端木．最后的遮羞布——中美基础教育孰强孰弱讨论．中国青年报，2004-02-29

发嘉．学者“天堂”：美国高等研究院．Available at http：//news. xinhuanet. com/world/200601/01/content _ 3996703. htm. 2006

付美榕．美国移民政策动因分析．哈尔滨工业大学学报（社会科学版），2003，（4）：16～25

何勇．创新少年的高考之痛．人民日报．2006-07-24

黄宏．美国科技政策的形成和发展．全球科技经济瞭望，1999，（5）：22～29

黄坤锦．美国大学的通识教育．北京：北京大学出版社，2006

江峡．克林顿传．武汉：长江文艺出版社，1998

杰克·韦尔奇，约翰·拜恩．杰克·韦尔奇自传，第二版．曹彦博，孙立明，丁浩译．北京：中信出版社，2004

金灿荣．简析美国联邦行政机构的政治地位．美国研究，1988（2）：27～38

卡罗尔·卡尔金斯．美国科学技术史话．程毓征，王岱，孙云畴译．北京：人民出版社，1984

李存训．战后美国政治制度的演变．美国研究，1988（2）：39～48

李建钟．美国的汇才机制．中国人才，2003，（2）：48～53

李其荣．美国文化解读．济南：济南出版社，2005

李政道．培养顶尖科技人才有三大秘诀．Available at http：//news. xinhuanet. com/employment/2006/09/07/content _ 5060107. htm. 2006

李宗陶．诺奖得主朱棣文：寻找对你有意义的事情 别把大脑当容器．Available at http：//www. sciencenet. cn/htmlnews/20078251654118171878l7htm. 2007

林温容．中美教育比较理念带来差异．Available at http：//www. jxjyz. com/schoolnet/department/gzxsc/03. htm. 2006

凌志军．成长比成功更重要．西安：陕西师范大学出版社，2008

马俏．我的美利坚本科岁月．北京：群言出版社，2008

迈克尔·S. 马隆．孤注一掷——美国科技巨头的成功经历．杜钢译．北京：中央编译出版社，2004

潘光．美国犹太人的成功与犹太文化特征．美国研究，1999，（3）：93～118

上官木子．反思：中国人成才障碍．北京：北京航空航天大学出版社，2008

手岛佑郎．犹太人为什么优秀．姜乃朋等译．北京：中央编译出版社，2004

孙康宜．我看美国精神．北京：中国人民大学出版社，2007

田在玮，莎文．犹太人为什么成功．北京：中央编译出版社，2006

涂文涛，方行明．知识经济的人才战略．北京：中国时代经济出版社，2003

托马斯·弗里德曼．世界是平的：21世纪简史．何帆，肖莹莹，郝正非译．长沙：湖南科学技术出版社，2006

王建民．人力资本生产制度研究．北京：经济科学出版社，2001

王文章，丁亚平．与诺贝尔大师面对面．北京：文化艺术出版社，2002

王晓秦．创业资本家：从本杰明·富兰克林到比尔·盖茨．北京：中国商业出版社，2003

王寅. 问鼎白宫：美国总统大选写真．南昌：江西人民出版社，2004

王渝生．百年诺贝尔科学奖启示录．北京：农村读物出版社，2002

魏宗雷．美国官场胜经．北京：现代出版社，2005

温英超．当上美国总统．台北：东方出版社，2004

吴宽林．15岁中学生留美随笔：学会担承．广州：花城出版社，2008

萧艾．罗伯特·鲁宾的传奇生涯．Available at http：//www. fortunechina. com/magazine/content/200403/01/content _ 841. htm. 2004

小托马斯·沃森，彼得·彼得．小沃森自传．梁卿译．北京：中信出版社，2005

徐新．犹太人故事．济南：山东画报出版社，2006

薛涌．精英的阶梯：美国教育考查．北京：新星出版社，2006

薛涌．美国是如何培养精英的．北京：新星出版社，2005

亚伯拉．犹太人为什么聪明．北京：中央编译出版社，2007

杨斌．出类拔萃的"哈佛商学院1949届"．Available at http：//business. sohu. com/20050429/n225399865. shtml. 2005

杨会军．列国志——美国．北京：中国社科文献出版社，2007

叶景行．普林斯顿之"美丽心灵"．英语学习，2008，(7)：50～51

佚名．校长换届．都市文化报．总第475期，2008年11月20日

原春琳．四位诺贝尔奖获得者笑谈科学与人生．中国青年报．2002-06-17

张鸣．研究生教育已处于信用破产的边缘．南方网《南都周刊》．Available at http：//news. xinhuanet. com/edu/2007/10/26/content _ 6952867. htm. 2007

郑永年．体制弊端成为中国教育改革的难题．联合早报，2004-07-20

中央电视台《大国崛起》节目组．大国崛起．北京：中国民主法制出版社，2006

周国平．善良　丰富　高贵．合肥：黄山书社，2008

朱大可．应试教育是创新型社会的死敌．Available at http：//blog. sina. com. cn/s/blog _ 47147e9e01000dmb. html. 2007

资中筠．美国强盛之道．学术界，2001，(1)：32～44

Andraos J. Nobel Prize in chemistry. http://www. chem. yorku. ca/NAMED/. 2005-07-17

Becker G S. Human Capital. Chicago：The University of Chicago Press，1993

Bennett A J. The American President's Cabinet. New York：St. Martin's Press，Inc，1959

Beschloss M. The Presidents. New York：ibooks，Inc，2003

Blout E. The Power of Boldness：Ten Master Builders of American Industry Tell Their Success Stories. Washington D C：Joseph Henry Press，1996

Borjas G J. Economic research on the determinants of immigration：lessons for the European Union. World Bank Technical Paper No. 438，Washington：the International Bank for Reconstruction and Development，1999

Brownstein R，Easton N. Reagan's Ruling Class. New York：Pantheon Books，1982

Bryant K L，Jr. Dethloff H C. A History of American Business. Eaglewood Cliffs：Prentice

Hall，1990

Burch P H，Jr. Regan，Bush，and Right-wing Politics：Elites，Think Tanks，Power，and Policy. Greenwich：JAI Press Inc，1997

Burch P H，Jr. Elites in American History：the New Deal to the Carter Administration. New York：Holmes & Meier Publishers Inc，1980

Callahan D. Kindred Spirits：Harvard Business School's Extraordinary Class of 1949 and How They Transformed American Business. Wiley，2002

Chakrabarti A K，Santoro M D. Building social capital and learning environment in university-industry relationships. Int J Learning and Intellectual Capital，2004，1（1）：26～32

Christopher Dawson. On Jewish History. Available at http：//www. cathliceducation. org/articles/history/world/wh0084. html

Cochran T C. American Business in the 20th Century. Cambridge：Harvard University Press，1972

Coleman J S. Social capital in the creation of human capital. American Journal of Sociology. 1988，94（Supplement）：87～96

Connelly T L，Senecal M D. Almanac of the American Presidents. New York：Facts On File，1991

Cooper A C，Dunkelberg W C. Entrepreneurship and paths to business ownership. Strategic Management Journal，1986，7：23～29

Cortright J. New growth theory，technology and learning：a practitioner's guide. Reviews of Economic Development Literature and Practice，2001，（4）

CQ Press. American Political Leaders 1789～2005. Washington D C：CQ Press，2001

Crawford R. In the Era of Human Capital. New York：Harper Collins Publishers，1991

Davenport T O. Human Capital：Why It is and Why People Invest It. San Francisco：Jossey-Bass Publishers，1999

Dawson C. On Jewish history. http://www. catholiceducation. org/articles/history/world/wh0084. html. 2006-09-16

Dess G G，Picken J C. Beyond Productivity—How Leading Companies Achieve Superior Performance by Leveraging Their Human Capital. New York：Amacom，1999

Domhoff，GW. Who Rules America Now? A View for the 80s. Prentice Hll. Inc. 1983

Douglass E P. The Coming of Age of American Business：Three Centuries of Enterprise 1600～1900. Chapel Hill：The University of North Carolina Press，1971

Dye T R. Who's Running America? Eaglewood Cliffs：Prentice-Hall，Inc，1986

Feldman B. The Nobel Prize. New York: Arcade Publishing, 2000

Fenno R F, Jr. The President's Cabinet. Cambridge: Harvard University Press, 1959

Fermi L. Illustrious Immigrants: the Intellectual Migration from Europe, 1930-41. Chicago: The University of Chicago Press, 1968

Fritz Stern. Einstein's German World Princeton University Press. Available at http://www.pupress.princeton.edu/chapters/s6673.pdf. 2001

Gaustad E S. A Religious History of America. New York: Harper & Row Publishers, 1974

Goldin C. Egalitarianism and the returns to education during the great transformation of American education. Presented at the Symposium on the Economic Analysis of Social Behavior, Chicago IL, December, 1995, (3): 126～146

Gordon J S. An Empire of Wealth: the Epic History of American Economic Power. New York: Harper Collins Publishers, 2004

Gross D. Forbes Greatest Business Stories of All Time. New York: John Wiley & Sons, Inc, 1996

Gross N. America's Lawyer Presidents: from Law office to Oval Office. Chicago: Northwestern University Press, 2004

Gunderson G. The Wealth Creators. New York: Truman Talley Books, 1989

Heilman S C. Portrait of American Jews: the Last Half of the 20th Century. Seattle: University of Washington Press, 1995

Ingham J N, Feldman L B. Contemporary American Business Leaders: a Biographical Dictionary. Westport: Greenwood Press, 1990

Ingham J N. Biographical Dictionary of American Business Leaders. Westport: Greenwood Press, 1983

James Burk. The Military Obligation of Citizens since Vietnam. Available at http://www.findarticles.com/articles/mi_m0IBR/is_2_31/ai_76496208

John Andraos. Nobel Prize in Chemistry. Available at http://www.chemyoru.ca/named. 2009

Katz B S, Vencill C D. Biographical Dictionary of US. Secretaries of the Treasury 1789～1995. Westport: Greenwood Press, 1996

Katz B S. Biographical Dictionary of the Board of Governors of the Federal Reserve. New York: Greenwood Press, 1992

Kessel J H. Presidents, the Presidency, and the Political Environment. Washington D C: CQ Press, 2001

Koch R. The 80/20 Individual: The Nine Essentials of 80/20 Success at Work. London:

Nicholas Brealey Publishing，2003

Lee Chong-Moon. Four styles of valley entrepreneurship. The Silicon Valley Edge：a Habitat for Innovation and Entrepreneurship，San Jose：Stanford University Press，2000

Levi-Faur D. Economic nationalism：from friedrich list to Robert reich. Review of International Studies，1997，(23)：39～47

Lorenzi P. Business education in a globalized economy：the next millennium. *In*：Siamack Shojai. Globalization：a Virtue or Vice. New York：Praeger，2002

Macesich G. The United States in the Changing Global Economy：Policy Implications and Issues. New York：Praeger Publishers，1997

Malone M S. Betting It All. New York：John Wiley & Sons Inc，2002

Maudos J，Pastor J，Serrano L. Human capital in OECD countries：technical change，efficiency and productivity. International Review of Applied Economics，2003，17 (4)：67～89，125～141

McConnell C R，Brue S L. Contemporary Labor Economics. New York：McGraw-Hill Inc，1992

McGrayne S B. Nobel Prize Women in Science. Secaucus：Birch Lane Press，1998

McIntyre J R，Roche M. University education for entrepreneurs in the United States：a critical and retrospective analysis of trends in the 1990s. Working Paper，Georgia Institute of Technology，1999，(1)：22～30

Mei R Y. American Studies Reader. Beijing：Foreign Language Teaching and Research Press，2002

Mireille L，Mérette M. On the concept and dimensions of human capital in a knowledge-based economy context. Canadian Public Policy，1999，25 (1)：87～100

Morrow I J. Book review on Human Capital：What It Is and Why People Invest It. Business & Company Resource Center，Personnel Psychology，2000

Murphy R. Michael Dell has harnessed his discipline and focus to build a computer empire and become one of the most successful entrepreneurs in American history. Success，1999，(1)：50～53

Neiberg M S. Making Citizen-soldiers：ROTC and the Ideology of American Military Service. Cambridge：Harvard University Press，2000

Nelson M. The Presidency A to Z，a Ready Reference Encyclopedia. Washington D C：Congressional Quarterly，1992

Nesterova D V，Sabirianova K Z. Investment in human capital under economic transformation in Russia. Economic Education and Research Consortium, Russia Economic Research Program, Working paper series No. 99/04, 1998

Oakes E H. Notable Scientists: A to Z of STS Scientists. New York: Facts On File, 2002

O'Neil W J. Business Leaders and Success. New York: McGraw Hill, 2003

Ovos W J et al. Biographical Memoirs. http://www. aps-pub. com/proceedings/1444/Calvin. pdf. 2008-09-21

Parnes H. People Power: Elements of Human Resource Policy. California: Sage, 1984

Penzias A. Autobiography. http://www. bo ston. com/globe/search/stories/nobel/1989/1989x. html. 2005-02-23

Pessen E. The Log Cabin Myth. New Haven: Yale University Press, 1984

Rabi I I. Biographg. http://en. wikiquote. org/wiki/Isidor_Isaac_Rabi. 2008-09-28

Roe A. The Making of a Scientist. New York: Apollo Editions, 1953

Say Jean-Baptiste. A Treatise on Political Economy; or the Production, Distribution, and Consumption of Wealth. Translated by Prinsep C R. Philadelphia: J. B. Lippincott Company, 1880

Sayre W S. American Government. New York: Barnes & Noble, Inc, 1968

Schuller T. Social and human capital: the search for appropriate technomethodology. Policy Studies, 2000, 21 (1): 25～35

Schweikart L. The Entrepreneurial Adventure: a History of Business in the United States. Fort Worth: Harcourt College Publishers, 2000

Segal D R, Segal M W. America's Military Population. Washington D C: Population Reference Bureau, 2004

Shenkman R. Presidential Ambition: How the Presidents Gained Power, Kept Power, and Got Things Done. New York: Harper Collins Publishers, 1999

Taussig F W, Joslyn C S. American Business Leaders: a Study in Social Origins and Social Stratification. New York: The MaCmillan Company, 1932

Tedlow R S, Purrington C, Bettcher K E et al. The American CEO in the Twentieth Century: demography and career path. Working Paper 03-097, Harvard University, 2003

Teixeira A, Fortuna N. Human capital, innovation capability and economic growth portugal, 1960～2001. FEP Working Papers No. 131, Julho, 2003

The Economist. Secret of Success. Available at http: //www. economist. com/node/4339944. 2005-09-08

Useem J. Entrepreneur of the century. Inc Magazine 20th Anniversary Issue, 1999, (1): 37～

42

Van Tassel D D, Hall M G. Science and Society in the United States. Homewood: The Doresey Press, 1966

Wead D. The Raising of a President. New York: ATRIA Books, 2005

White D W. The American Century: the Rise & Decline of the United States as World Power. New Haven: Yale University Press, 1996

Wobmann L. Schooling and the Quality of Human Capital. New York: Springer, 2002

Young J C. The Fathers of the American Presidents. Jefferson: McFarland & Company, Inc, 1997

Zuckerman H. Scientific Elite: Nobel Laureates in the United States. New Brunswick: Transaction Publishers, 1996

Zunz O. Why the American Century. Chicago: The University of Chicago Press, 1998

ÖZTÜRK İ, The role of education in economic development. Journal of Rural Development and Administration, 2001, XXXIII (1): 64~78

后 记

本书源于我在北京外国语大学美国研究中心的博士研究，所完成的论文《20世纪美国顶尖人才的人力资本形成》(Human Capital Formation of the Top Talents for American Economic Dominance) 2007年由外语教学与研究出版社出版。由于该专著较多地使用了定量统计和实证分析，加之用英文写成，难免曲高和寡，脱离大众。

现在这项研究成果能以中文面世，当然是期望赢得更多的读者，因而下定决心稍稍偏离象牙塔型的学术著作范式，以清新生动、通俗易懂的形式，展现20世纪美国顶尖人才的成才经历，进而解读“为什么美国盛产大师”这一主题。为达到图文并茂、雅俗共赏之功效，本书对原作的题名、内容结构、语言风格、版面设计做了大刀阔斧的整改，可谓旧貌换新颜。

从“大师”看美国，本书主要探讨美国的人和事，而身为一个中国学者，心中自然念着中国，因此在最后一章道出一些关于中国的看法。用心做这样的研究不仅是兴趣和情感使然，更是责任所驱。讲述、解析大师奇才的成才经历，目的在于提醒中国的教育者、受教育者、教育决策者以及关注中国未来发展的人：教育制度与社会环境应努力激励个人价值的实现。如能使读者感到一丝新意，获得某种感悟，四个寒暑的辛劳便得到了补偿。书中有些观点可能会引来各方的批评、商榷，但只要是善意的交流都是欢迎的。

撰写此书是一件惬意的事情，尽管整个过程充满艰辛。最后落笔的一刻，内心的感受除了畅快，便是感激。

首先感谢我的导师、北京外国语大学美国研究中心主任梅仁毅教授。作为本书原稿的博士论文，从选题、构思到修改完成，都离不开这位中西贯通、德高望重的前辈的悉心指导。而他的包容、率真、热情与威严潜移默化、润物无声，令我感受到文化传统美德与严谨治学风范的完美结合。

还要感谢《国际商报》前总编王学文先生，对外经济贸易大学英语学院王关富教授，北京外交学院宫少朋教授和熊志勇教授，中国社会科学院美国研究所副所长胡国成先生以及香港科技大学王心扬教授。作为学识深厚的专业人士，他们在我的博士研究与论文答辩过程中见仁见智，各抒己见，对本书的构思大有帮助。

更要感谢此书的责任编辑，科学出版社的李晓华女士。此书从2007年商谈出版至今两年来，几易其稿，费尽心力，终告完成。李晓华女士适时提出一些中肯的修改建议，令本书在取舍之间增色不少。在寻求出版合作的过程中，承蒙北京理工大学出版社梁铜华女士、科学出版社郝建华女士全力支持牵线搭桥，在此一并致以诚挚的谢意。

最后，感谢我的家人，他们以独特的方式给予我可贵的支持和鼓励。

付美榕

2009年2月